업무 속도 10배 향상!

챗GPT 프롬프트
120% 질문기술

ChatGPT 비즈니스 연구회 **지음** | 김모세 **옮김**

정보문화사
Information Publishing Group

초판 1쇄 발행 | 2024년 4월 25일
초판 2쇄 발행 | 2024년 9월 25일

지 은 이 | ChatGPT 비즈니스 연구회
옮 긴 이 | 김모세

발 행 인 | 이상만
발 행 처 | 정보문화사

책 임 편 집 | 노미라
편 집 진 행 | 명은별
교 정 · 교 열 | 이수지

주   소 | 서울시 종로구 동숭길 113 정보빌딩
전   화 | (02)3673-0114
팩   스 | (02)3673-0260
등   록 | 1990년 2월 14일 제1-1013호
홈 페 이 지 | www.infopub.co.kr

I S B N | 978-89-5674-975-4

| 들 어 가 며 |

ChatGPT의 등장은 전세계에 '혁명'을 가져왔습니다. ChatGPT 등장 이전, 이러한 문장 생성 AI는 일부 연구자나 관계자들 사이에서만 알려져 있었습니다. 그러나 2022년 11월 공개를 기점으로 전세계에서 폭발적으로 사용되기 시작했습니다. ChatGPT가 아직은 스마트폰과 같이 일상에서 눈에 보이는 형태로 변화하지 않았을 수도 있지만, 업무나 일상 생활을 지원하는 도구로서의 존재감은 날이 갈수록 커지고 있다 해도 과언이 아닙니다.

ChatGPT를 십분 활용해서 생산성을 향상시키고자 할 때 가장 중요한 것은 무엇일까요? 그것은 바로 '프롬프트 작성 방법'입니다. ChatGPT의 능력은 프롬프트의 품질에 의해 크게 좌우되므로 이를 반드시 습득해야 합니다.

ChatGPT는 직관적으로 사용할 수 있고 자연 언어를 사용해 프롬프트를 입력할 수 있습니다. 그렇기 때문에 초심자도 쉽게 시작할 수 있지만, 효과적인 프롬프트 작성 방법을 마스터하는 것은 결코 쉽지 않습니다. ChatGPT는 모호한 내용으로 프롬프트를 작성하더라도 유연하게 답변하며, 프롬프트 작성의 '절대적인 규칙'도 존재하지 않습니다. 때문에 보다 적절한 프롬프트 작성 방법을 학습하는 것 또한 어렵습니다.

이 책에서는 다양한 프롬프트 예시를 소개함으로써 독자 여러분이 직접 ChatGPT와 대화할 때 참고할 수 있는 자료를 제공하는 것을 목적으로 합니다. ChatGPT 활용 방안에는 한계가 없습니다. 이 책에서 제시하는 프롬프트들을 시험해 보고 답변을 확인하면서 일상은 물론 업무 현장에서의 응용에 참고하기 바랍니다. 특히 단순한 업무 범위를 넘어 일상 생활에서의 활용도 충분히 고려하고 있으므로 다양한 상황에서의 활용을 기대할 수 있을 것입니다.

이 책이 여러분의 일상과 업무 수행에 조금이나마 도움이 되길 바랍니다.

CONTENTS

03 ChatGPT를 사용해 업무 아이디어 도출하기

CONTENTS

04 일상 생활에서 ChatGPT 사용하기

05 ChatGPT를 활용해 PC/스마트폰을 편리하게 사용하기

CONTENTS

06 곤란한 상황에서 ChatGPT 활용하기

CONTENTS

07 최고의 프롬프트 모음

부록 등록 및 기본 사용 방법

01

ChatGPT에서 가장 중요한 프롬프트 작성 방법

프롬프트가 중요한 이유

ChatGPT를 잘 활용하기 위해서는 '프롬프트'가 가장 중요하다

2022년 11월 OpenAI에서 출시한 ChatGPT는 순식간에 수많은 사용자를 확보하고 전무후무한 속도를 보이며 거대한 서비스로 성장했습니다. 그 확산 속도 또한 기존 서비스들과 비교할 수 없을 만큼 압도적으로 빨랐습니다.

ChatGPT는 원래 텍스트 생성을 목적으로 설계된 프로그램이며, 한국어나 영어 등 자연 언어(Natural Language)를 사용해서 지시를 내릴 수 있습니다. 이제까지의 프로그램에서는 일반적으로 프로그래밍 언어를 사용해 지시를 했지만, ChatGPT는 자연 언어를 사용해 복잡한 명령을 내릴 수 있기 때문에 사용자도 크게 증가했습니다. ChatGPT의 자연 언어를 사용해 작성한 명령을 '프롬프트(Prompt)'라고 부릅니다. 대부분의 명령이 프롬프트를 통해 ChatGPT에 전달되므로 프롬프트 작성 방법은 ChatGPT를 활용하는 데 있어 가장 중요한 부분입니다. 즉, 좋은 프롬프트를 작성하면 뛰어난 결과를 얻을 수 있고, 나쁜 프롬프트를 작성하면 부족한 결과를 얻을 수밖에 없습니다.

● '좋은 프롬프트'와 '나쁜 프롬프트'

그렇다면 '좋은 프롬프트'란 무엇이고 '나쁜 프롬프트'란 무엇일까요? 좋은 프롬프트는 알고자 하는 정보를 잘 끌어내는 구체적인 문장입니다. 반대로 나쁜 프롬프트는 손에 잡히지 않는 모호한 정보를 묻거나 일관성이 없는 질문으로 구성된 문장입니다. 예를 들어 설명해 봅시다. 기후 변화에 관한 상세한 정보를 얻고 싶을 때 '기후 변화의 원인과 영향에 관해 설명해 주십시오.'라고 질문하면 원하는 답변을 얻을 수 있을 것입니다. 하지만 '기후에 관해 알려 주십시오.'라고 질문하면 기후 변화에 관한 정보는 거의 얻을 수 없을 것입니다.

또는 '태양 전지를 추진하는 정책은 환경 친화적입니까?'와 같이 '네/아니요.'로 답변할 수 있는 질문보다는 '태양 전지를 추진하는 정책이 환경 친화적인 이유와 그 현황에 관해 알려 주십시오.'와 같은 형식으로 질문하면 보다 명확한 정보를 얻을 수 있습니다.

● ChatGPT는 최신 정보를 모른다

ChatGPT는 검색 엔진과 달리 현시점의 정보를 웹에서 수집하는 기능을 제공하지 않습니다. 검색 엔진에서는 '어제 발생한 큰 사고들'이라고 입력하면 뉴스 사이트를 검색할 것입니다. 하지만 ChatGPT는 웹 등으로부터 미리 얻은 문장을 사용해 질문에 답변합니다. 따라서 최신 정보에 대한 질문에는 답변할 수 없습니다.

구체적으로 말하자면 ChatGPT는 2021년 9월(무료 버전) 혹은 2022년 1월(Plus, 유료 버전)까지의 정보만을 갖고 있습니다. 그 이후에 생성된 정보에 관해서는 알지 못합니다. 해당 정보에 관한 질문을 하면 사실과는 완전히 다른 정보를 제공하게 됩니다.*

프롬프트

Q 매운맛 치킨 추천.

A (전략)

1. 양념 치킨: 달콤하면서도 매운 양념이 특징인 치킨으로, 매운맛의 정도를 선택할 수 있는 곳이 많습니다.

2. 불닭 치킨: 이름에서 알 수 있듯이, 매우 매운 맛이 특징인 치킨으로, 매운맛을 좋아하는 사람들에게 인기가 많습니다.

3. 핫 스파이시 치킨: 고춧가루나 다른 매운 향신료를 사용해 매운맛을 낸 치킨으로, 바삭한 튀김 옷과 함께 제공됩니다.

4. 치즈 닭갈비 치킨: 닭갈비 양념에 치킨을 조리하고, 위에 치즈를 듬뿍 올려 먹는 스타일로, 매운맛과 치즈의 조화가 특징입니다.

5. 마라 치킨: 중국식 마라 향신료를 사용해 매우 매운 맛과 향이 나는 치킨으로, 마라를 좋아하는 사람들에게 추천합니다.

매운맛 치킨을 선택할 때는 자신이 감당할 수 있는 매운맛의 정도를 고려해 선택하는 것이 중요합니다. 또한, 온라인 리뷰나 지인의 추천을 참고하여, 다양한 매운맛 치킨을 제공하는 치킨집을 찾아보세요.

답변에서 제시된 정보에는 일부 정보(치킨 이름, 조리법 등)가 잘못돼 있습니다. 이 답변에 이어 매장 정보에 관해 질문하면 주소 등을 알려 주지만 이 또한 잘못된 정보를 포함하고 있습니다.

이처럼 ChatGPT는 검색 엔진과 전혀 다르다는 점을 이해하고 프롬프트를 작성해야 합니다.

---

* (옮긴이)_OpenAI에서 제공하는 최신 모델의 학습 정보는 https://platform.openai.com/docs/models/models에서 확인할 수 있습니다.

프롬프트 개선 방법 ① 완전한 문장으로 질문하기

프롬프트는 단어의 나열이 아닌 완전한 문장으로 작성한다

ChatGPT는 대단히 많은 양의 정보를 저장하고 있어 아주 최근의 정보 혹은 매우 마니아적인 질문을 하지 않는 한 정답에 가까운 정보를 제공합니다. 하지만 프롬프트가 너무 간단하거나 의도가 명확하지 않을 때는 그 의미를 파악하지 못하고 잘못된 답변을 되돌려 줍니다.

실제 예시를 확인해 봅시다. 좋은 프롬프트와 나쁜 프롬프트의 특징과 실례를 알고 싶을 때 'ChatGPT 프롬프트 좋은 나쁜'이라는 프롬프트를 입력하면 ChatGPT에서 훌륭한 답변을 얻기 어려울 것입니다.

만약 훌륭한 답변을 얻지 못했다면 'ChatGPT를 위한 좋은 프롬프트와 나쁜 프롬프트의 특징과 실례를 알려 주십시오.'와 같이 완전한 문장의 프롬프트를 사용해 질문하기 바랍니다.

비슷한 예를 몇 가지 더 확인해 보겠습니다.

> 나쁜 예: 농담 가십.
> 좋은 예: 한국인들에게 잘 맞는 한국어 농담에 관해 알려 주십시오.

'농담 가십'이라고 입력하면 영미권에서만 이해할 수 있는 농담을 답변할 것입니다. 이는 ChatGPT가 영어를 기반으로 만들어진 시스템이기 때문입니다.

만약 제2차 세계 대전에 미국이 참가하게 된 경위를 경제적인 관점에서 알고 싶다면 어떤 프롬프트를 입력하면 될까요?

> 나쁜 예: 전쟁 전 미국의 경제.
> 좋은 예: 제2차 세계 대전 직전의 미국 경제의 상황에 관해 설명해 주십시오.

'전쟁 전 미국의 경제'라고 하면 제2차 세계대전보다 꽤 이전부터 설명이 시작되기 때문에, 경제적인 관점에서 제2차 세계대전 참가하게 된 경위는 짧게 언급되기 쉽습니다. 이와 같이 프롬프트는 가능한 한 문장 형태를 갖춰서 ChatGPT에게 지시해야 합니다.

프롬프트 개선 방법 ② 역할 부여하기

ChatGPT에 부여하는 역할이 달라지면 답변도 달라진다

ChatGPT의 답변은 ChatGPT에 부여하는 역할에 따라 달라집니다. 예를 들어 원주율을 구하는 방법을 설명하게 할 때 프롬프트에 '당신은 초등학교의 수학 선생님입니다.'라고 입력한 경우와 '당신은 대학교의 수학 교수입니다.'라고 입력한 경우의 답변은 크게 다릅니다. 전자에서는 초등학생에게 원 둘레에 상세한 직선을 긋고 그 길이를 측정하도록 하는 내용으로 답변하고, 후자에서는 몇 가지 고급 수학적 방법을 나열할 것입니다. 그러므로 어떤 답변이 적합한지 생각해 부여할 역할을 결정합니다. 그리고 역할과 함께 누구에게 답변을 하는지 등의 정보를 추가하면 답변의 품질을 쉽게 높일 수 있습니다.

다음은 실제 프롬프트의 예입니다.

> **프롬프트**
>
> **Q** 초등학교 수학 수업에서, 원주율이 3.14라는 근거를 아이들이 잘 이해할 수 있게끔 직접 원주율을 계산하게 하고 싶습니다. 어떤 단계로 원주율을 구하도록 하는 것이 좋을지 알려 주십시오.

> **프롬프트**
>
> **Q** 당신은 대학교의 수학과 교수입니다. 고등학생을 위한 특별 강좌에서 원주율을 구하는 방법을 설명하고 싶습니다. 대학의 수학을 사용해서 설명하는 방법을 알려 주십시오.

그리고 역할을 부여할 때 '뛰어난', '최고의'와 같은 문구를 붙이면 답변의 품질이 높아진다고 알려져 있습니다. '당신은 초등학교 교사입니다.' 대신 '당신은 최고의 초등학교 교사입니다.'라고 표현하면 상세한 답변을 반환합니다. 단, 그 답변이 올바른지 아닌지는 상황에 따라 다릅니다. 답변이 너무 상세하다면 '최고의'라는 구문을 붙이지 않은 프롬프트를 입력해 보는 것도 좋습니다.

프롬프트 개선 방법 ③ 출력 형식 지정하기

'글머리 기호로', 'O개의 예를 들어', '표 형식으로' 등을 사용하면 편리하다

좋은 프롬프트를 기술할 때 출력 형식을 지정하는 것도 효과적입니다. 출력 형식이란 답변 형식을 제한하는 것입니다. 예를 들어 '글머리 기호로', 'O개의 예를 들어', '표 형식으로' 등이 있습니다.

답변 형식을 제한하면 답변의 품질이 낮아지지 않을까라고 생각할 수도 있지만 실은 반대입니다. 어느 정도 제한을 하지 않으면 연상에 기반한 매우 일반적인 답변을 하므로 기대한 정보를 얻을 수 없습니다.

글머리 기호나 표 형식을 지정하면 읽는 사람이 이해하기 쉬운 답변이 생성되는 것도 출력 형식을 지정해서 얻을 수 있는 장점입니다. 그리고 'O개의 예를 들어'라는 조건을 추가하면 글머리 기호(혹은 글머리 번호)를 함께 사용해서 지정한 수의 답변을 반환합니다.

다음은 실제 프롬프트의 예입니다.

프롬프트

Q 태양광 발전의 장점을 글머리 기호로 알려 주십시오.

프롬프트

Q 엑셀을 사용한 사무 작업의 효율화에 도움이 되는 기법을 5개 알려 주십시오.

프롬프트

Q 아이폰과 안드로이드의 특징을 표 형식으로 정리해 주십시오.

프롬프트 개선 방법 ④ 프롬프트 분할하기

적절하게 구분하면 의미를 전달하기 쉬워진다

ChatGPT는 기존 AI에 비해 사람이 쓴 문장을 매우 잘 이해한다고 말할 수 있습니다. 또한 프롬프트에 약간의 잘못이나 생략이 있어도 그 나름대로 의미가 통하는 답변을 반환해 줍니다.

뿐만 아니라 질문/지시 및 그에 관한 조건을 적당한 순서로 배열하기만 해도 어느 정도 품질이 보장되는 답변을 얻을 수 있습니다. 하지만 ChatGPT의 성능을 최대한으로 이끌어내고 싶다면 프롬프트를 내용에 따라 분할하고, 항목에 기호를 배치하는 등 ChatGPT가 오해하지 않도록 배려하는 것도 중요합니다.

예를 들어 문장을 요약하게 하고 싶을 때는 요약 대상 문장 앞에 '# 문장'이라고 기술하거나, '" "'로 감싸서 답변의 정확도를 상당히 높일 수 있습니다.

프롬프트

다음 문장을 요약해 주십시오.

\# 문장
(요약 대상 문장을 여기에 배치한다.)

프롬프트를 기술하는 사람의 입장에서도 프롬프트를 정리해서 글머리 기호로 작성하면, 이후 수정이나 추가하고 싶은 부분을 빠르게 찾아낼 수 있습니다.

프롬프트

다음 문장을 요약해 주십시오.

\# 조건
- 다섯 문장으로 줄인다
- 선생님이 학생에게 친절하게 지도하는 문제로 한다

\# 문장
(요약 대상 문장을 여기에 배치한다.)

프롬프트 개선 방법 ⑤ 여러 차례 대화를 주고받기

한 번에 정답을 얻으려고 하지 않는 편이 좋다

ChatGPT의 프롬프트는 다양한 기법으로 기술할 수 있습니다. 완벽한 프롬프트를 만들려고 하면 오히려 시간이 걸릴 때가 있습니다. 특히 복잡한 프롬프트를 사용해 높은 품질의 답변을 얻으려고 하면 여러 차례 조정을 해야만 합니다.

ChatGPT는 문맥을 기억하기 때문에 한 번의 프롬프트로 답변을 얻으려 하는 것보다 프롬프트를 ChatGPT에 여러 차례 던지면 효과적인 답변을 얻을 수 있습니다. 한 번에 원하는 답변을 얻을 수 있게 프롬프트를 여러 번 조정하는 것보다 조금씩 프롬프트를 주고받는 편이 시간을 절약할 수 있습니다.

여기에서는 전기자동차 보급이 온실 효과 가스 배출 억제로 이어지는 것에 관해 초등학생을 대상으로 한 설명을 작성하기 위한 프롬프트를 작성해 보겠습니다.

프롬프트

Q 전기자동차의 장점에 관해 알려 주십시오.

프롬프트

Q 환경과 관련된 요소에 관해 더 상세하게 알려 주십시오.

프롬프트

Q 전기자동차가 온실 효과 가스의 배출 억제에 효과적인 이유 3가지를 알려 주십시오.

프롬프트

Q 위 3가지를 초등학생이 이해하기 쉽게 설명해 주십시오.

이렇게 프롬프트에 지시/질문을 반복하면 원하는 정보를 쉽게 얻을 수 있습니다.

프롬프트 개선 방법 ⑥ 영어로 질문하기

한국어로 작성한 뒤 영어로 번역한다

ChatGPT는 대량의 문서를 모아서 학습한 데이터를 바탕으로, 주어진 프롬프트 뒤에 어떤 문장이 이어지는지 계산해서 답변을 생성합니다. 이때 학습 대상이 되는 문장은 영어로 된 문장이 많고, 한국어로 된 문장은 매우 적습니다.

따라서 같은 문장을 프롬프트로 전달하는 경우, 영어를 사용하는 것이 한국어를 사용하는 것보다 정확하고 상세하며 이해하기 쉽다고 말할 수 있습니다. 한국어로 질문했을 때 답변이 만족스럽지 않을 경우에는 영어로 프롬프트를 기술해 봅니다. 답변의 정보량이 한층 늘어나는 것을 알 수 있습니다.

하지만 프롬프트를 영어로 작성하는 것은 다소 어렵게 느껴질 수 있습니다. 그때는 번역 애플리케이션을 사용해 한국어를 영어로 번역한 뒤 프롬프트에 입력합니다.

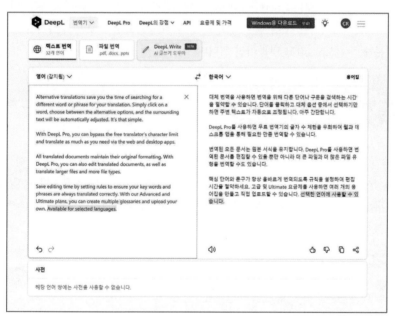

번역 애플리케이션 'DeepL'을 사용하면 자연스러운 번역문을 얻을 수 있어 많은 사람들이 사용하고 있다. 웹 브라우저에서 번역을 하거나 애플리케이션을 다운받아 사용할 수도 있다 (https://www.deepl.com/translator).

ChatGPT에게 번역을 맡기는 것도 좋습니다. 프롬프트에 '다음 문장을 영어로 번역한 뒤, 이어서 문장을 작성해 주십시오.'라고 입력하고 곧이어 번역하고 싶은 문장을 입력하면 됩니다.

프롬프트 개선 방법 ⑦ 필수 키워드

한 마디로 답변의 품질을 높이는 '마법의 언어'를 사용하자

ChatGPT의 답변이 만족스럽지 않을 때 '단계적으로'라는 문구를 시도해 볼 수 있습니다. 이 문구를 사용하면 ChatGPT가 답변에 이르기까지 거치는 프로세스를 단계적으로 확인하면서 진행하기 때문에 더 상세한 답변을 얻고 오류를 줄일 수 있습니다.

프롬프트

> **Q** 엑셀 매크로 작성 방법을 단계적으로 알려 주십시오.
>
> \# 매크로의 기능
> - 활성 시트를 새 워크북으로 잘라낸다

프롬프트에 필요한 정보가 충분하지 않아 ChatGPT가 만족스럽지 못한 답변을 할 수도 있습니다. 이럴 때는 ChatGPT에게 부족한 정보가 무엇인지 물어볼 수도 있습니다. 프롬프트 마지막에 '가장 좋은 결과를 얻기 위해 필요한 정보가 부족하다면 저에게 질문해 주십시오.'라고 덧붙이면 됩니다.

프롬프트

> **Q** 국내 여행 계획을 제안해 주십시오. 최고의 결과를 얻기 위해 방문지나 예산, 체류 기간 등의 상세 정보가 부족하다면 저에게 질문해 주십시오.

그리고 ChatGPT는 모르는 단어가 프롬프트에 포함되면 유추를 통해 '그럴듯한' 답변을 생성하기도 합니다. 정확한 것을 알고 싶다면 '답변할 수 없다면 답변할 수 없다고 답변하십시오.'라고 프롬프트에 덧붙입니다. 그러면 답변을 할 수 없을 때 잘못된 답변을 생성하는 것을 피할 수 있습니다.

프롬프트

> **Q** 로켓을 사용하지 않고 달에 가고 싶습니다. 무언가 방법이 있습니까? 답변할 수 없다면 답변할 수 없다고 답변하십시오.

그리고 답변에 글머리 기호가 포함돼 있는 경우, 일반적인 문장으로 된 답변을 얻고 싶을 때는 '글머리 기호를 사용하지 말고 단락으로 구분해 주십시오.' 등으로 다음 프롬프트에 지시합니다. 그러면 글머리 기호를 사용하지 않은 답변을 얻을 수 있습니다.

프롬프트 개선 방법 ⑧ 질문해서는 안 되는 것

'ChatGPT는 쓸모 없다'고 판단하기 전에

ChatGPT 사용자가 늘어나는 한편 'ChatGPT는 쓸모 없는 서비스다.'라고 느끼는 사람들도 나타났습니다. 이런 사람들은 대부분 '질문해서는 안 되는 것'을 ChatGPT에게 질문하는 경우가 많다고 볼 수 있습니다.

예를 들어 스스로 옳고 그름을 판단하기 어려운 정보를 ChatGPT에게 물어보는 것은 권장하지 않습니다. '플라톤의 변증법이란 어떤 것입니까?', '몬테카를로 알고리즘의 구체적인 계산 방법에 관해 알려 주십시오.', 'OO 장군이 지키던 성이 함락된 사건은 무엇입니까?'와 같은 질문은 그에 관해 잘 아는 사람이 아니라면 답변의 정확성을 판단할 수 없습니다. 이런 질문은 ChatGPT에게 묻는 의미가 없습니다.

그렇다면 ChatGPT를 어떻게 사용해야 할까요?

● 내용의 정확성을 확인할 수 있는 작업을 수행하게 한다

문장 요약이나 문자열 처리, 프로그램 코드 작성 등 결과에 관해 자신이 확인할 수 있는 작업을 실행시키는 것은 권장할 수 있습니다. 예를 들어 문장 요약의 경우 요약 전과 후의 문장을 비교해 올바르게 요약했는지 확인할 수 있습니다. 또한 엑셀 매크로의 경우 제공된 코드를 실제로 동작 시켜보고 올바르게 동작하는지 확인할 수 있습니다.

● 정답이 정해져 있지 않은 문제에 대한 의견을 구한다

또 다른 사용 방법은 정답이 정해져 있지 않은 주제를 다루는 것입니다. ChatGPT는 감정과 관련된 질문에도 사용할 수 있습니다. 예를 들어 '기분이 울적할 때는 무엇을 하면 좋을까?'와 같은 질문에 대해 참고 의견으로서 답변을 얻을 수 있습니다.

ChatGPT의 제약을 이해한 상태에서 현명하게 활용하면 많은 작업을 지원하는 유용한 도구가 됩니다. 앞에서 설명한 사용 방법에 유념하면서 ChatGPT의 잠재력을 최대한으로 끌어냅시다!

프롬프트의 기본형 알아두기

기본형을 기반으로 커스터마이즈하면 빠르다

ChatGPT의 프롬프트 기술 방법에서 가장 먼저 이해해야 하는 것은 '이렇게 하지 않으면 안 된다.'라는 엄격한 규칙은 존재하지 않는다는 겁니다. 따라서 사용자는 자유로운 형태로 프롬프트를 기술하고 지시나 질문을 수행할 수 있습니다.

그러나 '이렇게 작성하면 ChatGPT의 답변 품질이 높아질 가능성이 높다.' 혹은 '이렇게 작성하면 사람이 프롬프트의 내용을 이해하기 쉽다.'와 같은 방향성은 있습니다. 여기에서는 그런 방향성을 담은 프롬프트의 기본형에 관해 설명합니다.

● **프롬프트의 기본형**

① 역할
② 지시/질문
③ 목적
④ 조건
⑤ 답변 예시
⑥ 처리 대상 데이터
⑦ 출력 형식

각 항목에 관해 설명하기 전에 모든 항목이 항상 필요한 것은 아니라는 점을 주의하기 바랍니다. 반드시 필요한 건 ② 지시/질문뿐입니다. 그 이외의 항목은 ChatGPT에게 무엇을 지시하는지에 따라 달라집니다. 또한 입력 순서도 정해져 있지 않습니다. 단, ② 지시/질문은 가능한 앞쪽에 두는 것을 권장합니다.

① 역할

ChatGPT에게 어떤 역할을 담당하게 할지 결정합니다. '당신은 수학과 대학 교수입니다.', '당신은 법률에 정통한 저널리스트입니다.' 등과 같이 기술함으로써 ChatGPT에게 생성하게 할 답변의 방향성을 결정합니다.

② 지시/질문

ChatGPT에게 '시키고 싶은 것'을 기술합니다. 가능한 구체적으로 기술할수록 답변의 품질이 높아집니다. 프롬프트의 뼈대가 되는 부분이므로 모든 프롬프트에 이 항목은 반드시 포함돼야 합니다.

③ 목적

무엇을 위해 ② 지시/질문을 ChatGPT에게 실행시키려고 하는지 기술합니다. 예를 들어 원주율을 구하는 방법을 설명할 때 '초등학교 산수 수업에서 사용하기 위해'라고 기술할 때와 '대학 이과학부의 세미나 발표회에서 사용하기 위해'라고 기술할 때의 결과는 크게 달라집니다. 전자에서는 초등학생을 위한 설명으로 구성되지만 후자에서는 대학 수학 수준의 설명으로 구성됩니다.

④ 조건

답변 생성 시에 ChatGPT에게 지키게 하고 싶은 조건을 나열합니다. 내용이 명확하지 않으면 무시될 확률이 높아지므로 확실하고 이해하기 쉽게 기술합니다.

⑤ 답변 예시

말로 설명하기 어려운 처리를 ChatGPT에게 실행시키고 싶을 때는 예시를 제시하면 좋은 결과를 쉽게 얻을 수 있습니다. 예시가 많을수록 정확도가 높아지지만 모순된 예시를 제공하면 당연하게도 답변이 불안정해집니다.

⑥ 처리 대상 데이터

예를 들어 문장을 요약하거나 표를 처리하는 등의 작업을 ChatGPT에게 수행시키고 싶을 때는 그 대상을 프롬프트로 제공합니다.

⑦ 출력 형식

답변을 어떤 형태로 출력하고 싶은지 지정합니다. '글머리 기호로', '단락으로', '표 형식으로' 등을 지정할 수 있습니다.

프롬프트의 내용에 따라 한층 많은 정보를 추가합니다.

그럼 이 항목들을 포함한 프롬프트를 소개합니다. 여기에서는 상품 판매 사이트에 게재되는 상품 소개의 카피를 만들어 보겠습니다. 상품 소개에는 상품의 특징을 포함하고 싶으므로 특징을 글머리 기호로 프롬프트에 추가합니다. 답변 샘플은 필수는 아니지만 문체나 분위기를 기존의 것과 비교하고 싶을 때는 샘플을 입력해서 답변의 품질을 한층 높일 수 있습니다.

Q

역할
당신은 최고의 카피라이터입니다.

지시/질문
안드로이드 태블릿의 광고 카피를 5개 만들어 주십시오.

상품 특징
- 최신 칩셋 A9 탑재
- Smart TV 대응, 영화/드라마를 간단히 시청할 수 있음
- 10.9인치 고화질 화면 탑재, 해상도는 2560x1600 픽셀, 픽셀 밀도 284ppi
- 본체 무게 323g, 동일 크기 태블릿 기준 최경량 클래스
- OS에 안드로이드 13 채용
- 전면/후면 모두 8백만 화소 카메라 탑재

목적
판매 사이트에서 많은 방문자에게 놀라움을 주고 싶다.

답변 샘플
- 놀라움이 가득한 상품! 어떤 얼룩이라도 지울 수 있는 최고의 얼룩 제거기가 여기에 있다!
- 분노의 주먹! 예약을 절대로 할 수 없는 음식점에는 이런 이유가 있었다!
- 아쉬운 고급 레스토랑! 마지막의 마지막에도 용서할 수 없는 손님 대응 매너 10선!

조건
- 2문장, 40자 이내로 작성한다.
- '!'를 효과적으로 사용한다.

A

1. A9 칩셋이 달린 놀라운 성능! 영화, 드라마가 화질 그대로 눈앞에 펼쳐진다!
2. 323g의 경량 바디에 강력한 성능! 당신의 엔터테인먼트를 새로운 차원으로 끌어올립니다!
3. 안드로이드 13으로 더욱 스마트해진 경험! 뛰어난 화질과 성능이 당신을 감탄하게 만듭니다!
4. 10.9인치의 화려한 화면! 섬세한 디테일을 만끽하며 완벽한 시청 환경을 누려 보세요!
5. 전면/후면 8MP 카메라 탑재! 생생한 순간을 캡처하고 공유하세요!

02

ChatGPT로 업무에서
사용하는 문장 작성하기

고객 클레임에 대한 사과 방법 조사하기

고객으로부터 상상하지 못한 클레임을 받으면 당황한 나머지 적절한 사과 방법을 떠올리지 못할 수 있습니다. 그럴 때는 ChatGPT에게 사과 방법을 제안받을 수 있습니다. 프롬프트에는 ChatGPT에게 '최고의 고객 지원 담당자'라는 역할을 부여하고 사과의 포인트를 상세하게 설명하도록 질문합니다.

프롬프트

Q
당신은 최고의 고객 지원 담당자입니다. 고객의 클레임에 대해 적절하게 사과하는 방법을 5개 나열하고, 포인트를 상세하게 알려 주십시오.

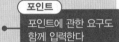
포인트
포인트에 관한 요구도 함께 입력한다

A
물론입니다. 고객 클레임에 적절히 대응하기 위해 다음과 같은 사과 방법을 고려할 수 있습니다:

1. 진심 어린 사과와 이해 표현: "우선, 저희가 고객님의 불만을 듣고 있다는 점을 깊이 사과드립니다. 고객님의 불편을 최소화하고 해결책을 찾기 위해 노력하겠습니다."
   - 포인트: 고객의 불편함을 인정하고, 해결을 위해 노력한다는 의지를 분명히 전달하여 신뢰를 회복하고 긍정적인 관계를 유지합니다.

2. 책임 회피 없는 사과와 해결 방안 제시: "저희의 서비스로 인해 발생한 불편함에 대해 진심으로 사과드립니다. 고객님의 경험을 개선하기 위해 적극적으로 조치를 취하겠습니다."
   - 포인트: 책임을 회피하지 않고 고객의 경험을 개선하기 위해 적극적으로 대응하겠다는 의지를 보여 줌으로써 신뢰를 회복하고 긍정적인 해결책을 제시합니다.

3. 실수 인정과 보상 제안: "우선, 저희의 실수로 인해 발생한 불편함에 대해 진심으로 사과드립니다. 이에 저희는 고객님의 소중한 시간을 보상하기 위해 추가 혜택을 제공하고자 합니다."
   - 포인트: 실수를 인정하고 보상하는 것으로 고객의 만족도를 높이고 긍정적인 경험으로 전환합니다. 추가 혜택을 제공함으로써 고객의 관심을 유지하고 재방문을 유도할 수 있습니다.

(후략)

칼럼

개별적인 클레임에 대한 답변 문장을 작성하고 싶을 때는 '다음 클레임에 대한 답변 문장을 작성해 주십시오.'와 같이 지시하고 클레임 내용을 덧붙입니다.

상품에 관한 질문에 대한 답변 작성하기

고객들은 일상적으로 상품이나 서비스의 사용 방법 등에 관한 질문을 합니다. 고객에게 받은 질문을 프롬프트에 기술하고 구체적인 답변 문구를 작성하게 지시합니다. 여러 패턴을 모아서 작성하게 한 뒤 필요한 것을 적절하게 수정해서 사용합니다.

프롬프트

Q 당신은 최고의 고객 지원 담당자입니다. 고객으로부터 상품에 관해 다음과 같은 질문을 받았습니다. 이 질문에 대한 답변을 3개의 패턴으로 작성하십시오.

포인트
고객이 질문한 내용을 이후에 붙여 넣는다

• 해머 드릴을 교체하고 싶은데 어떻게 해야 할까요?

A 물론입니다. 고객이 해머 드릴을 교체하고 싶어하는 경우를 고려하여 다음과 같은 답변을 제시할 수 있습니다:

1. 단계별 안내 패턴:
   • 고객: "해머 드릴을 교체하고 싶은데 어떻게 해야 할까요?"
   • 답변: "먼저, 드릴의 전원을 꺼주세요. 다음으로, 이전 해머 드릴을 제거하고 새로운 드릴을 삽입해 주세요. 드릴을 교체한 후에는 반드시 사용 전에 전원을 다시 켜기 전에 안전 장치를 확인해 주세요."

2. 온라인 자원 안내 패턴:
   • 고객: "해머 드릴을 교체하고 싶은데 어떻게 해야 할까요?"
   • 답변: "해머 드릴을 교체하는 방법에 대한 상세한 안내는 당사 웹사이트의 고객 지원 페이지에서 찾으실 수 있습니다. 해당 페이지에서 해머 드릴 교체에 관한 비디오 튜토리얼과 사용 설명서를 확인하실 수 있습니다."

3. 고객 서비스 요청 안내 패턴:
   • 고객: "해머 드릴을 교체하고 싶은데 어떻게 해야 할까요?"
   • 답변: "해머 드릴 교체에 대한 상세한 안내와 도움을 받기 위해 고객 서비스에 문의해 주시면 됩니다. 저희 팀은 전문가들로 구성돼 있어 고객님의 교체 과정을 지원해 드릴 것입니다."

배송 관련 질문에 대한 답변 방법 조사하기

고객에게서 배송 지연 등의 배송 문의가 왔을 때 안이하게 대응하면 오히려 신뢰를 잃을 수 있습니다. 프롬프트에 고객 대응 단계를 명확하게 지시하는 것이 포인트입니다. 이렇게 하면 지원 전체의 흐름을 확실하게 할 수 있고 보다 상세하게 대응할 수 있습니다.

프롬프트

 Q 당신은 최고의 고객 지원 담당자입니다. 고객으로부터 상품 배송에 관한 문의를 받았습니다. 적절하게 답변하기 위한 방법을 제안해 주십시오.

> **포인트**
> 답변을 위해 '적절하게 답변하기 위한'이라는 조건을 제공한다

A 고객으로부터 상품 배송에 관한 문의를 받았을 때, 다음과 같은 방법으로 적절하게 답변할 수 있습니다:

1. 정보 제공: 고객에게 배송 상태를 확인할 수 있는 정보를 제공합니다. 예를 들어, 주문 번호나 송장 번호를 요청하여 해당 정보를 확인할 수 있도록 안내합니다.

2. 배송 예상일 안내: 고객에게 주문한 상품의 배송 예상일을 안내합니다. 해당 상품이 이미 출고됐거나 배송 준비 중이라면 이를 알려 주고, 예상되는 도착일을 제시합니다.

3. 추가 도움 제안: 고객이 배송 상태를 확인하거나 문제가 발생했을 때 도움이 필요하다면, 고객 서비스나 배송 파트너에 연락하여 추가 지원을 제공할 수 있도록 안내합니다.

4. 문제 발생 시 대응 방법 안내: 만약 고객이 상품을 받지 못했거나 배송 중 문제가 발생했다면, 어떤 조치를 취해야 하는지에 대해 안내합니다. 고객에게는 고객 서비스에 연락하여 문제를 해결하도록 권유합니다.

5. 친절한 마무리: 최종적으로 고객에게 문의해 주셔서 감사하다는 메시지를 전달하고, 추가 질문이나 도움이 필요하면 언제든지 연락할 것을 알려 줍니다. 이는 고객에게 친절함과 지원을 전달하는 것으로 긍정적인 고객 경험을 제공할 수 있습니다.

부정적인 리뷰에 대한 정중한 답변을 작성하기

프롬프트

Q 당신은 최고의 고객 지원 담당자입니다. 고객으로부터 다음과 같은 부정적인 내용의 리뷰가 게시됐습니다. 이에 대한 답변을 정중하게, 납득할 수 있는 내용으로 작성해 주십시오.

- 기분 나쁘다! 비싸다! 고객 응대도 최악이다! 두 번 다시 오지 않겠다!

A 고객님께,

저희 상품 및 서비스로 인하여 불편함을 느끼시게 해 대단히 죄송합니다. 고객님의 소중한 의견을 듣고 개선해 나가겠습니다. 저희는 항상 고객님의 만족을 최우선으로 생각하며, 이번 일로부터 더 많은 것을 배워 나가겠습니다.

> **주목할 점**
> 이후 정중한
> 사과문이 이어진다

고객 응대에 대한 불만을 해결하기 위해 저희는 직원들의 교육과 훈련을 강화하고 있습니다. 또한, 상품 가격과 관련해 더 많은 옵션과 혜택을 고려하여 고객님께 더 나은 가치를 제공할 수 있도록 노력하겠습니다.

저희의 실수로 인해 고객님의 신뢰를 잃게 된 점에 대해 다시 한번 사과의 말씀을 드립니다. 고객님의 불편함을 최소화하고 만족도를 높일 수 있는 방법을 찾기 위해 노력할 것을 약속드립니다.

다시 한번 저희에게 기회를 주시기를 부탁드리며, 언제든지 문의나 의견을 주셔서 감사드립니다.

최선의 인사를 드립니다.

[고객 지원팀]

● 여기가 포인트

부정적인 리뷰에 대한 대응은 담당자의 감정에 많은 부담을 주기 쉽습니다. 이럴 때는 프롬프트에 리뷰 문장을 그대로 입력한 뒤 정중한 내용으로 답변 문구를 생성하도록 지시하면 됩니다.

문장을 설득력 있는 내용으로 수정하기

Q 당신은 최고의 기자입니다. 다음 텍스트에 압도적인 설득력을 덧붙여, 독자의 마음을 움직일 수 있도록 수정해 주십시오.

읽어 주셔서 감사합니다. 우리 회사는 고객에게 최고의 상품과 서비스를 제공하기 위해 노력하고 있습니다. 고객의 필요를 확실하게 파악해서 해결책을 제공합니다.

포인트
뛰어난 답변을 얻기 위해 프롬프트에도 노력을 기울인다

포인트
원래 문장은 이 정도로 간단해도 충분하다

● 여기가 포인트

비즈니스적인 문장으로 감사의 마음을 전달하거나, 비즈니스에서의 행동을 강력하게 촉구하고 싶을 때 상대방의 마음을 움직이는 문장이 필요합니다. 프롬프트에 '압도적인 설득력'과 '마음을 움직이는' 등의 명확한 톤을 갖는 지시를 제공하는 것이 포인트입니다.

사업 계획 작성하기

기업을 설립할 때는 사업 계획을 세워야 합니다. 처음부터 치밀한 계획을 만들기는 어려울 것입니다. 이럴 때는 간단한 내용을 ChatGPT를 사용해 생성합니다. 프롬프트에는 대략적인 사업 내용과 목표, 필요한 내용 등을 기술합니다. 이것만으로도 사업 계획 프로토타입을 만들 수 있습니다.

프롬프트

Q 당신은 최고의 경영 컨설턴트입니다. A사의 사업 계획을 작성하십시오. A사는 획기적인 청소기를 주부층에 판매하고, 주식 시장 상장을 달성하려고 합니다. 사업 개요, 경비, 매출, 수익 예상, 비전, 이념 등 공적인 역할도 포함해 주십시오.

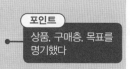

포인트
상품, 구매층, 목표를 명기했다

A A사 사업 계획

사업 개요: A사는 혁신적인 청소기를 주부층을 대상으로 판매하여 시장에서 선도적인 역할을 하고자 합니다. 이 청소기는 최첨단 기술과 사용자 친화적인 디자인을 결합하여 탁월한 성능과 편의성을 제공합니다.

- 경비:
  - 상품 개발 및 생산: 5백만 달러
  - 마케팅 및 광고: 3백만 달러
  - 운영 비용: 2백만 달러
- 매출 및 수익 예상:
  - 첫 해 매출 목표: 1천만 달러
  - 둘째 해 매출 목표: 3천만 달러
  - 셋째 해 매출 목표: 5천만 달러
  - 영업 이익률 목표: 20%

주목할 점
구체적인 수치까지 제시됐다

- 비전 및 이념: A사는 혁신적인 기술과 고객 중심의 서비스로 사람들의 삶을 변화시키고자 합니다. 우리의 청소기는 청결과 편의성을 높이며, 주부들의 일상을 더욱 편안하고 즐겁게 만들어 줄 것입니다.
- 공적인 역할: A사는 지속 가능한 경영과 사회적 책임을 바탕으로 사업을 운영할 것을 약속합니다. 환경 친화적인 상품을 개발하고, 사회적 취약 계층을 지원하는 데 노력할 것입니다. 또한, 주주와의 투명한 소통을 통해 신뢰를 구축하고, 주식 시장 상장을 통해 사업의 성장과 발전을 이루어 나갈 것입니다.
- 주식 시장 상장 목표: A사는 주식 시장에 상장하여 글로벌 시장에서 성장할 것을 목표로 하고 있습니다. 주식 시장 상장을 통해 자금을 조달하고, 더 넓은 시장을 대상으로 상품을 확대 판매하여 성장 동력을 확보할 것입니다.

필요 요소를 확인하면서 문장 작성하기

세일즈 레터, 보도 자료 등의 작성을 ChatGPT에게 지시할 때 어떤 요소를 포함해야 할지 막막할 수 있습니다. 이럴 때는 첫 번째 프롬프트에서 필요한 요소를 나열하게 하고 수시로 역질문을 하면서 생성하는 것이 포인트입니다. 필요에 따라 프롬프트를 반복하면서 보완합니다.

프롬프트

> **Q** 당신은 최고의 세일즈 라이터입니다. 상품을 홍보하고 독자의 구매욕을 강하게 자극하는 세일즈 레터를 작성하려고 합니다. 필요한 조건이 있으면 저에게 질문하면서 최고의 세일즈 레터를 작성하도록 노력해 주십시오.

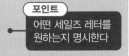

포인트
어떤 세일즈 레터를 원하는지 명시한다

> **A** 물론입니다. 제가 최고의 세일즈 레터를 작성하는 데 도움을 드리겠습니다. 하지만 먼저 몇 가지 질문이 있습니다.
>
> 1. 홍보하려는 상품의 성격은 무엇인가요? (예: 전자상품, 의류, 서비스 등)
> 2. 상품의 주요 특징이나 장점은 무엇인가요?
> 3. 대상 고객층은 어떤 층위에 속하나요? (예: 나이, 성별, 관심사 등)
> 4. 세일즈 레터의 목적과 원하는 반응은 무엇인가요? (예: 구매 유도, 방문 유도, 정보 제공 등)
>
> 위 질문에 답변해 주시면 보다 효과적인 세일즈 레터를 작성하는 데 도움이 될 것입니다.

● 칼럼

시간을 줄이는 관점에서는 한 번의 프롬프트로 작업을 완료하는 것이 가장 좋지만, 확인/역질문을 사용하면서 진행하면 답변의 품질을 높일 수 있다는 장점이 있습니다.

프레젠테이션 내용 및 시간 배분에 관한 제안받기

비즈니스 현장에서는 프레젠테이션을 할 기회가 많습니다. 프레젠테이션 시간을 배분하고 싶을 때는 프롬프트에 프레젠테이션 주제, 소요 시간을 포함해서 기술하는 것이 포인트입니다. 단, 시간 배분은 어디까지나 대략적인 것으로 다소의 오차는 발생할 수 있습니다. 완성된 구성을 확인하고 직접 시간을 조정하기 바랍니다.

프롬프트

Q 당신은 최고의 세미나 강사입니다. '직장 내 괴롭힘 대책'이라는 주제로 비즈니스 세미나를 개최합니다. 소요 시간이 40분인 프레젠테이션에서 사용할 슬라이드의 상세한 내역과 시간 배분에 관해 제안해 주십시오.

> **포인트**
> 프레젠테이션 분량을 결정하고 슬라이드 수에 제한을 건다

A 물론입니다. '직장 내 괴롭힘 대책' 주제로 개최되는 비즈니스 세미나를 위한 슬라이드의 상세한 내역과 시간 배분을 제안해 드리겠습니다.

1. 소개 및 목차(5분)
   - 괴롭힘의 정의와 현황 소개
   - 세미나 목표 및 내용 안내

> **주목할 점**
> 슬라이드 제목과 주요 내용이 표시된다

2. 직장 내 괴롭힘의 유형과 영향(10분)
   - 직장 내 괴롭힘의 종류와 특징
   - 괴롭힘이 조직과 개인에 미치는 영향과 결과
3. 괴롭힘 예방을 위한 전략(10분)
   - 조직 내 괴롭힘 방지를 위한 정책과 절차 소개
   - 조직 문화와 리더십의 역할
4. 괴롭힘 대응 방법과 대처 전략(10분)
   - 괴롭힘 피해자를 위한 지원 및 보호 방안
   - 괴롭힘을 식별하고 대응하는 방법
5. 결론 및 질의응답(5분)
   - 주요 포인트 재강조
   - 참가자들의 질문에 대한 답변 제공

위의 시간 배분은 참가자들이 주제에 대한 깊은 이해를 얻을 수 있도록 구성됐습니다. 세미나의 목표와 참가자들의 관심을 고려하여 상세한 조정이 필요할 수 있습니다.

1문 1답으로 면접 연습하기

취직이나 이직 과정에서 면접을 어려워하는 사람이 많습니다. 이럴 때는 ChatGPT를 면접관으로 삼아 모의 면접 연습을 할 수 있습니다. 프롬프트에는 희망하는 직종의 인사 담당자 역할을 부여하는 것이 포인트입니다. 또한 현장감 있는 모의 면접이 되도록 1문 1답 형식으로 전개하도록 지시합니다.

프롬프트

Q 당신은 엄격한 눈을 가진 식품 제조사의 인사 담당자입니다. 지원자인 저에게 면접 질문을 1문제씩 해 주십시오. 제가 하는 답변을 확인하고 문제점이 있다면 알려 주십시오.

포인트
질문 방식을 지정한다

A 물론입니다. 면접 질문을 하나씩 드리겠습니다.
이전의 식품 제조 경험이 있으신가요? 있다면, 해당 경험에 대해 상세하게 설명해 주세요.

Q 저는 과자 제조사에서 영업직군으로 5년 동안 근무했습니다.

A 멋지십니다. 이 경험을 바탕으로 다음과 같은 질문을 하겠습니다.
과자 제조사에서의 5년간의 영업 경력 중 가장 큰 성과나 성공 사례가 있나요? 그렇다면 해당 성과나 사례에 대해 상세하게 설명해 주십시오.

Q 신규 대형 거래처 계약에 성공했던 것입니다. 그리고 해외 기업과의 협상도 많이 담당했습니다.

A 성공적인 대형 거래처 계약 체결과 해외 기업과의 협상 경험이 매우 소중합니다. 다음 질문을 통해 더 상세하게 알아보겠습니다.
대형 거래처 계약에 성공한 경험이 어떠한 과정을 거쳤나요? 특히, 성공을 이끈 주요 전략이나 노력이 있었다면 그에 대해 상세하게 설명해 주십시오.

● 칼럼

프롬프트 마지막에 '면접 분위기는 지원자를 강하게 압박하는 느낌으로 해 주십시오.'라고 추가하면 압박감을 주는 질문이나 반응이 돌아오므로 압박 면적을 준비하는 데 효과적입니다.

SNS에서의 상품 홍보 원고 작성하기

자사 상품의 인식도를 높이는 데는 SNS를 통한 홍보가 필수적입니다. ChatGPT를 사용하면 해시 태그나 이모티콘을 효과적으로 사용한 게시문을 간단하게 생성할 수 있습니다. 프롬프트에는 상품의 특징을 반드시 포함시키고, 게시 대상 SNS 종류도 기술하는 것이 포인트입니다. 또한 특징과 함께 상품의 URL도 프롬프트에 포함시키면 게시문에 URL을 삽입할 수 있습니다.

프롬프트

Q 당신은 최고의 카피라이터입니다. 다음 특징을 가진 최고의 밥솥을 트위터에서 홍보하기 위한 게시문을 5개 제안해 주십시오. 이모티콘과 해시 태그도 포함해 주십시오.

- 윤기가 흐르는 밥을 만들 수 있다
- 상품 링크: https://www.example.com

A 여기 트위터에서 공유하기 좋은 밥솥 홍보 게시문 5가지 예시입니다. 이 게시문들은 제품의 주요 특징을 강조하고, 이모티콘과 해시 태그를 활용하여 눈길을 끌 수 있도록 디자인됐습니다.

> **주목할 점**
> X(구 트위터, Twitter)용으로 이모티콘, 해시 태그 등이 포함된다

1. "윤기가 자르르 흐르는 밥으로 하루를 시작하세요! 이 밥솥으로 매번 완벽한 식사를 준비할 수 있어요. 지금 바로 확인해 보세요! https://www.example.com 😋 #밥솥혁명 #맛있는밥 #건강한식사"

2. "매일의 식사가 더 특별해집니다! 최고의 밥솥으로 준비한 윤기 나는 밥을 경험해 보세요. 상세 정보는 여기서! https://www.example.com #최고의밥솥 #윤기밥 #식사준비"

3. "이 밥솥 하나면 요리 실력이 업그레이드됩니다! 윤기 흐르는 밥을 매일 즐겨보세요. 자세히 보기 https://www.example.com 👩‍🍳 #요리마스터 #퍼펙트밥 #건강식"

4. "밥이 이렇게 맛있어도 되나요? 최고의 밥솥으로 준비한 윤기 나는 밥을 만나보세요. 바로 여기! https://www.example.com 😋 #맛있는밥 #윤기가득 #식사시간"

5. "집밥의 새로운 기준을 제시합니다. 윤기가 흐르는 밥으로 가족의 건강을 챙기세요! 자세한 정보는 이곳에서 https://www.example.com 👨‍👩‍👧😋 #집밥은사랑입니다 #건강한가족 #밥솥추천"

이 게시문들은 제품의 주요 매력 포인트인 "윤기가 흐르는 밥"을 강조하며, 팔로워들의 관심을 끌고 클릭을 유도하는 데 중점을 두었습니다. 해시 태그는 트위터 내에서 관련 주제나 키워드 검색 시 게시글이 더 잘 노출될 수 있도록 돕습니다.

● 칼럼

ChatGPT는 2021년 9월까지의 정보를 기반으로 하고 있습니다. 위 프롬프트와 같이 SNS 이름을 지정할 때 X(구 트위터)는 '트위터'로 기술하는 것이 좋습니다.

SNS 공지용 슬로건 작성하기

프롬프트

Q 당신은 최고의 카피라이터입니다. 트위터를 사용해 스트레스 해소에 관한 정보를 발신하고 싶습니다. 이 게시에 적절한 압도적인 호소력을 가진 캐치프레이즈를 10개 제안해 주십시오. 이모티콘이나 해시 태그도 포함해 주십시오.

A 여기 스트레스 해소에 관한 정보를 트위터에서 발신할 때 사용할 수 있는 압도적인 호소력을 가진 캐치프레이즈 10개를 제안합니다. 이 프레이즈들은 독창적이면서도 감정을 자극할 수 있도록 디자인됐으며, 이모티콘과 해시 태그를 포함하여 더 큰 관심을 유도합니다.

1. "스트레스는 던져버려! 😌 🕊️#RelaxWithUs에서 당신의 평화를 찾아보세요. #스트레스해소 #평온함을찾아서"

2. "하루의 긴장을 풀어줄 마법 같은 방법! 🎑#스트레스탈출 #RelaxModeOn"

   > **주목할 점**
   > 이모티콘과 해시 태그가 포함되어 있다

3. "스트레스가 당신을 지배하게 두지 마세요! 😌 🕊️#스트레스극복 #내마음의평화"

4. "오늘, 당신의 마음을 위한 시간을 가져보세요 😊 😌#마음챙김 #스트레스프리"

5. "스트레스는 잊어버리고, 평화를 품으세요 🕊️#평화롭게 #스트레스해소법"

6. "당신의 웰빙을 위한 첫걸음을 떼세요! 🏃#건강한생활 #스트레스관리"

7. "스트레스 없는 삶을 향한 여정 시작하기 🚂#스트레스없는삶 #행복추구"

8. "마음의 짐을 내려놓으세요, 자유를 느껴보세요! 😌 🕊️#마음의자유 #스트레스해소"

9. "스트레스는 멈추고, 삶의 기쁨은 계속됩니다! 🕊️#긍정에너지 #스트레스컨트롤"

10. "당신의 삶에서 스트레스를 지우는 방법 🕊️#힐링가이드 #스트레스해결"

이 캐치프레이즈들은 스트레스 해소의 중요성과 방법을 강조하며, 팔로워들이 긍정적인 변화를 위한 첫걸음을 내딛도록 독려합니다. 이모티콘과 해시 태그는 감정적인 호소력을 더하고, 특정 키워드로 더 많은 관심을 끌 수 있도록 합니다.

● 여기가 포인트

SNS 게시물을 꼼꼼히 읽게 하거나 링크 클릭을 유도하려면 매력적인 캐치프레이즈가 필요합니다. 이를 위한 프롬프트에는 주제의 내용, 게시 대상 SNS 이름을 포함합니다. 간단한 지시로 효과적인 캐치프레이즈를 생성할 수 있습니다.

인스타그램의 해시 태그 전략에 관한 제안받기

프롬프트

Q 당신은 최고의 SNS 디렉터입니다. 인스타그램에 수면의 질 향상에 관한 게시를 하고 싶습니다. 팔로워로부터 좋은 반응을 얻기 위한 효과적인 해시 태그 전략을 제안해 주십시오.

포인트
목적을 명확하게 하는 것이 좋다

A 수면의 질 향상을 다루는 인스타그램 게시물을 성공적으로 홍보하기 위해 다음과 같은 해시 태그 전략을 제안합니다:

1. #잠의질
2. #수면환경
3. #포근한침실
4. #수면습관
5. #평온한잠
6. #불면증극복
7. #리프레시잠

(후략)

● **여기가 포인트**

인스타그램은 해시 태그로 검색하는 사용자가 많으므로 보다 치밀한 해시 태그 전략이 필요합니다. 효과적인 해시 태그를 생성하려면 프롬프트에서 게시 주제를 확실하게 기술하고, 무엇을 의도한 게시인지도 명확하게 알립니다.

화제에 관한 X(구 트위터)의 스레드 작성하기

X(구 트위터)의 스레드 기능을 사용하면 한 사용자의 여러 포스트를 연결해 이야기의 흐름을 알기 쉽게 모을 수 있으며, 무료 계정에서도 문장을 게시하기 위해 자주 사용됩니다. 스레드용 게시를 생성할 때는 프롬프트에 업계나 주제 등을 기술하고 '매력적인'과 같이 게시의 의도를 나타내는 구문을 추가하는 것이 포인트입니다.

프롬프트

Q 당신은 최고의 SNS 디렉터입니다. 요양 업계의 대우 개선에 관해 매력적이며, 많은 사용자를 모을 수 있는 트위터 스레드를 작성해 주십시오.

A 제안하는 요양 업계의 대우 개선에 관한 매력적인 트위터 스레드는 다음과 같습니다:

제목: #요양업계의미래를밝게 ●————

> **주목할 점**
> 스레드에는 제목을 붙일 수 없으므로 모든 포스트에 공통 해시 태그를 사용하면 좋다

스레드 본문:

- 1/6: 요양 업계는 우리 사회에서 중요한 역할을 하고 있습니다. 하지만 종종 그들의 헌신적인 노력과 능력이 제대로 인정받지 못하는 경우가 많습니다. #요양인을위한평등

- 2/6: 우리는 요양인들의 힘든 업무와 그들의 소중한 역할을 인정해야 합니다. 그들은 삶의 질을 향상시키고 환자들에게 편안함을 제공합니다. #요양인을위한존중

- 3/6: 요양인들은 종종 낮은 임금과 과도한 업무 부담으로 실망할 때가 있습니다. 우리는 그들에게 더 나은 대우를 해 주고, 존경과 인정을 보여야 합니다. #요양인을위한지원

- 4/6: 요양인들은 우리의 사회에서 중요한 교량 역할을 합니다. 우리는 그들의 힘든 일상을 이해하고, 그들에게 필요한 지원과 보상을 제공해야 합니다. #요양인을위한보상

- 5/6: 우리는 요양인들의 목소리를 듣고 그들의 요구를 반영해야 합니다. 그들이 더 나은 환경에서 일하고 자랑스럽게 자신의 직업을 수행할 수 있도록 돕겠습니다. #요양인을위한변화

- 6/6: 요양 업계의 대우를 개선하는 데 우리 모두가 동참해야 합니다. 함께 노력하여 요양인들에게 더 나은 환경과 조건을 제공합시다. #요양인을위한지지

이런 스레드는 요양인들에 대한 인식을 높이고, 이들이 받는 대우에 대한 사회적 관심을 불러일으킬 수 있을 것입니다.

X(구 트위터)의 프로필 및 헤더 이미지 설정 힌트 얻기

X(구 트위터)에서 많은 팔로워를 만들려면 포스트는 물론 프로필 사진, 헤더 이미지도 매력적인 것을 사용해야 합니다. 프롬프트에 인플루언서의 역할을 부여하고 동시에 다른 사용자들이 실천하고 있는 구체적인 기법을 질문하면 더 많은 힌트를 얻을 수 있습니다.

프롬프트

Q 당신은 최고의 SNS 인플루언서입니다. 트위터의 프로필 사진이나 헤더 이미지를 효과적으로 설정하는 방법을 제안해 주십시오. 또 많은 인플루언서들이 하고 있는 구체적인 기법들도 함께 소개해 주십시오.

A 효과적인 SNS 프로필 사진 및 헤더 이미지 설정에는 몇 가지 중요한 요소가 있습니다. 트위터에서 인플루언서로서 활동하기 위해 다음과 같은 기법들을 고려할 수 있습니다:

프로필 사진:

1. 명확하고 인식하기 쉬운 이미지 선택: 모호하지 않고 자신을 명확히 보여 주는 이미지를 선택하세요. 얼굴이 잘 보이고, 웃고 있거나 긍정적인 표정을 내비치는 것이 좋습니다.
2. 일관성 유지: 여러 플랫폼에서 사용하는 프로필 사진은 일관성 있게 유지하는 것이 중요합니다. 이를 통해 브랜드 인식을 증가시킬 수 있습니다.

헤더 이미지:

1. 비주얼 스토리텔링: 헤더 이미지를 사용하여 자신의 브랜드 메시지를 전달하세요. 상품, 서비스, 또는 플랫폼에 대한 관심을 자연스럽게 나타내는 이미지를 선택하세요.

색상 및 디자인 일치:

1. 프로필 사진과 헤더 이미지의 색상 및 디자인을 일치시켜 시각적 일관성을 유지하세요.
2. CTA(호출 투 액션) 포함: 헤더 이미지에 브랜드의 주요 CTA를 포함하여 팔로워들이 행동을 취할 수 있도록 유도하세요.

기타 기법:

1. 프로필 사진 및 헤더 이미지 업데이트: 정기적으로 프로필 사진 및 헤더 이미지를 업데이트하여 새로운 콘텐츠나 특별한 이벤트에 대한 관심을 유발하세요.
2. 고화질 이미지 사용: 품질 좋은 이미지를 사용하여 전문성을 보여 줍니다.
3. A/B 테스트: 여러 이미지를 사용하여 어떤 이미지가 더 효과적인지를 테스트하고 결과를 기반으로 최적의 이미지를 선택하세요.

인플루언서로서 SNS에서 성공하기 위해서는 자신의 브랜드 메시지와 목표를 명확히 이해하고 그에 맞는 이미지를 선택하는 것이 중요합니다. 또한 팔로워들의 관심을 유발하고 행동을 유도할 수 있는 콘텐츠를 제공하는 것도 중요합니다.

● 칼럼

최근의 X(구 트위터)는 사양이 계속해서 변경되고 있습니다. 최근 기능에 관해 질문할 때는 'Bing AI' 등 정보 검색에 대응한 대화형 AI를 사용하는 것이 좋습니다.

틱톡(TikTok) 비디오에 관한 제안받기

숏폼 동영상 SNS인 틱톡은 뛰어난 확산력이 특징입니다. 버즈(buzz)를 계기로 다양한 상품이나 서비스가 폭발적으로 판매되고 있습니다. 프롬프트에 상품 특징 등을 상세하게 지정하면 관련된 동영상 제작 아이디어를 제안받을 수 있습니다. 상품 이름, 종류 정도만 간단하게 기술하는 편이 임팩트 있는 아이디어를 얻기 좋습니다.

프롬프트

Q 당신은 최고의 틱톡 인플루언서입니다. 초콜릿 케이크를 틱톡 사용자에게 소개하고 싶습니다. 시청자가 구입하고 싶어지도록 임팩트 있는 틱톡 비디오 아이디어를 5개 제안해 주십시오.

포인트
어떤 틱톡 비디오인지 설명한다

A 초콜릿 케이크를 소개하고 시청자의 구입 욕구를 자극하는 임팩트 있는 틱톡 비디오 아이디어는 다음과 같습니다:

1. 레시피 공유: 초콜릿 케이크의 간단한 레시피를 소개하고, 각 단계를 시각적으로 보여 줍니다. 특히, 초콜릿이 부드럽게 녹아드는 과정을 부각시켜 맛있어 보이게끔 합니다. 마지막에는 완성된 케이크를 상세하게 보여 주면서 "이렇게 맛있는 초콜릿 케이크를 집에서 만들 수 있어요!"라고 언급합니다.

2. 재미있는 비교: 초콜릿 케이크를 다른 디저트나 간식과 비교하는 비디오를 제작합니다. 예를 들어, "초콜릿 케이크 vs 브라우니: 어떤 게 더 맛있을까?"와 같은 주제로 비교하면서 초콜릿 케이크의 특별함을 강조합니다.

3. 먹방: 초콜릿 케이크를 맛있게 먹는 장면을 담은 먹방 비디오를 제작합니다. 케이크를 자르고 먹는 소리와 함께 진심 어린 반응을 보여 줍니다. "매력적인 초콜릿 케이크 먹방!"과 같은 제목으로 업로드하여 시청자의 호기심을 자극합니다.

4. 케이크 장식: 초콜릿 케이크를 장식하는 과정을 보여 줍니다. 크림을 발라주고 초콜릿 조각이나 과일로 장식하는 등 아름다운 디자인을 구현합니다. "나만의 초콜릿 케이크 장식하기"와 같은 제목으로 업로드하여 시청자의 창의성을 자극합니다.

5. 사용자 리뷰: 초콜릿 케이크를 구입한 사용자들의 리뷰를 소개합니다. 케이크를 먹고 소감을 전하는 영상을 제작하거나, 사용자들이 케이크를 먹는 순간을 담은 클립을 모아서 공유합니다. "사용자들이 선택한 최고의 초콜릿 케이크!"와 같은 제목으로 업로드하여 시청자의 신뢰도를 높입니다.

이러한 비디오 아이디어를 통해 초콜릿 케이크의 매력을 강조하고 시청자들의 관심을 끌어냄과 동시에 구매 욕구를 자극할 수 있을 것입니다.

X(구 트위터)에서 팔로워를 찾아내는 방법 조사하기

프롬프트

Q 당신은 최고의 SNS 인플루언서입니다. 트위터에서 수많은 주부층 팔로워를 찾아내고 싶습니다. 목적에 맞는 팔로워를 효율적으로 찾을 수 있는 구체적인 방법을 제안해 주십시오.

A 주부층을 대상으로 한 트위터 팔로워를 효율적으로 찾는 방법은 다음과 같습니다:

1. 해시 태그 검색: 주부들이 관심을 가질 만한 해시 태그를 사용하여 검색합니다. 예를 들어, #주부, #일상, #가정, #레시피, #육아 등의 해시 태그를 검색하여 해당 관련 트윗을 작성하는 사용자들을 찾을 수 있습니다.

2. 유사 프로필 추천: 트위터의 "누구를 팔로우할까요?" 섹션을 활용하여 유사한 주부층을 대상으로 한 계정을 추천받을 수 있습니다. 이를 통해 관련된 프로필을 찾고 팔로워를 확보할 수 있습니다.

3. 팔로워의 팔로워 확인: 주부층을 대상으로 한 다른 인플루언서나 사용자의 팔로워 목록을 확인하여 유사한 관심사를 가진 사용자를 찾을 수 있습니다. 이를 통해 유사한 타깃 대상을 가진 팔로워를 확보할 수 있습니다.

4. 인플루언서의 팔로우: 주부층을 대상으로 한 인플루언서들을 팔로우하여 그들의 팔로워들과 인터랙션하고 참여합니다. 이를 통해 해당 대상층에 대한 노출을 높일 수 있습니다.

5. 키워드 검색: 특정 키워드나 관심사를 가진 주부층을 대상으로 하는 트윗을 검색하여 해당 사용자들을 찾을 수 있습니다. 예를 들어, "주부 레시피" 또는 "일상 공유"와 같은 키워드로 검색합니다.

6. 리트윗 및 멘션 활동: 주부층을 대상으로 하는 인플루언서나 사용자들의 트윗을 리트윗하고 멘션하여 그들의 관심을 끌고 상호 작용을 유도합니다. 이를 통해 주부층의 팔로워들을 늘릴 수 있습니다.

이러한 방법들을 조합하여 효율적으로 주부층을 대상으로 한 트위터 팔로워를 찾아낼 수 있을 것입니다.

● **여기가 포인트**

기업이 공지 등을 위해 X(구 트위터)를 사용하는 경우, 확산력을 높이는 것이 과제가 됩니다. 이를 위해서는 자사가 대상으로 하는 사용자들을 팔로워로 만드는 것이 중요합니다. 프롬프트에 확실한 대상층의 종류를 포함시키고, 구체적인 방법을 제안하도록 지시합니다.

X(구 트위터)에서 사용자와의 관계를 강화하는 방법 조사하기

프롬프트

Q 당신은 최고의 SNS 인플루언서입니다. 트위터에서 리플과 댓글 기능을 잘 활용해 다른 사용자와의 소통을 강화할 수 있는 방법을 몇 가지 알려 주십시오.

A 리플과 댓글 기능을 효과적으로 활용하여 다른 사용자와의 소통을 강화하는 몇 가지 방법은 다음과 같습니다:

1. 개인화된 응답: 사용자가 당신의 트윗에 리플이나 댓글을 달았을 때 개인화된 응답을 제공하세요. 사용자의 이름을 언급하고 간단한 감사의 말씀이나 이해를 보여 주는 답변을 작성하세요. 이는 사용자들이 당신의 트윗에 더 많은 관심을 가지고 상호 작용할 수 있도록 돕습니다.

2. 포토 댓글: 가능하다면 텍스트뿐만 아니라 이미지를 통한 댓글도 활용하세요. 사용자들이 트윗에 사진이나 GIF를 첨부하여 더 풍부한 표현을 할 수 있도록 돕습니다.

3. 질문하기: 사용자들에게 질문을 던져 소통을 유도하세요. 관련된 주제나 일상적인 관심사에 대한 의견을 요청하거나 토론을 시작할 수 있습니다. 이를 통해 사용자들은 당신과 상호 작용하면서 자신의 의견을 나누게 될 것입니다.

4. 리플 체인 구축: 다른 사용자가 당신의 트윗에 리플을 달았을 때, 이를 계기로 더 많은 사용자들이 토론에 참여할 수 있도록 응답하고, 그들과 대화를 이어가세요. 이를 통해 트윗의 노출이 높아지고 소통이 확장될 수 있습니다.

5. 긍정적인 인터랙션 유도: 사용자들이 당신의 트윗에 리플이나 댓글을 달았을 때 긍정적인 인터랙션을 유도하세요. 감사의 표시나 흥미로운 의견에 대한 인정을 통해 사용자들의 긍정적인 경험을 증진시킵니다.

6. 키워드 응답: 사용자들이 당신의 트윗에서 특정 키워드를 언급할 때, 이에 대해 주의 깊게 응답하세요. 이는 사용자들이 자신의 관심사나 의견에 대해 당신과 소통할 수 있도록 돕습니다.

이러한 방법들을 통해 트위터의 리플과 댓글 기능을 최대한 활용하여 다른 사용자와의 소통을 강화할 수 있습니다.

● 여기가 포인트

X(구 트위터)에서는 다른 사용자와의 커뮤니케이션 소홀이 팔로워 감소로 연결됩니다. 커뮤니케이션의 깊이를 더하기 위해 인플루언서의 역할과 함께 팔로워 획득을 위해 사용하는 기능에 관해 질문합니다.

유튜브(YouTube) 동영상의 포인트 찾아내기

매력적인 유튜브 동영상을 제작하려면 대본은 필수입니다. 그러나 무작정 대본을 만들면 그다지 좋은 대본을 만들 수 없습니다. 대본에 포함해야 할 요소나 주의할 일반적인 포인트를 ChatGPT가 생성하게 하려면 프롬프트에 너무 상세한 조건을 붙이지 않는 것이 좋습니다. 반대로 상품의 특징을 활용해 구성하고 싶다면 상세한 정보를 프롬프트에 제공합니다.

프롬프트

Q 청소기의 상품 리뷰에 관한 유튜브 동영상 대본을 작성하려고 합니다. 대본을 작성하고, 시청자를 끌어당기기 위한 포인트를 3가지 설명해 주십시오.

A [유튜브 동영상 대본 – 청소기 상품 리뷰]

(인트로) 안녕하세요, 여러분! 오늘은 여러분께 저희 가정에서 사용 중인 최신 청소기 상품을 리뷰해 드리려고 합니다. 이번에 새로운 청소기를 구입했는데, 그 성능과 기능에 대해 궁금하셨던 분들을 위해 이번 영상을 제작했습니다. 그럼 함께 시작해 볼까요?

> **주목할 점**
> 일반적인 상품 리뷰 동영상 구성이 제안됐다

1. (상품의 특징 소개) 우선, 이 청소기의 주요 특징에 대해 알려 드리겠습니다. 이 청소기는 강력한 흡입력과 다양한 청소 모드로 여러분의 가정을 깨끗하게 만들어 줍니다. 또한, 사용이 간편하고 가벼운 디자인으로 효율적인 청소를 돕습니다. 이 외에도 다양한 부가 기능들이 함께 제공돼 있어, 사용자들이 편리하게 청소를 할 수 있습니다.

2. (실제 사용 후기 및 경험 공유) 이제 상품을 실제로 사용한 후기와 경험을 공유하겠습니다. 저희는 이 청소기를 몇 주간 사용해 봤는데, 정말로 효과적이었습니다. 특히, 침실과 거실의 바닥 청소에서 뛰어난 성능을 보여 줬습니다. 먼지나 각종 이물질들을 깨끗하게 제거하고, 배터리 용량도 충분하여 한 번의 충전으로 여러 공간을 청소할 수 있었습니다. 또한, 소음이 적어 주변인들에게 불편함을 주지 않는 것도 장점 중 하나였습니다.

3. (구매를 고려할 만한 이유 제시) 마지막으로, 이 청소기를 구매할 만한 이유에 대해 제시하겠습니다. 우선, 가정 내 모든 공간을 청소할 수 있는 다양한 액세서리와 함께 제공돼 사용자들의 다양한 청소 요구를 충족시킵니다. 또한, 내구성이 뛰어나고 유지보수가 간편하여 장기적으로 사용하기에도 탁월한 선택이라고 생각됩니다. 또한, 이 상품의 가격대도 비교적 저렴하여 가성비를 고려한다면 더욱 구매를 고려할 만합니다.

(아웃트로) 오늘은 이만 상품 리뷰를 마치겠습니다. 여러분께서 이 동영상을 통해 원하시는 정보를 얻으셨기를 바랍니다. 만약 궁금한 점이 있으시다면 언제든지 댓글로 남겨 주세요. 다음 영상에서 또 만나요. 감사합니다!

[시청자를 끌어당기기 위한 포인트]

1. 실제 사용 후기와 경험 공유: 시청자들에게 상품의 실제 사용 후기와 경험을 공유하여 신뢰를 구축하고 구매에 대한 동기부여를 제공합니다.

2. 상품의 특징 및 장점 강조: 상품의 주요 특징과 장점을 명확히 소개하여 시청자들에게 상품의 가치를 전달하고 관심을 유발합니다.

3. 구매를 고려할 만한 이유 제시: 상품을 구매할 만한 이유를 구체적으로 제시하여 시청자들의 결정에 도움을 줍니다. 가성비, 다양한 액세서리 제공 등 구매를 고려할 만한 이점을 강조합니다.

● 칼럼

이 프롬프트에서는 '시청자를 끌어당긴다'는 점에 주목했지만 필요에 따라 '임팩트가 있는', '참신한' 등의 문구를 포함하는 것도 좋습니다.

유튜브의 슬로우 동영상 대본 작성하기

유튜브 동영상 중에는 두 명의 인물이 만나 진행하는 '슬로우 동영상' 스타일이 있습니다. 슬로우 동영상의 대본을 직접 작성하는 일은 매우 어렵지만 ChatGPT를 사용하면 비교적 간단하게 작성할 수 있습니다. 프롬프트에는 등장 인물의 속성, 대본의 소재가 되는 정보 소스를 포함시킵니다.

프롬프트

Q '가을의 실속 음식 박람회 안내'를 주제로 하여 다음 내용으로 유튜브 동영상의 대본을 작성해 주십시오.

- 등장 인물은 A와 B라는 두 명의 여성이다
- A는 듣는 역할, B는 설명하는 역할이다
- B는 대사 끝에 '요'를 붙인다
- 시간은 5분으로 한다

포인트
두 사람의 역할 분담을
나눠서 적어주면 좋다

A [유튜브 동영상 대본 – '가을의 실속 음식 박람회 안내']

- (인트로) A: 안녕하세요 여러분! 오늘은 가을이 다가오면서 여러분들이 꼭 놓치지 않아야 할 '가을의 실속 음식 박람회'에 대해 알려 드릴게요. B: 네, 안녕하세요!

- (장소 소개) A: 이번 '가을의 실속 음식 박람회'는 어디에서 열리는지 알 수 있을까요? B: 네, 이번 박람회는 서울 시내에서 열리는 '가을 맛있는 박람회 전시장'에서 진행됩니다. 규모가 크고 다양한 음식들이 준비돼 있으니 많은 분들이 참여하셨으면 좋겠어요.

- (프로그램 소개) A: 박람회에서 어떤 프로그램들이 진행되는지 알려 주세요. B: 네, 박람회에는 다양한 쿠킹 클래스와 음식 시식 행사가 준비돼 있어요. 매일매일 다른 쿠킹 클래스가 열려서 가을철 제철 식재료를 활용한 다양한 요리를 배울 수 있답니다. 또한, 특별한 이벤트로 가을에 어울리는 음식들을 맛볼 수 있는 '가을 특별 코너'도 마련돼 있어요.

- (참가 방법 안내) A: 이 박람회에 참가하는 방법은 어떻게 되나요? B: 박람회에 참가하려면 온라인 사전 예약이 필요해요. '가을 맛있는 박람회 전시장' 공식 홈페이지를 방문하여 사전 예약 후, 예약된 날짜와 시간에 맞춰 오셔야 해요. 그러면 입장하실 수 있답니다.

- (아웃트로) A: '가을의 실속 음식 박람회'에 대한 소개였습니다. 이번 가을에는 맛있는 음식과 함께 특별한 경험을 즐겨 보세요! B: 네, 그럼 다음에 또 봐요!

> **주목할 점**
> 문체를 지정하면 문법에 맞지 않는 한국어가 만들어지기도 한다

- (엔딩) A: 다음에 또 만나요! B: 다음에 또 봐요!

[시청자를 끌어당기기 위한 포인트]

1. 친근한 대화 스타일: 두 인물의 친근하고 자연스러운 대화 스타일을 통해 시청자들과 소통을 촉진합니다.

2. 프로그램 소개와 참가 방법 안내: 박람회에서 진행되는 프로그램 소개와 참가 방법에 대한 구체적인 안내를 통해 시청자들의 참여를 유도합니다.

3. 강조하는 키워드 '요': B가 말 끝에 '요'를 붙이는 것을 통해 한국인들에게 친숙한 어감을 조성하여 시청자와의 친근한 소통을 도모합니다.

업계의 미래와 관련된 기술 조사하기

비즈니스 세계에서는 신기술 등장 등에 따라 업계를 둘러싼 상황이 순식간에 변합니다. 5년에서 10년 등 가까운 미래의 전망을 생성형 AI에게 문의해 보는 것도 한 가지 방법입니다. 단, 이런 경우에는 ChatGPT가 아니라 정보 검색에 대응한 'Bing AI'를 사용하는 것이 적합합니다. 프롬프트에는 업계 종류나 가까운 미래의 기간도 기술하는 것이 포인트입니다.

Q 당신은 우수한 경제 신문 기자입니다. 지금부터 10년 이내에 리테일 업계에 혁명을 가져올 수 있을 만한 기술이나 사상에 관해 알려 주십시오.

주목할 점

여기에서는 Bing AI(Copilot)에게 질문했습니다. ChatGPT에게 질문하면 일반적인 정보를 알 수 있습니다

A 안녕하세요, 저는 Bing입니다. 리테일 업계에 대한 정보를 찾고 계시는군요.

리테일 업계에서 혁신적인 기술과 사상이 미래를 변화시킬 수 있는 몇 가지 주요한 측면을 살펴보겠습니다. 이러한 기술과 사상은 리테일 비즈니스를 효율적으로 운영하고 고객 경험을 향상시키는 데 도움이 될 것입니다:

1. 고객 개인화 개선: 인공 지능(AI)을 활용하여 고객 데이터를 분석하고 개인화된 쇼핑 경험을 제공할 수 있습니다. 예를 들어, 스레드업(ThredUp)과 유니클로(Uniqlo)는 AI를 활용하여 고객에게 맞춤형 상품을 추천하고 개인화를 강화하는 경험을 제공하고 있습니다.

2. 가상 체험: AI 기반 가상 체험 솔루션을 통해 상품을 시각화하고 구매하기 전에 어떻게 보일지 확인할 수 있습니다. 이를 통해 반품율을 줄이고 고객 신뢰를 높일 수 있습니다.

3. 효율적인 재고 관리: AI를 사용하여 판매 동향을 분석하고 수요를 예측해 재고 수준을 최적화할 수 있습니다.

4. 정확한 수요 예측: AI를 통해 과거 데이터를 분석하고 미래 수요를 정확하게 예측할 수 있습니다. 이를 통해 효율적인 재고 수준을 유지하고 고객 만족도를 높일 수 있습니다.

(중략)

이러한 기술과 사상은 리테일 업계에 혁명을 가져올 수 있을 것으로 기대됩니다. 미래의 리테일은 더욱 효율적이고 고객 중심적인 경험을 제공할 것입니다.

칼럼

Bing AI를 사용할 때는 대화 스타일을 '보다 창의적인', '보다 균형 있는', '보다 정밀한'의 3종류에서 선택할 수 있습니다. 질문 내용 등에 따라 구분해서 사용합니다.

02

현재 주목할 만한 혁신 조사하기

비즈니스 세계에서는 획기적인 혁신이나 비즈니스 모델을 누구보다 빠르게 도입하는 것이 과제입니다. 이들을 조사하는 데는 정보 검색에 대응한 Bing AI를 사용합니다. 프롬프트에는 경제 신문 기자의 역할을 부여하고, 조사 대상이 되는 업계의 종류, 알고 싶은 정보의 종류를 포함해서 기술합니다.

프롬프트

Q 당신은 우수한 경제 신문 기자입니다. 식품 업계에서 급성장하고 있는 혁신이나 비즈니스 모델을 5개 나열하고, 각각에 관해 상세하게 설명해 주십시오.

> **포인트**
> 업계와 주제를 지정한다

A 물론, 기꺼이 도와드리겠습니다. 식품 업계에서 급성장하고 있는 혁신과 비즈니스 모델을 다음과 같이 나열해 보겠습니다:

> **주목할 점**
> 상당히 전문적인 정보를 얻을 수 있다

1. IoT 기반 품질 및 안전 관리:
   - IoT(사물 인터넷) 기술을 활용하여 식품 생산, 유통, 보관 과정에서 품질과 안전을 감시하고 최적화하는 모델입니다.
   - 센서를 통해 실시간 데이터를 수집하고, 빅데이터 분석으로 품질 문제를 사전에 예측하며, 소비자에게 안전한 상품을 제공합니다.

2. 스마트 유통 및 배송:
   - 무인 슈퍼마켓이나 드론 배송과 같은 스마트 기술을 활용하여 효율적인 유통과 배송을 구현하는 모델입니다.
   - 소비자들은 편리하게 상품을 구매하고, 신속하게 배송받을 수 있습니다.

3. 맞춤형 식품 제조:
   - 3D 프린팅 기술을 활용하여 개인의 영양 요구에 맞게 식품을 제조하는 모델입니다. 개인 맞춤형 식품은 건강과 편의성을 동시에 충족시킵니다.

4. 식품 로봇:
   - 로봇 기술을 활용하여 식품 가공, 조리, 서빙, 청소 등 다양한 작업을 자동화하는 모델입니다.
   - 로봇은 인력 부족 문제를 해결하고 생산성을 향상시킵니다.

5. 빅데이터 분석을 통한 소비자 행동 예측:
   - 소비자의 구매 패턴, 취향, 건강 관심사 등을 분석하여 맞춤형 마케팅 및 상품 개발에 활용하는 모델입니다.

빅데이터는 식품 기업이 경쟁력을 유지하고 성장할 수 있는 중요한 자원입니다. 이러한 혁신과 비즈니스 모델은 식품 업계의 미래를 형성하고 있으며, 지속적인 연구와 혁신을 통해 더욱 발전할 것으로 기대됩니다.

B2B용 서비스 아이디어 구상하기

업계의 틀을 넘어 다른 기업과 거래하고 싶은 경우, 상대에게 어떤 서비스를 제공할
수 있는지 쉽게 생각나지 않습니다. 이때 ChatGPT를 활용해 전혀 다른 관점에서 아
이디어를 제안받을 수 있습니다. 프롬프트에는 '혁신적', '획기적인 관점에서' 등의 문
구를 추가하면 보다 유니크한 아이디어를 얻을 수 있습니다.

프롬프트

Q 당신은 최고의 경영 컨설턴트입니다. 외식 산업 기업이 의료 시
장에 제공할 수 있는 혁신적인 서비스 10개를 제안해 주십시오.

포인트
'혁신적인'을
사용해서 답변을
한정한다

A 외식 산업 기업이 의료 시장에 제공할 수 있는 혁신적인 서비스에는 다음과 같은
것들이 있습니다:

1. 영양 컨설팅 서비스: 고객들에게 건강한 식습관을 유지하고 영양 상태를 개선하
   기 위한 영양 컨설팅 서비스를 제공합니다. 이를 통해 고객들의 건강 관리를 돕
   고, 의료 시장과의 연계성을 강화할 수 있습니다.

2. 식단, 개발 및 제공: 의료 기관과 협력하여 환자들에게 맞춤식 단일 또는 그룹
   식사를 제공하는 서비스를 도입합니다. 의료적인 식사 요구를 고려하여 영양가
   높고 건강한 식단을 개발하고 제공합니다.

3. 식품 배달 서비스: 환자들이나 노인들을 위한 특별한 식품 배달 서비스를 제공
   하여 의료 시장에서의 식사 관리를 지원합니다. 영양을 고려한 식사를 집으로
   편리하게 배달하여 환자들이나 노인들의 건강을 촉진합니다.

4. 식품 안전 및 위생 교육: 직원들과 고객들에게 식품 안전과 위생에 대한 교육을
   제공하여 음식 관련 질환을 예방하고 관리합니다. 이를 통해 의료 비용을 절감
   하고 환자의 건강을 유지하는 데 도움이 됩니다.

5. 식사 관리 앱: 환자들이나 고객들을 위한 식사 관리 앱을 개발하여 영양 정보,
   식사 계획, 식사 추적 등을 제공합니다. 이를 통해 개별적인 건강 상태를 관리하
   고, 전문적인 조언을 얻을 수 있습니다.

6. 의료 전문가와의 협력: 의료 전문가와의 협력을 통해 식사에 대한 전문적인 조
   언 및 지원을 제공합니다. 영양사, 진료 의사 등과 협업하여 고객들의 건강을 총
   괄적으로 관리합니다.

7. 건강 메뉴 옵션 제공: 건강을 고려한 메뉴 옵션을 제공하여 고객들이 건강한 식
   습관을 유지하도록 유도합니다. 저염, 저당, 고단백 식품 등을 포함하여 다양한
   건강 메뉴를 개발합니다.

8. 식품 알레르기 관리: 고객들의 식품 알레르기를 고려하여 메뉴를 개발하고 제공
   하는 서비스를 도입합니다. 알레르기 정보를 정확히 파악하여 식사 시 불편을
   최소화합니다.

9. 식품 정보 공개: 메뉴의 영양 정보와 원재료에 대한 정보를 고객들에게 투명하
   게 제공하여 건강한 식습관을 촉진하고, 음식에 대한 신뢰도를 높입니다.

(후략)

감정을 나타내는 제목 작성하기

광고 등에서 사용하는 문장에서 감정이나 이미지를 제목으로 표현하고 싶을 때가 있습니다. 제목과 같이 짧은 길이의 문자로 무언가를 표현하는 데는 상당한 센스가 요구됩니다. ChatGPT라면 순식간에 제목을 작성할 수 있습니다. 프롬프트에는 표현하고 싶은 감정의 종류를 구체적으로 기술하고, 제목 길이 등을 지정합니다.

프롬프트

Q 당신은 최고의 카피라이터입니다. 맹렬한 분노를 표현하는 유니크한 10글자의 제목을 20개 작성해 주십시오. ●

포인트
참고로 문자 수를 지정한다

A
1. 화염의 분노
2. 격노의 폭풍
3. 분노 충전
4. 분노의 태풍
5. 폭발하는 분노
6. 분노의 진군
7. 격렬한 분노
8. 분노의 폭풍우
9. 분노의 화산
10. 분노 폭발
11. 분노의 화살
12. 분노의 광풍
13. 분노 시간
14. 분노의 쇄도
15. 분노의 황홀
16. 분노 폭행
17. 분노의 혼돈
18. 분노의 격노
19. 분노의 파도
20. 분노의 불길

칼럼

ChatGPT가 지정한 문자 수를 지키는 경우는 거의 없습니다. 기준 정도로 지정하고 '더 길게', '더 짧게'와 같이 추가로 지시할 수 있습니다.

내가 작성한 문장의 장단점 확인하기

자신이 작성한 문장의 장단점을 확인하고 싶을 때 제3자에게 보여 주기 상당히 어려운 경우도 있습니다. ChatGPT가 문장을 분석하게 할 때는 프롬프트에 분석 방법을 지시하고 추가로 개선점도 설명하도록 질문합니다. 그리고 비밀 유지 의무가 있는 문장은 ChatGPT에 입력해서는 안 되는 경우가 있으므로 주의합니다. 또한 ChatGPT의 지적 내용이 항상 올바르다고 단정할 수는 없습니다.

프롬프트

Q 당신은 최고의 기자입니다. 제가 작성한 다음 문장을 분석하고, 집필 스타일의 장단점을 나열해 주십시오. 그리고 구체적 개선점도 함께 제안해 주십시오.

전골 요리는 간단하면서도 다채로운 맛을 제공합니다. 재료를 냄비에 넣고, 좋아하는 국물이나 육수를 부어 끓이기만 하면 향긋한 요리가 완성됩니다. 샤브샤브, 스키야키, 퐁뒤, 카레 전골 등 나라나 지역에 따라 다양한 종류가 존재하며 개인 선호에 따라 즐길 수 있습니다. 이것은 전골 요리가 개성을 살리는 동시에 식탁에 다양한 선택권을 제공하는 이유 중 하나입니다.

A 분석:
위 문장은 전골 요리의 간단한 특성과 다양성을 강조하고 있습니다. 각각의 요리 방식에 대한 간략한 설명과 함께, 개인의 취향에 따라 즐길 수 있는 다양한 선택지를 제공하고 있습니다. 또한, 전골 요리의 매력과 장점에 대해 강조하고 있습니다.

집필 스타일의 장단점:

장점:
1. 간결하고 명확한 표현: 문장이 짧고 간결하여 이해하기 쉽습니다.
2. 다양한 예시 활용: 다양한 전골 요리 종류를 예시로 들어, 독자들에게 다양성을 보여 주고 있습니다.
3. 독자와의 소통: 개인의 취향을 감안하여 다양한 선택권을 강조함으로써 독자와의 소통을 도모하고 있습니다.

단점:
1. 표현의 단조로움: 일정한 패턴의 문장 구조와 표현이 반복돼 단조로움을 느낄 수 있습니다. **주목할 점** ─ 이 지적은 옳지 않다
2. 상세한 설명 부족: 각 요리 방식에 대한 상세한 설명이 부족하여, 독자가 각 요리의 특징을 충분히 이해하기 어려울 수 있습니다.

개선점:
1. 다양한 문장 구조 활용: 다양한 문장 구조와 표현을 사용하여 문장의 단조로움을 해소할 수 있습니다.
2. 각 요리 방식에 대한 상세한 설명: 각 요리 방식의 특징과 특색을 더욱 상세하게 설명하여 독자의 이해도를 높일 수 있습니다.

문장을 잘 작성하기 위한 방법을 작업화하기

Q 당신은 최고의 작가입니다. 문장을 잘 작성하기 위한 단계를 작업화해 주십시오.

A 문장을 잘 작성하기 위한 단계를 작업화하면 다음과 같을 것입니다:

1. 주제 결정: 먼저 쓰고자 하는 주제를 결정합니다. 주제는 쓰고자 하는 내용을 좁혀주고 방향성을 제시해 줍니다.

2. 목표 설정: 문장의 목적을 명확히 설정합니다. 어떤 메시지를 전달하고자 하는지, 독자에게 어떤 감정이나 생각을 일으키고자 하는지를 명확하게 이해합니다.

3. 독자 분석: 작성하는 독자들을 이해하고 그들의 관심사, 수준, 배경 등을 고려합니다. 이를 통해 어떤 어휘, 문체, 구조를 사용해야 할지 결정할 수 있습니다.

4. 아이디어 도출: 주제와 목표를 바탕으로 다양한 아이디어를 도출합니다. 마인드맵을 그리거나 자유롭게 아이디어를 적어보는 등의 방법을 사용할 수 있습니다.

5. 구조화: 도출된 아이디어들을 구조화하여 효과적인 흐름을 만들어 냅니다. 시작, 중간, 끝을 명확히 하고 각 부분이 자연스럽게 연결될 수 있도록 합니다.

6. 문장 구성: 각 문장을 명확하고 간결하게 작성합니다. 주어, 동사, 목적어 등의 요소를 명확하게 배치하여 의미를 명확하게 전달합니다.

7. 어휘와 문체 선택: 적절한 어휘와 문체를 선택하여 문장의 효과를 높입니다. 독자층과 목적에 맞는 어휘와 문체를 사용하여 효과적인 커뮤니케이션을 이룹니다.

8. 수정과 검토: 작성된 문장을 반복적으로 수정하고 검토합니다. 문법, 맞춤법, 표현의 명확성 등을 체크하여 완성도를 높입니다.

9. 피드백 수용: 다른 사람들로부터 피드백을 받아들이고 필요에 따라 수정합니다. 독자의 반응을 고려하여 작업을 완성합니다.

10. 완성과 발행: 최종적으로 작업물을 완성하고 발행합니다. 독자와의 소통을 위해 적절한 플랫폼에 발행하여 전달합니다.

● 여기가 포인트

문장을 잘 작성하지 못하는 사람에게는 구체적인 방법을 제시함으로써 문장을 쓰기 쉽게 합니다. 이 프롬프트에서는 방법을 작업화해서 생성하도록 지시한 것이 포인트입니다. 각각의 단계가 시각화되어 원만하게 문장을 작성하는 데 도움이 됩니다.

신경 써야 할 주의점 확인하기

Q 직원들에게 SNS 사용에 관한 주의 사항을 알리려고 합니다. 다음 내용 이외에 추가할 주의점이 있다면 알려 주십시오.
- 사진을 게시하는 경우에는 저작권에 주의한다
- 과격한 표현은 피한다

A 직원들에게 SNS 사용에 관한 주의 사항을 알리는 것은 중요한 일입니다. 아래는 추가로 고려할 수 있는 주의점 목록입니다:

1. 개인 정보 보호: 개인 정보를 포함한 사진, 주소, 전화번호 등을 공개하지 않도록 합니다. 사생활 보호를 위해 SNS에서 개인 정보를 공유하는 것을 최소화해야 합니다.

2. 회사 정보 공개: 회사 내부 정보나 비밀을 공개하지 않도록 합니다. 기밀 유출이나 경쟁사에 대한 정보 노출을 방지하기 위해 조심해야 합니다.

3. 사회적 책임: 사회적 책임을 갖고 행동하도록 유도합니다. 불법적이거나 불쾌한 콘텐츠를 게시하지 않도록 유도하고, 타인에게 해를 끼치거나 모욕적인 발언을 삼가도록 합니다.

4. 불법 활동 금지: 도박, 마약, 성적인 자극물, 불법 다운로드 등과 같은 불법 활동과 관련된 콘텐츠를 게시하지 않도록 유도합니다.

5. 정보 검증: 정보를 게시하기 전에 출처를 확인하고, 사실 확인을 위해 노력해야 합니다. 거짓 정보를 퍼뜨리거나 잘못된 정보를 전파하지 않도록 합니다.

6. 타인의 권리 존중: 타인의 권리를 존중하고 피해를 주지 않도록 합니다. 다른 사람의 사진이나 콘텐츠를 무단으로 사용하지 않도록 주의해야 합니다.

7. 심사숙고: 게시하기 전에 게시물을 심사숙고하고, 타인의 반응을 고려하여 적절한 표현을 사용하도록 합니다. 문제가 될 수 있는 내용은 게시하지 않도록 주의해야 합니다.

8. 책임감: SNS에서의 행동에 대한 책임을 인식하고, 그에 따른 적절한 행동을 취하도록 유도합니다. 자신의 행동이 회사와 직원들에게 미치는 영향을 고려해야 합니다.

9. 공식 채널 활용: 회사의 공식 SNS 채널을 활용하여 중요한 정보나 소식을 공유하도록 유도합니다. 개인 SNS에서 회사 정보를 게시하기 전에 회사 정책에 따라야 합니다.

10. 제재 및 보고 체계: 위반 행위에 대한 제재와 신고 체계를 명확히 하고, 직원들에게 이를 알리며 필요한 교육을 제공합니다. 부적절한 행동에 대한 즉각적인 조치를 취할 수 있도록 합니다.

● 여기가 포인트

이 프롬프트 예시에서는 SNS에 관한 주의점에 대해 부족한 점은 없는지 질문했습니다. 기술한 항목에 대한 확인을 받고 추가할 주의점이 있다면 알려 주도록 지시합니다. 스스로 알지 못하고 있던 점까지 확인할 수 있으므로 대단히 중요한 사용법입니다.

긴 문장을 읽게 하기

ChatGPT는 한 번에 입력할 수 있는 문자 수에 제한이 있지만 프롬프트를 개선하면 긴 문장을 분할해서 읽게 할 수 있습니다. 마지막까지 읽게 한 뒤 지시를 전달하면 요약 등의 작업을 수행할 수 있습니다. 긴 문장을 읽게 만들 때의 프롬프트에서는 최소한의 답변만 하도록 명확하게 지시하는 것이 포인트입니다.

프롬프트

Q 지금부터 긴 문장을 입력하겠습니다. 제가 〈종료〉를 입력하기 전에는 〈OK〉라고만 답변하십시오. 그 이외의 답변은 필요하지 않습니다.

> **포인트**
> 'OK' 이외의
> 답변을 억제한다

A 알겠습니다. 시작하세요. OK

프롬프트

Q AI(인공지능)는 현대 기술과 컴퓨팅의 발전에 따라 놀라운 진보를 이룬 분야 중 하나입니다. AI는 인간의 지식, 학습, 추론, 문제 해결 능력을 모방하기 위해 설계된 컴퓨터 시스템과 소프트웨어를 가리킵니다.

A OK

프롬프트

Q (※대화를 반복하면서 분할한 문장을 모두 입력한다.)
〈종료〉
긴 문장을 입력했습니다. 요약해 주십시오.

> **포인트**
> 마지막에 요약을
> 지시한다

A 입력하신 문장은 AI 기술의 발전과 그 의미에 관한 내용입니다.

● 칼럼

유료 플랜을 사용하면 'Advanced Data Analysis'를 사용하여 텍스트 파일을 업로드해서 문장을 분할하지 않고 직접 긴 문장을 읽게 할 수 있습니다.

문장 안의 어려운 용어를 설명하게 하기

Q 당신은 최고의 한국어 사전입니다. 다음 문장 안에 있는 어려운 용어를 선택해서 알기 쉽게 설명해 주십시오.

나는 현대 테크놀로지의 불균형적인 문제들에 대한 진지한 논의가 필요하다고 믿으며, 이를 위해서는 심오한 인지적 프레임워크와 폭넓은 다원적 관점을 활용해야 한다고 인식하고 있습니다. 예를 들어 사회적 형평성과 정치적 레지티머시 문제에 관해 최적의 어프로치를 모색하기 위해 이질적인 지식 기반을 가진 전문가와 스테이크홀더가 협력해서 지속 가능한 해결책을 마련해야 합니다.

A 1. 불균형적인: 불균형적인은 어떤 것이 나타나는 패턴이나 상태가 균형이 맞지 않는 것을 의미합니다. 즉, 여러 가지 요소 사이에 불균형이 있거나, 하나의 요소가 지나치게 많거나 적은 경우를 말합니다.

2. 진지한 논의: 진지한 논의란 중요한 주제에 대해 심각하게 이야기하고 토론하는 것을 의미합니다. 문제를 깊이 있게 다루며, 그에 따른 여러 측면을 고려하여 의견을 나누는 것을 말합니다.

3. 인지적 프레임워크: 인지적 프레임워크란 사고와 이해를 구성하는 기본적인 구조나 방식을 의미합니다. 특정한 주제나 문제를 이해하고 해결하기 위해 사용되는 인식의 체계나 방법론을 가리킵니다.

4. 다원적 관점: 다원적 관점은 여러 가지 다른 시각이나 관점을 종합적으로 고려하는 것을 말합니다. 한 가지 관점이 아닌 다양한 시각을 통해 문제나 상황을 이해하고 판단하는 것을 의미합니다.

5. 사회적 형평성: 사회적 형평성은 사회적으로 공정하고 공평한 상태를 의미합니다. 모든 사람들이 동등한 기회와 권리를 가지며, 차별이나 불평등이 없는 상태를 말합니다.

6. 정치적 레지티머시: 정치적 레지티머시는 권위나 규칙이 정당하다고 인정되는 정치적인 권위를 의미합니다. 즉, 정당성이나 합법성이 통용되는 상태를 가리킵니다.

7. 어프로치: 어프로치는 접근 방식이나 방법을 의미합니다. 특정한 목표를 달성하기 위해 택하는 접근 방식이나 방법론을 말합니다.

● 여기가 포인트

전문적인 영역의 문장은 독특한 용어가 자주 등장하기 때문에 의미를 알기 어렵습니다. 이런 때는 ChatGPT에게 어려운 용어를 전달하고 그 의미를 설명하게 할 수 있습니다. 프롬프트에는 사전이나 한국어 전문가의 역할을 부여하면 좋습니다.

목표 달성 후의 이미지를 제목으로 만들기

프롬프트

Q 당신은 최고의 카피라이터입니다. 매출 10억 원이라는 목표를 달성한 뒤에 이미지를 환기시킬 수 있는 제목을 8개 작성해 주십시오.

A
1. "10억 클럽 도전 완료: 다음 목표는 무엇인가요?"
2. "10억의 성공을 넘어, 더 큰 꿈을 향해"
3. "10억 돌파! 우리의 성장 이야기가 계속됩니다"
4. "성공의 맛을 맛보다: 10억 매출 돌파 이야기"
5. "10억을 넘어, 새로운 도전에 발걸음을 옮겨 보세요"
6. "10억의 기록을 깨고, 더 나은 미래를 향해"
7. "10억을 달성한 우리, 이제 더 큰 꿈을 꿉시다"
8. "10억의 성과, 끝이 아니라 출발점입니다"

● 여기가 포인트

프롬프트의 '매출 10억 원'은 목표의 예시이므로 필요에 따라 변경합니다. 목표는 매출 금액 등을 구체적으로 기술하면 보다 효과적인 제목을 생성할 수 있습니다.

회의 내용을 발언자별로 모으기

회의록을 작성하려면 녹음 내용을 받아 적은 뒤, 그것을 정리해서 종합하는 데 시간이 걸립니다. 이런 때는 ChatGPT에게 녹음한 음성을 적은 문장을 전달해 간단하게 요점을 정리할 수 있습니다. 프롬프트에는 작가나 편집자의 역할을 부여하고, 발언자별로 간략하게 정리할 것을 강조합니다. 그리고 문장 끝의 부정 표현은 간과될 가능성이 높습니다.

프롬프트

Q 당신은 최고의 편집자입니다. 다음의 회의 내용을 발언자별로 간략하게 모아 주십시오.

> **포인트**
> '간략하게'라고 지시함으로써 답변을 짧게 만든다

- 사장: 여러분, 수고하셨습니다. 오늘 영업 회의에서는 새로운 프로젝트에 관해 이야기하고 싶습니다. 이 프로젝트는 우리 회사에 있어 매우 중요하며, 성공시키기 위해서는 전직원의 협력이 필요합니다. 부장님, 먼저 프로젝트 개요부터 설명해 주세요.
- 부장: 네, 사장님. 이 프로젝트는 시장에서의 경쟁이 치열해지는 상황에서 새로운 상품 라인을 출시하는 것을 목표로 하고 있습니다. 과장님 구체적인 제안 부탁드립니다.
- 과장: 알겠습니다. 부장님. 제안으로서 신상품의 특징과 대상 시장을 정하고, 경쟁사 분석을 했습니다. 그리고 영업팀을 강화하고 새로운 고객층에 접근하는 계획을 세웠습니다.
- 사장: 과장님, 멋집니다. 새로운 시장으로의 진출은 기회입니다. 하지만 리스크도 있을 것입니다. 부장님, 리스크 관리 대책에 관해서도 이야기를 나눕시다.

A
- 사장: "새로운 프로젝트에 대해 중요성 강조 및 협력 요청."
- 부장: "신상품 라인 출시를 목표로 한 프로젝트 개요 설명."
- 과장: "신상품 특징 및 대상 시장 선정, 경쟁사 분석, 영업팀 강화 계획 소개."
- 사장: "새로운 시장 진출 기회 강조 및 리스크 관리 대책 논의."

> **주목할 점**
> 발언의 요지만으로 정리된다

03

ChatGPT를 사용해
업무 아이디어 도출하기

할인 안내문에 관한 제안받기

할인 등의 이벤트를 하는 경우 종업원은 다양한 준비로 분주하기 때문에, 마케팅 지식 등이 필요한 광고문까지 작성하는 것은 부담이 됩니다. ChatGPT를 사용하면 마케팅 전문 지식이 없더라도 요점을 담은 광고문을 간단하게 생성할 수 있습니다.

프롬프트

Q 추석 할인을 개최합니다. 다음 특징을 담아 고객에게 강한 인상을 주는 할인 공지문을 제안해 주십시오.

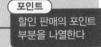

- 코로나 사태 이후 첫 대규모 할인 개최
- 기존 할인에서 대상이 되지 않았던 500여 아이템이 할인 대상
- 최대 할인율 95%

포인트
할인 판매의 포인트 부분을 나열한다

A 제안하는 공지문은 다음과 같습니다:

특별 이벤트 공지: 추석 할인 대잔치!

안녕하세요, 고객 여러분.

코로나 사태 이후, 오랜만에 돌아온 대규모 할인 행사가 시작됩니다! 이번 추석을 맞아, 기존 할인에서 대상이 되지 않았던 500여 개 아이템이 이번 행사에 참여하여 최대 할인율 95%를 제공합니다.

고객 여러분께서는 이번 추석을 특별하게 만들어 주셔야 합니다. 우리의 최신 컬렉션부터 인기 상품까지, 다양한 상품이 할인 대상으로 등장할 예정입니다. 이 기회를 놓치지 마세요!

이 행사는 당사의 고객 여러분을 위한 작은 선물입니다. 여러분의 사랑과 지지에 보답하기 위해, 최고의 상품을 최대한 저렴한 가격에 제공하겠습니다.

이번 추석을 더욱 특별하게 만들어 줄 고객 여러분의 참여를 기다리고 있겠습니다. 많은 관심과 성원 부탁드립니다.

감사합니다.

(회사명) 드림

● **칼럼**

공지문의 포인트를 명확하게 해서 질문하는 것이 중요합니다. 공지문의 포인트가 명확하지 않다면 '무엇이 포인트입니까?'라고 질문해서 포인트를 제안받아 효율적으로 진행할 수 있습니다.

고객의 이목을 끄는 매력적인 메일 컨텍스트 생각하게 하기

프롬프트

Q '기념일 만년필' 구입 시점을 놓치지 않도록 고객에게 보내는 메일의 본문을 작성해 주십시오. 이번에 구입하면 고객에게 다음과 같은 장점이 있으므로, 그 점을 고려해 작성해 주십시오.

- 기간 한정 판매 대상
- 특별 생산품이므로 구입을 놓치면 소장 불가
- 같은 성능의 일반 상품보다 할인율이 높음

포인트
특징을 글머리 기호로 나열한다

● 여기가 포인트

고객의 이목을 끄는 메일에는 상품 콘셉트, 세일즈, 고객에게 매력적인 제안 등 여러 가지를 고려해야 합니다. 프롬프트에 이러한 내용들을 간결하게 글머리 기호로 담으면 더욱 매력적인 홍보 메일을 만들 수 있습니다.

상품을 어필할 수 있는 포인트를 생각하게 하기

Q '기념일 만년필'의 판매 전략에 대해 독자성을 어필할 수 있는 포인트를 3가지 생각 해 주십시오.

주목할 점

특징이 나열돼 있지 않으므로 '만년필'이라는 점에서 작성됐다

A
1. 한정판 특별한 디자인: "기념일 만년필"은 한정판으로 출시되는 특별한 디자인을 갖추고 있습니다. 이 상품은 우리 회사에서만 만날 수 있는 독특한 디자인으로, 고객 들에게 특별함과 독창성을 제공합니다.
2. 고급 소재와 품질: "기념일 만년필"은 고급 소재를 사용하여 제작됐으며, 뛰어난 품질을 자랑합니다. 이 상품은 튼튼하면서도 세련된 디자인과 탁월한 기능을 갖 추고 있어, 고객들에게 믿음직스러운 품질을 약속합니다.
3. 특별한 할인 혜택: "기념일 만년필"은 동급 이상의 품질과 디자인을 갖추면서도 높은 할인율을 제공합니다. 이를 통해 고객들은 특별한 날을 기념하는 선물을 저렴한 가격에 구매할 수 있습니다. 이런 특별한 할인 혜택은 우리 상품의 독보 적인 매력으로 고객들에게 어필될 것입니다.

● 여기가 포인트

판매 전략에서 상품의 특성, 독자성을 어필하는 것은 중요합니다. 만약 이런 사항들이 생각나 지 않을 때는 상품의 종류나 특징, 독자성 등을 프롬프트에 입력해 포인트를 얻을 수 있습니다. 답변이 애매하다면 질문을 반복하면서 다듬어 갑시다.

고객에게 보낼 메시지에 관한 제안받기

프롬프트

Q 당사의 상품을 구입한 고객에게 감사의 마음을 전달하기 위한 메시지 카드의 문구
를 생각하십시오. 당사의 정보 및 상품은 다음과 같습니다.

- 당사 정보: 육류 가공 제조업
- 구입 상품: 고급 햄 모음 세트 ●━━━

포인트

업종과 상품 정보를
입력한다

A 고객님,

이 특별한 선물을 선택해 주셔서 진심으로 감사드립니다. 당사의 고급 햄 모음 세트
를 구입해 주셔서 영광입니다. 우리는 항상 최상의 품질과 서비스를 제공하기 위해
노력하고 있습니다.

고객님의 성원에 감사드리며, 당사 상품을 통해 특별한 순간을 더욱 특별하게 만들
어 드릴 수 있기를 바랍니다. 언제든지 저희 상품을 사용해 주셔서 감사합니다.

최고의 선물과 함께 즐거운 시간 보내시길 바랍니다.

감사합니다.

(당사명) 드림

● **여기가 포인트**

상대에게 보내는 메세지를 생각하게 할 경우 그 목적을 프롬프트에 전달합니다. 기업인 경우
회사 정보, 상품, 서비스 정보도 함께 기술하면 원하는 목적과 보다 가까운 메시지를 생성할
수 있습니다.

상품의 중요한 기능을 열거하게 하기

Q 아이폰의 가장 중요한 기능을 3가지 나열하고, 각각의 장점과 주의점에 관해 상세하게 설명해 주십시오.

A 아이폰의 가장 중요한 기능을 3가지로 나열하고 각각의 장점과 주의점을 설명하겠습니다.

1. 카메라 및 사진/동영상 촬영 기능:
   - 장점: 아이폰의 카메라는 탁월한 품질과 사용 편의성으로 유명합니다. 고해상도 센서와 렌즈를 통해 선명하고 생생한 이미지를 촬영할 수 있으며, 다양한 기능과 필터를 통해 창의적인 사진과 동영상을 만들 수 있습니다.
   - 주의점: 카메라 앱과 기능을 적절히 활용하기 위해 사용 방법을 익히고, 사진 및 동영상 촬영 시 환경 조건과 각종 설정을 고려해야 합니다. 또한, 저장 용량이 제한돼 있으므로 불필요한 사진 및 동영상은 정기적으로 삭제하여 공간을 확보해야 합니다.

2. iOS 운영체제와 앱 생태계:
   - 장점: 아이폰은 안정적이고 사용하기 쉬운 iOS 운영체제를 탑재하고 있습니다. 앱 스토어를 통해 수많은 다양한 애플리케이션을 다운로드하여 개인화된 사용 환경을 구축할 수 있습니다. 또한, iOS는 보안 및 개인정보 보호에 대한 엄격한 정책을 가지고 있어 사용자들에게 안전한 환경을 제공합니다.
   - 주의점: 앱을 다운로드할 때에는 신뢰할 수 있는 출처에서만 다운로드하고, 권한에 대해 주의하며 사용해야 합니다. 또한, iOS 업데이트를 놓치지 않고 정기적으로 설치하여 보안과 안정성을 유지해야 합니다.

3. 보안 및 개인정보 보호 기능:
   - 장점: 아이폰은 강력한 보안 기능과 개인정보 보호 기능을 탑재하고 있어 사용자들의 데이터를 안전하게 보호합니다. Face ID나 Touch ID와 같은 생체 인증 기능을 통해 안전하게 잠금을 해제하고, 아이클라우드를 통해 데이터를 백업하고 동기화할 수 있습니다.
   - 주의점: 비밀번호나 생체 인식 데이터를 안전하게 관리하고 사용해야 합니다. 또한, 공공 와이파이와 같은 공공 네트워크를 사용할 때에는 보안을 위해 VPN을 사용하거나 데이터 전송을 제한하는 등의 조치를 취해야 합니다.

여기가 포인트

상품이나 서비스가 가진 중요한 기능을 알기 위해서는 주요 상품의 경우 상품 이름을 포함해 질문합니다. 잘 알려지지 않은 상품이나 서비스라면 특징과 구체적인 내용도 추가합니다. 이때 장점과 주의점에 관해서도 함께 질문함으로써 그 기능의 강점과 약점도 파악할 수 있습니다.

포스터 디자인에 관한 제안받기

포스터와 같은 콘셉트 디자인은 고객에게 어필하기 위해 매우 중요합니다. ChatGPT에 질문할 때 포스터의 목적, 타깃, 메시지 등을 명확하게 설명하면 그 정보를 바탕으로 포스터에 필요한 정보를 제안해 줍니다. 또한 비주얼 배치에 관한 제안도 해 줍니다.

프롬프트

Q 안드로이드 스마트폰의 한정 제안을 알리기 위한 비주얼 포스터를 작성하고 싶습니다. 지나가던 사람의 눈에도 잘 띄도록 디자인 콘셉트를 제안해 주십시오.

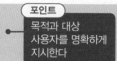

포인트
목적과 대상 사용자를 명확하게 지시한다

A 비주얼 포스터를 작성하기 위한 디자인 콘셉트는 다음과 같습니다:

1. 색다른 시각적 효과 활용: 밝고 눈에 띄는 색상을 사용하여 지나가는 사람들의 눈을 끌어들입니다. 안드로이드 스마트폰의 로고나 아이콘을 주요한 색상과 대비를 사용하여 부각시켜 포스터의 주요 포인트를 강조합니다.

2. 간결하고 명확한 메시지: 포스터에는 한정 제안의 내용을 간결하고 명확하게 전달해야 합니다. 짧고 간결한 문구를 사용하여 제안의 핵심을 강조하고, 글자의 크기와 배치를 조정하여 중요한 정보가 눈에 잘 띄도록 합니다.

3. 이미지와 아이콘 활용: 안드로이드 스마트폰의 이미지나 아이콘을 활용하여 상품의 인식도를 높이고, 사용자들이 쉽게 인식할 수 있도록 합니다. 이를 통해 포스터에 익숙한 이미지와 아이콘을 포함시켜 포스터를 더욱 생동감 있고 관심을 끌도록 만듭니다.

4. 호감을 일으키는 이미지 선택: 포스터에 사용될 이미지는 안드로이드 스마트폰을 사용하는 사람들의 호감을 일으킬 수 있는 이미지여야 합니다. 사용자들이 자연스럽게 포스터를 보고 멈추고 관심을 가질 수 있도록, 사람들이 즐거운 상황이나 유용한 기능을 보여 주는 이미지를 선택합니다.

5. 호텔, 레스토랑 등 인기 있는 장소에 배치: 지나가는 사람들이 많은 장소에 포스터를 배치하여 눈에 잘 띄도록 합니다. 예를 들어 번화가나 쇼핑몰, 대중 교통이 사용되는 역사 등에 포스터를 부착해서 많은 사람들이 쉽게 볼 수 있도록 합니다.

상품의 장점 종합하기

프롬프트

Q 아이폰의 디자인과 기능이 다른 경쟁 상품에 비해 구체적 •——
으로 어떤 점에서 뛰어난지 표로 정리해 주십시오.

포인트
새로운 상품은 Bing
AI에게 질문한다

A 아래는 아이폰과 경쟁 상품 간의 디자인과 기능에서 아이폰이 뛰어난 점을 표로 정
리한 것입니다:

특징	아이폰의 장점	경쟁 상품과의 비교
디자인	우수한 디자인과 제조 품질로 유명함	다른 상품들과 비교했을 때 뛰어난 디자인과 마감 품질을 가지고 있음
소프트웨어 및 생태계	iOS 운영체제는 사용하기 쉽고 안정적이며 애플 앱 스토어에서 고품질의 앱을 제공함	일관된 사용자 경험과 최신 소프트웨어 업데이트를 제공함
카메라	뛰어난 사진 및 동영상 품질과 다양한 기능을 제공함	탁월한 사진 및 동영상 촬영 기능을 가지고 있으며, 특히 낮은 조도에서의 성능이 우수함
보안 및 개인정보 보호	Face ID 및 Touch ID와 같은 생체 인증을 통한 안전한 잠금 해제 기능과 개인정보 보호에 대한 엄격한 정책을 가지고 있음	사용자의 개인정보를 안전하게 보호하고 보안 기능을 강화함
성능 및 속도	최신 칩셋과 최적화된 하드웨어 및 소프트웨어로 우수한 성능과 부드러운 사용 경험을 제공함	강력한 성능과 빠른 속도를 제공하며, 다양한 작업을 신속하게 처리함
생태계 서비스 및 통합	아이클라우드, 애플 뮤직, 애플 페이 등의 생태계 서비스와 통합 기능을 제공함	애플 생태계와의 연동성과 호환성을 통해 편리한 사용자 경험을 제공함

상품에 관해 다른 관점에서 설명하기

Q 당신은 최고의 매장 직원입니다. 아이폰을 추천하는 이유를 고객의 관점에서 구체적으로 설명해 주십시오. 고객은 스마트폰 사용에 익숙하지 않은 입장입니다.

A 고객의 관점에서 아이폰을 추천하는 이유를 설명해 드리겠습니다:

1. 사용 편의성: 아이폰은 사용하기 쉽고 직관적인 인터페이스를 제공합니다. 홈 버튼, 제스처 기능, 그리고 사용자 친화적인 아이콘 등은 스마트폰 사용에 익숙하지 않은 고객도 쉽게 이해하고 다룰 수 있습니다.

2. 안정성과 신뢰성: 아이폰은 안정적인 iOS 운영체제를 탑재하고 있어 시스템이 빠르고 일관된 성능을 제공합니다. 또한, 애플의 엄격한 품질 테스트를 통해 제조된 상품이므로 고객들은 안정성과 신뢰성을 높게 평가할 수 있습니다.

3. 보안 기능: 아이폰은 Face ID나 Touch ID와 같은 고급 생체 인증 기능을 통해 안전하게 잠금을 해제할 수 있습니다. 또한, 개인정보 보호를 위한 강력한 보안 기능이 탑재돼 있어 고객들의 개인정보를 안전하게 보호할 수 있습니다.

4. 풍부한 앱 생태계: 애플 앱 스토어에는 다양한 고품질의 애플리케이션이 제공돼 있습니다. 여러분의 필요와 취향에 맞는 앱을 쉽게 찾아 다운로드할 수 있으며, 다양한 분야의 앱을 통해 생활의 편의성을 높일 수 있습니다.

5. 장기적인 지원 및 업데이트: 애플은 iOS 운영체제를 지속적으로 업데이트하여 새로운 기능과 보안 패치를 제공합니다. 또한, 고객 서비스 센터를 통해 장기적인 지원을 제공하여 고객들이 스마트폰을 오랫동안 안정적으로 사용할 수 있도록 도와줍니다.

● **여기가 포인트**

자사 상품을 다른 관점에서 설명하고 싶은 경우에는 프롬프트에 입장을 명확하게 입력합니다. ChatGPT는 그 입장에 있는 사람의 관점에서 답변합니다. 이를 사용하면 상품을 다른 관점에서 새롭게 보고, 새로운 발견을 하게 될 가능성이 있습니다.

SNS의 광고 문장에 관한 제안받기

Q https://tjk.com을 참고해서 인스타그램용 광고 문장을 3개 작성해 주십시오.

주목할 점
이모티콘이나 해시태그를 사용한 문장이 출력된다

A
1. "티제이케이(TJK)의 최신 컬렉션으로 스타일을 완성하세요! 독특한 디자인과 편안한 착용감으로 매일매일 특별함을 느끼세요. #TJK #패션 #스타일"

2. "우아함과 실용성을 함께한 티제이케이(TJK)의 아이템으로 더 멋진 일상을 만들어 보세요. 새로운 시즌의 트렌드를 만나 보세요. #TJK #일상 #패션"

3. "TJK가 선보이는 트렌디한 컬렉션으로 당신만의 스타일을 완성해 보세요. 고품질 소재와 정교한 디테일이 돋보이는 티제이케이 상품을 만나 보세요. #TJK #패션 #스타일"

● 여기가 포인트

SNS에서 기업 정보를 효과적으로 전달하기 위해서는 간결하고 이해하기 쉬운 문장이 필요합니다. ChatGPT를 사용하면 랜딩 페이지를 기반으로 광고 문장을 간단하게 생성할 수 있습니다. 단, ChatGPT에서 URL을 읽게 해서 제안을 받는 경우 Bing AI 등을 사용하는 것이 훨씬 편리합니다.

광고 스토리와 캐치프레이즈를 생각하게 하기

Q 아이패드 광고 캠페인을 작성하고 싶습니다. 예상 고객에게 어필하기 위한 스토리텔링을 작성하고, 그것을 사용한 카피를 3개 생각해 주십시오.

A 아래는 아이패드 광고 캠페인을 위한 예상 고객에게 어필하는 스토리텔링과 카피입니다:

- 스토리텔링: "한 손으로 여행을 떠나는 여행가, 시간을 놓치지 않는 창작가, 가족과 함께하는 따뜻한 순간들, 새로운 배움을 즐기는 학습자. 각자 다른 이야기를 갖는 사람들이 하나의 장치로 모이는 곳, 그곳이 아이패드입니다. 아이패드는 당신의 삶에 더 많은 가능성을 열어줍니다."
  - 카피 1: "여러분의 모든 순간을 새롭게 만들어 줄 파트너, 아이패드. 어디서든 창조성을 발휘하고 새로운 경험을 느껴보세요."
  - 카피 2: "미래를 만나는 가장 빠른 방법, 아이패드. 더 많은 기회와 성공을 위한 도구가 여기 있습니다."
  - 카피 3: "아이패드는 단순히 장치가 아닙니다. 그것은 당신의 이야기와 꿈을 현실로 만들어 주는 창. 지금 당신의 모험을 시작하세요."

> **주목할 점**
> 유명한 상품은 추가 정보 없이 카피를 작성할 수 있다

● 여기가 포인트

ChatGPT는 상품 이름 등의 정보를 기술하는 것만으로 스토리가 있는 카피를 손쉽게 작성할 수 있습니다. 유명한 상품이라면 상품 이름만으로도 충분하지만, 그다지 유명하지 않은 상품일 때는 특징을 함께 전달하면 보다 효과적으로 내용을 작성할 수 있습니다.

카피를 작성하기 위한 힌트 얻기

Q 매력적이고 설득력이 있는 카피를 작성하기 위한 힌트를 생각해 주십시오. 상품의 특징은 다음과 같습니다.

- 신상품 스낵
- 바삭바삭한 경쾌한 식감
- 배부르지 않게 언제든 먹을 수 있음
- 저칼로리로 식이 섬유가 풍부함

A 매력적인 설득력 있는 카피를 작성하기 위한 몇 가지 힌트는 다음과 같습니다:

1. 감각적인 표현: "새로운 신상품 스낵, 바삭바삭한 식감이 당신의 미각을 자극합니다."

2. 혜택 강조: "배부르지 않게 즐기는 새로운 스낵. 언제든 눈이 호강하는 맛과 저칼로리로 건강을 지키세요."

3. 시간과 장소에 대한 자유로움 강조: "바삭한 식감을 즐기는 신상품 스낵, 언제든지 어디서든 편안하게 즐겨보세요."

4. 건강한 간식으로의 변환: "저칼로리로 건강한 간식을 즐기는 새로운 스낵. 다이어트 중이든 아니든, 맛있게 즐기세요."

5. 편의성 강조: "배부르지 않게 언제든 즐기는 새로운 스낵. 간편하게 챙겨 먹고, 식이 섬유 풍부하게 영양을 챙기세요."

● 여기가 포인트

캐치 카피 등의 아이디어가 떠오르지 않을 때는 ChatGPT에게 힌트를 구하면 좋습니다. 프롬프트에는 '매력적이고 설득력이 있는 카피를 작성하기 위한 힌트를 생각해 주십시오.' 등을 기술하고, 이어서 특징을 글머리 기호로 전달합니다.

카피나 제목에 대한 개선 힌트 얻기

프롬프트

Q 웹사이트의 제목에 임팩트가 부족합니다. 일반적으로 고객의 눈을 끌기 위해 필요한 개선점을 생각해 주십시오. 현재의 제목은 '건강을 걱정하지 말고, 가벼운 스낵 타임을 즐기재'입니다. 눈을 끄는 방법은 부정적인 느낌이 아닌 긍정적인 느낌으로 해 주십시오.

포인트
수정할 제목

포인트
수정의 방향성을 제시한다

A 현재의 제목은 긍정적인 메시지를 전달하고 있지만, 더 큰 임팩트를 주기 위해 다음과 같은 개선점을 고려할 수 있습니다:

1. 호기심을 자극하는 제목: "건강한 라이프스타일의 시작, 가벼운 스낵 타임으로!"

2. 강렬한 명령문 사용: "건강한 스낵으로 에너지 충전! 지금 시작하세요!"

3. 감정적인 호소: "스낵 타임으로 더 많은 즐거움과 건강을 만나 보세요!"

4. 유용한 약속: "가볍고 건강한 스낵, 당신의 일상에 더 많은 행복을 더해 줄 거예요!"

5. 기대감을 높이는 제목: "건강하고 맛있는 스낵으로 기분 좋은 하루를 시작해 보세요!"

이러한 개선점을 적용하여 제목을 더욱 눈에 띄고 기억에 남도록 만들 수 있습니다.

● 여기가 포인트

캐치 카피나 제목에 불만이 있는 경우에는 ChatGPT에게 제안받아 효과적으로 변경할 수 있습니다. 구체적인 제안을 얻으려면 먼저 현재의 제목을 기술하고, 그 뒤에 개선하고자 하는 방향성을 추가합니다.

고객의 이목을 끄는 상품 설명문 작성하기

상품이나 서비스에 관해 아무리 친절하게 설명한다 해도 문장이 길고 지루하다면 아무도 읽지 않을 것입니다. 상품이나 서비스의 매력을 효과적으로 전달하려면 짧은 시간 내에 이해하기 쉽게 정리하는 것이 중요합니다. ChatGPT에게 문장을 작성하도록 지시하고, 그 뒤에 상품이나 서비스의 특징을 글머리 기호로 기술하면 이목을 끄는 문장을 손쉽게 만들 수 있습니다.

프롬프트

Q 당신은 최고의 세일즈 라이터입니다. 다음 특징을 가진 상품에 관해 60초 이내에 잠재적인 구입자의 이목을 끌 만한 임팩트가 있는 유니크한 상품 설명을 작성해 주십시오.

- 고구마 치즈 케이크
- 기존 상품보다 칼로리가 50% 적음 ●
- 새로운 식감
- 신상품 발매 캠페인으로 가격 30% 인하

포인트
상품의 특징을 글머리 기호로 제시한다

A "저희 새로운 상품, 고구마 치즈 케이크는 일반 치즈 케이크와는 다릅니다. 우리의 치즈 케이크는 고구마의 달콤함과 부드러운 치즈의 조합으로 만들어진 새로운 식감을 선사합니다. 더불어, 기존 상품보다 칼로리가 50% 적은 건강한 선택이기도 합니다. 이제 달콤한 감미로움과 건강을 함께 누릴 수 있습니다. 놓치지 마세요! 신상품 발매 캠페인으로 인해 30% 할인된 가격으로 만나볼 수 있습니다."

● 칼럼

생성된 문장에 상세 정보나 감정적인 어필을 추가하고 싶다면 그 내용을 ChatGPT에게 전달해 다듬어 가면서 원하는 문장을 효율적으로 생성할 수 있습니다.

설문 항목에 관해 생각하기

프롬프트

Q 당신은 최고의 플래너입니다. 미용 고민에 관한 앙케트를 5세트 작성해 주십시오. 조건은 다음과 같습니다.

- 30대 이상의 여성이 대상
- 앙케트의 질문 수는 5개
- 앙케트는 헤어 케어 고민에 관한 것으로 함

A 앙케트 세트 1:

1. 헤어 스타일링에 어떤 종류의 상품을 가장 많이 사용하시나요?
2. 헤어 컬러링을 하시는 경우, 어떤 이유로 컬러를 변경하시나요?
3. 헤어 탈색 후에 느끼는 손상에 대해 어떻게 대처하고 계신가요?
4. 일상적으로 헤어 스타일링에 소요되는 시간과 노력에 만족하시나요?
5. 미용실에서의 헤어 관리 서비스에 어떤 점이 가장 중요하다고 생각하시나요?

앙케트 세트 2:

1. 헤어 탈색이나 염색 후에 헤어 손상에 대한 우려가 있으신가요?
2. 헤어 스타일링에 사용하는 상품들에 대해 어떤 기능이 가장 중요하다고 생각하시나요?
3. 헤어 컬러를 선택할 때 가장 중요하게 고려하는 요소는 무엇인가요?
4. 헤어 컬러링 서비스를 받는 미용실을 선택할 때 가장 중요하게 고려하는 점은 무엇인가요?
5. 헤어 스타일링에 소요되는 시간을 줄이기 위해 관심이 있는 헤어 스타일링 상품이 있나요?

(후략)

● 여기가 포인트

조사 등을 위한 앙케트 항목을 처음부터 생각하기는 매우 번거롭고 많은 시간이 걸립니다. ChatGPT를 사용해 앙케트 항목을 작성할 때는 앙케트의 목적, 대상자, 설문의 방향성 등을 프롬프트에 기술합니다. 이것만으로도 앙케트 항목을 작성할 수 있습니다.

음식점 리뷰 작성하기

Q 당신은 최고의 음식 리뷰어입니다. 다음 음식점의 리뷰를 작성해 주십시오.
- 음식점 이름: 애프리콧
- 장르: 캐주얼한 이탈리아 요리점
- 맛: 맛이 다소 옅지만 만족할 수 있는 수준
- 고객 대응: 고객 대응의 느낌이 좋음. 단, 홀의 사람이 적어 대기 시간이 다소 길게 느껴짐
- 가격: 합리적

● 여기가 포인트

음식점 등의 리뷰를 게시할 때 음식점 정보나 감상을 정리하는 데 의외로 많은 시간이 필요합니다. ChatGPT라면 음식점의 정보, 한마디 정도의 감상을 글머리 기호로 입력해 간단히 리뷰를 작성할 수 있습니다.

롤플레이를 통해 이해하기 쉬운 설명 작성하기

어떤 주제에 관한 설명문을 작성할 때 등장 인물의 대화를 통해 설명하면, 누구나 알기 쉬운 문장을 작성할 수 있습니다. 이런 문장을 ChatGPT가 작성하게 하려면 등장시킬 캐릭터와 설명할 수준을 프롬프트로 지시합니다. 그리고 캐릭터의 말투를 지시하면 보다 친근한 내용을 만들 수 있습니다.

프롬프트

Q '가상 통화'에 관한 설명문을 다음 조건에 따라 작성해 주십시오.
- 정현과 지혜의 대화 형식으로 설명한다
- 정현은 지혜를 '지혜 님'이라고 부른다
- 지혜는 정현을 '정현 님'이라고 부른다
- 가상 통화의 개요를 간결하게 설명한다

포인트
유명한 캐릭터일수록 품질이 높아진다

A 정현: "지혜 님, 최근에 가상 통화에 대해 들어봤는데, 정확히 무엇인지 궁금하네요."

지혜: "정현 님, 가상 통화는 인터넷을 통해 전송되는 디지털 형태의 통화입니다. 중앙 은행이나 정부와 같은 중앙 기관이 발행하는 것이 아니라, 분산된 네트워크에서 운영되는 거래 단위입니다."

정현: "그렇군요. 그러면 가상 통화를 사용하는 이유가 무엇인가요?"

지혜: "가상 통화는 보안과 개인 정보 보호 측면에서 강력한 보안을 제공하며, 전세계적으로 신속하고 저렴한 송금이 가능하다는 장점이 있습니다. 또한, 중앙 기관에 의존하지 않기 때문에 통제나 감독에서 자유롭습니다."

정현: "흥미롭군요. 그렇다면 어떻게 가상 통화를 구입하고 사용할 수 있나요?"

지혜: "가상 통화는 암호화폐 거래소에서 구입할 수 있습니다. 그리고 이를 가상 지갑에 저장하고, 온라인 상점에서 결제 또는 개인 간 송금 등 다양한 용도로 사용할 수 있습니다."

정현: "알겠습니다. 가상 통화는 미래의 통화 시스템에 중요한 역할을 할 것 같네요. 감사합니다, 지혜 님."

지혜: "천만에요, 정현 님. 궁금한 점이 있으면 언제든지 물어봐 주세요."

블로그 주제에 관해 제안받기

프롬프트

Q 당신은 전문 편집자입니다. 여름 요리를 주제로 하는 블로그 주제를 10개 생각해 주십시오.

A
1. "여름철 쉬운 바비큐 레시피 10가지"
2. "시원하고 상큼한 여름 디저트 아이디어"
3. "건강하고 가벼운 여름식 샐러드 레시피"
4. "해산물 요리의 매력, 여름 특별 메뉴 소개"
5. "프로방스에서 영감받은 여름 요리 레시피"
6. "피크닉을 위한 여름 음식 준비 팁과 아이디어"
7. "담백하고 상큼한 여름 파스타 레시피 모음"
8. "여름철 필수 메뉴, 그라브락스 소개와 함께하는 요리 아이디어"
9. "바다 향기 가득한 휴가 레시피 모음"
10. "시원한 음료와 함께 즐기는 여름 파티 요리 아이디어"

● 여기가 포인트

블로그를 작성할 때는 주제가 중요합니다. 하지만 주제가 쉽게 생각나지 않을 수 있습니다. 이런 경우에도 ChatGPT에게 순식간에 다양한 주제를 제안받을 수 있습니다.

블로그용 글 구성안 작성하기

Q 당신은 높은 인기를 달리고 있는 인플루언서입니다. 다음 조건에 따라 블로그 글의 장 구성을 생각해 주십시오.

- 토마토, 호박, 피망 등의 여름 야채를 사용한 맛있는 그린 레시피
- 초보자도 쉽게 만들 수 있는 것
- 뒷정리가 쉬운 것

A 제안된 주제를 기반으로 블로그 글의 장 구성을 다음과 같이 생각해 볼 수 있습니다.

- 서문: 여름 야채의 매력 소개
  - 여름 야채의 신선하고 건강한 매력에 대한 소개
  - 토마토, 호박, 피망 등이 어떻게 다양한 요리에 활용되는지 간단히 설명
- 그린 레시피 소개: 쉽고 맛있는 요리 아이디어
  - 각각의 야채를 활용한 쉬운 그린 레시피 소개
  - 초보자도 따라하기 쉬운 레시피 선택
  - 요리 레시피 상세 설명
  - 각 그린 레시피의 재료와 조리 과정 상세 설명
  - 필요한 재료와 도구들에 대한 정보 제공
  - 각 요리의 특징과 맛을 강조하여 독자들에게 호감을 줄 수 있는 팁 제공
  - 뒷정리가 쉬운 그린 레시피 추천
  - 요리 과정에서 뒷정리가 간편한 그린 레시피 소개
  - 조리 후에 주방을 깨끗하게 하는데 필요한 꿀팁 제공
- 결론: 여름 야채의 다양한 매력과 요리의 즐거움
  - 여름 야채를 활용한 요리의 매력과 장점에 대한 마무리
  - 독자들이 직접 여름 야채를 활용한 요리를 즐기며 즐거움을 느낄 수 있도록 독려하는 마무리 글

이런 방식으로 구성된 글은 독자들에게 흥미로운 요리 아이디어를 제공하면서도 초보자들에게 친숙하고 쉬운 레시피를 소개해서 실제로 시도해 볼 수 있는 기회를 제공할 것입니다. 또한, 뒷정리가 쉬운 레시피를 포함하여 요리에 대한 부담을 줄여 주고, 여름 야채의 매력을 강조해서 독자들이 요리를 즐기는 즐거움을 나눌 수 있습니다.

● 여기가 포인트

블로그 글을 전달하기 쉽게 작성하려면 글의 구조를 확실하게 잡는 것이 중요합니다. 프롬프트에게 주제와 장의 수, 타깃층 등을 입력하면 대략적인 구성안을 생성해 줍니다. 그 다음 필요에 따라 질문을 반복해 보다 좋은 구성이 되도록 다듬어 갑시다.

블로그 글의 제목에 관한 제안받기

Q 당신은 전문적인 편집자입니다. 다음 조건에서 블로그 글의 제목을 10개 제안해 주십시오.

- 더위에 이긴다
- 저칼로리
- 비추다
- SEO에 적합한 제목
- 검색 키워드를 앞쪽에 포함하기

포인트
글머리 기호로 내용을 작성

포인트
기타 조건

A
1. "더위에 이긴다! 저칼로리 레시피로 여름을 시원하게"
2. "더위에 이긴다! 저칼로리 그린 레시피로 여름을 더 시원하게"
3. "더위를 날리는 저칼로리 그린 레시피로 여름을 즐기다"
4. "여름 더위를 이길 비추다! 저칼로리 그린 레시피 모음"
5. "더위에 지친 당신을 위한, 저칼로리로 즐기는 여름 요리"
6. "비추다! 더위에 이긴다! 저칼로리 레시피로 여름 맞이하기"
7. "더위를 물리치는 저칼로리 그린 레시피 10가지"
8. "더위에 이기는 블로그 글: 저칼로리 레시피로 즐기는 여름 요리"
9. "더위를 날리는 그린 레시피: 저칼로리로 건강하게 여름을 보내다"
10. "더위에 이길 준비가 됐나요? 저칼로리 레시피로 여름 맞이하기"

● 여기가 포인트

블로그 글을 많은 사람이 읽게끔 하려면 눈에 확 들어오는 제목을 붙이는 것이 중요합니다. ChatGPT에 주제와 글의 내용, 어필하고 싶은 항목 등을 지시하면 곧바로 눈에 띄는 제목을 생성해 줍니다. 그리고 'SEO에 적합한 제목'이라는 지시를 추가하면 SEO 대책도 고려한 제목을 제안해 줍니다.

특정 세대를 대상으로 정보를 확산시키기 위한 방법 조사하기

프롬프트

Q Z세대를 메인 타깃으로 하고 SNS를 사용하지 않고 다음의 이벤트 정보를 확산시키는 아이디어를 제안해 주십시오.
- 디저트를 주제로 하는 이벤트
- 개최 장소는 서울과 부산

A Z세대를 메인 타깃으로 하고 SNS를 사용하지 않고 이벤트 정보를 확산시키는 아이디어를 제안합니다:

1. 스트릿 팀 파티: 서울과 부산의 인기 스트릿 지역에서 팀 파티를 진행합니다. 이벤트 현장에서 전단지를 배포하여 참여할 수 있는 디저트 이벤트를 알리고, 참가자들에게 이벤트에 대한 정보와 특별 혜택을 전달합니다. 이벤트 후에는 현장에서 이벤트의 경험을 공유할 수 있는 간단한 짧은 동영상을 찍어 SNS를 사용하지 않더라도 이벤트의 분위기를 전달할 수 있습니다.

2. 커뮤니티 홍보: 지역별 온라인 커뮤니티나 포털 사이트의 이벤트 게시판에 포스터를 게시하여 이벤트 정보를 확산합니다. 이벤트에 관심이 있는 Z세대는 종종 온라인 커뮤니티를 통해 정보를 공유하고 참여하기 때문에 이러한 홍보 방식을 통해 이벤트 정보를 전달할 수 있습니다.

3. 파티셰에게 직접 방문: 지역의 인기 디저트 가게를 직접 방문하여 이벤트 포스터를 전달하고 협력을 제안합니다. 이벤트에 참여하고 싶은 파티셰는 자신의 가게 내부에 이벤트 포스터를 게시하여 손님들에게 알릴 수 있습니다. 이를 통해 디저트 이벤트에 대한 관심을 높일 수 있습니다.

4. 학교 미팅 및 이벤트 게시판: 서울과 부산의 대학교나 학생들이 많이 모이는 장소에 이벤트 정보를 홍보할 수 있는 포스터를 배치합니다. 학생들은 학교 내 이벤트 게시판을 자주 방문하고, 이를 통해 이벤트에 대한 정보를 전달할 수 있습니다. 이러한 방식을 통해 대학생들 사이에서 이벤트 정보를 확산시킬 수 있습니다.

이러한 아이디어를 통해 SNS를 사용하지 않고도 Z세대를 타깃으로 한 디저트 이벤트 정보를 효과적으로 확산시킬 수 있습니다.

여기가 포인트

정보를 확산시키는 방법은 다양합니다. 이제까지의 방법에 의존하는 것만으로는 아이디어 역시 한정될 뿐입니다. ChatGPT를 활용하면 메인 타깃이나 내용, 조건을 기술하는 것만으로 다양한 확산 방법을 생성할 수 있습니다.

예상되는 고객의 질문 생각하게 하기

상품이나 서비스를 제공하는 경우 반드시 고객으로부터 질문을 받게 됩니다. 고객으로부터의 질문을 예상해 미리 답변을 준비해 두는 것이 중요합니다. ChatGPT를 사용하면 상품이나 서비스의 상세 정보, 타깃층 등을 기술하는 것만으로도 예상되는 질문을 자동으로 생성할 수 있습니다.

프롬프트

Q 신상품으로 소형 에스프레소 머신을 발매하게 됐습니다. 메인 타깃과 상품의 특징은 다음과 같습니다. 이때, 예상되는 고객으로부터의 질문은 무엇인지, 질문에 대한 답변은 무엇인지 생각해 주십시오.

- 에스프레소에 관해 잘 모르는 Z세대
- 콤팩트하고 휴대하기 쉬움

포인트
상품의 특징과 대상 이용자는 반드시 포함시킨다

- 불이나 전기, 테이블이 없어도 사용할 수 있음
- 레버를 당기는 것만으로 추출할 수 있음

A 예상되는 고객으로부터의 질문과 그에 대한 답변은 다음과 같습니다:

1. 질문: 이 상품은 어떻게 작동하는 건가요?
   답변: 이 상품은 매우 간편하게 작동합니다. 단순한 레버 작동만으로도 신선하고 질 좋은 에스프레소를 추출할 수 있습니다. 뜨거운 물을 추가하고 레버를 당기면, 짧은 시간 내에 에스프레소가 추출됩니다.

2. 질문: 어떻게 콤팩트하고 휴대하기 쉽다는 건가요?
   답변: 이 상품은 소형이고 경량으로 설계됐으며, 휴대가 용이합니다. 작은 사이즈 때문에 주방이나 사무실, 심지어는 캠핑이나 여행 중에도 휴대하기 편리합니다.

3. 질문: 전기나 테이블 없이도 사용할 수 있다고요? 그럼 에스프레소를 추출할 때 필요한 에너지원은 무엇인가요?
   답변: 맞습니다. 이 상품은 수동식으로 작동하며, 전기나 테이블이 필요하지 않습니다. 에너지원으로는 뜨거운 물이 필요합니다. 이를 얻기 위해 물을 데워서 사용하거나, 각종 열원을 사용할 수 있습니다.

4. 질문: 이 상품으로 추출되는 에스프레소의 맛과 품질은 어떤가요?
   답변: 이 상품으로 추출되는 에스프레소는 고품질이며, 집에서나 여행 중에도 완벽한 맛을 느낄 수 있습니다. 콤팩트한 사이즈에도 불구하고 프리미엄 에스프레소의 풍부한 풍미와 아로마를 즐길 수 있습니다.

여섯 색깔 사고 모자 기법(Six Thinking Hats)으로 아이디어 도출하기

프롬프트

Q 강남역 주변에 중년층을 대상으로 벨기에 맥주를 제공하는 레스토랑을 오픈하려고
합니다. 시크한 인테리어에, 음식 가격은 50,000원 전후를 예상하고 있습니다. 여
섯 색깔 사고 모자 기법을 사용해 각각의 입장에서 의견을 내 주십시오.

A 여섯 색깔 사고 모자 기법을 사용하여 각각의 입장에서 의견을 제시해 보겠습니다.

1. 하양 모자(사실과 정보):
   - 벨기에 맥주는 세계적으로 유명한 맥주로 알려져 있으며, 강남역은 서울의 중
     심지로 유동 인구가 많습니다.
   - 중년층은 보다 고풍스러운 분위기와 고품질의 맥주를 선호할 것으로 예상됩
     니다.
   - 음식 가격이 50,000원 전후인 것은 해당 지역의 경제적 수준을 고려한 결과
     입니다.

2. 빨강 모자(감정과 직감):
   - 중년층은 보다 고급스러운 분위기와 품질 좋은 맥주를 즐길 수 있는 곳에 대
     한 욕구가 있을 것입니다.
   - 시크한 인테리어와 함께 제공되는 벨기에 맥주는 고객들에게 현대적이고 쾌적
     한 분위기를 전달할 것으로 기대됩니다.
   - 음식 가격이 50,000원 전후라는 점은 고객들에게 부담스럽지 않을 것으로 예
     상됩니다.

3. 검정 모자(부정적인 판단):
   - 중년층이 맥주를 주로 찾는다고 해도, 강남역 주변에 이미 다양한 맥주 브랜드
     를 제공하는 곳들이 많기 때문에 경쟁이 치열할 수 있습니다.
   - 음식 가격이 50,000원 전후로 높다는 점은 일부 고객들로부터 부담스러움을
     느낄 수 있을 것입니다.
   - 맥주 레스토랑의 인기와 성공 여부는 위치와 마케팅 전략에 크게 의존할 것입
     니다.

(중략)

위와 같은 다양한 측면을 고려하여 중년층을 대상으로 한 벨기에 맥주 레스토랑이
성공할 수 있도록 노력할 수 있을 것입니다.

● 여기가 포인트

여섯 색깔 사고 모자 기법은 어떤 주제에게 관해 6가지 관점에서 생각하는 발상법입니다. 일반
적으로 팀으로 수행하는 경우가 대부분이지만 ChatGPT를 사용하면 혼자서도 간단하게 이 방
법을 시도할 수 있습니다. 프롬프트에는 주제에 관해 상세하게 기술합니다.

뉴스를 분석해 이후 전개 예상하기

Q 다음 뉴스 기사를 읽고 이후 전개를 예상하십시오.

- 원유 가격 3개월만에 고가

러시아의 우크라이나 침격에 의한 공급 불안으로 원유 가격이 다시 오르고 있다. 7월 13일에는 WTI 원유 가격이 1배럴당 120달러를 넘어, 3개월만에 고가를 경신했다.

● **여기가 포인트**

프롬프트에 뉴스 기사를 기술해서 이후의 전개를 예상해 볼 수 있습니다. 단, 답변이 반드시 정확한 것은 아니라는 점을 유의해야 합니다.

캐치프레이즈에 대한 평가받기

프롬프트

Q 당신은 최고의 카피라이터입니다. 다음 캐치 카피를 분석해서 문제점을 나열하고, 구체적인 개선 방법을 제안해 주십시오.

포인트
카피 분석과 개선 방법에 관해 지시한다

- 스마트폰을 바꾸고 싶다면 바로 지금이 기회! 최신 기종이 최대 50% 할인, 거기에 포인트도 2배!

A 문제점:

1. 모호한 메시지: "바로 지금이 기회!"라는 문구가 사용자에게 구체적인 이유나 유익을 제공하지 않습니다. 또한, "최신 기종이 최대 50% 할인"이라는 문구는 어떤 상품이 할인되는지 명확하지 않습니다.

2. 특별한 유인이 부족함: 할인과 포인트 적립은 매우 흔한 프로모션입니다. 이에 대한 특별한 유인이나 가치 제안이 부족합니다.

3. 부족한 명확성: 할인이나 포인트 적립에 대한 조건이나 제한 사항에 대한 정보가 제공되지 않아서 사용자가 완전한 이해를 하기 어렵습니다.

개선 방안:

1. 더 구체적인 메시지: 예를 들어, "최신 아이폰 또는 갤럭시 시리즈를 최대 50% 할인된 가격으로 구매하세요!"와 같이 구체적인 상품 정보와 할인율을 포함하여 메시지를 보강할 수 있습니다.

2. 유용한 가치 제안: 추가적인 혜택이나 특별한 선물, 무료 배송 또는 확장된 보증 기간과 같은 특별한 유인을 제공하여 고객의 관심을 유발할 수 있습니다.

3. 명확한 제약 사항 제공: 할인의 적용 범위, 유효 기간, 상품 제한 사항 등과 같은 제약 사항에 대한 정보를 명확하게 제공하여 고객이 제공되는 혜택을 이해할 수 있도록 합니다.

● 여기가 포인트

작성한 캐치 카피나 텍스트에 관한 객관적인 평가를 ChatGPT에게 의뢰할 수 있습니다. 평가뿐만 아니라 문제점과 개선점도 제안받고 싶다면 프롬프트에 '문제점을 나열하고, 구체적인 개선 방법을 제안해 주십시오.'라고 추가로 입력합니다.

고객용 뉴스레터 작성하기

Q 다음 상품을 소개하는 고객용 월간 뉴스레터를 작성해 주십시오.
- 상품 이름: 타우린
- 효과: 안티 에이징, 피로 회복, 간 기능 향상, 눈 피로 회복
- 가격: 2개 세트 60,000원, 3개 세트 85,000원

A 제목: 타우린: 체력과 건강을 한 번에 챙기세요!

안녕하세요, 고객 여러분,

여름이 다가오면서 체력 관리와 건강에 대한 관심이 증가하고 있습니다. 이에 따라 저희가 새롭게 선보이는 타우린이 여러분의 체력 회복과 건강 유지에 도움을 드릴 것입니다.

타우린은 다음과 같은 효과를 제공합니다:
- 안티 에이징: 체내의 산화 작용을 억제하여 노화를 늦추고 젊은 피부를 유지합니다.
- 피로 회복: 지친 몸과 마음을 회복시켜주어 활력을 되찾을 수 있습니다.
- 간 기능 향상: 간 기능을 개선하여 체내 독소를 제거하고 건강한 간 기능을 유지합니다.
- 눈 피로 회복: 오랜 시간 모니터나 책을 보고 지친 눈을 편안하게 해 줍니다.

저희의 특별한 가격 혜택을 확인해 보세요:
- 2개 세트: 60,000원
- 3개 세트: 85,000원

이로운 효과를 누릴 수 있는 타우린을 지금 구매하세요! 건강한 삶의 시작은 지금부터입니다.

감사합니다.

(회사 로고 및 연락처)

● **여기가 포인트**

ChatGPT를 사용하면 상품이나 서비스의 이름, 제공할 내용, 가격 등을 입력하는 것만으로 간단하게 뉴스레터를 작성할 수 있습니다. 타깃층 등의 정보를 추가하면 보다 상세한 뉴스레터가 완성됩니다.

더미 데이터 작성하기

프롬프트

Q 다음 조건에 따라 고객 리스트의 더미 데이터를 CSV 형식으로 작성해 주십시오.
- 개수: 20건
- 이름: 남녀를 섞어 적당하게 작성하기
- 주소: 지면 뒤에 가상의 건물 이름과 우편 번호를 넣기
- 전화번호: 마지막 4자리는 xxxx로 통일하기
- 생일: 무작위. 단, 20세 이상으로 하기
- 취미: 야구, 영화 관람, 여행 등으로 적당하게 작성하기

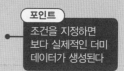

포인트
조건을 지정하면
보다 실제적인 더미
데이터가 생성된다

● 여기가 포인트

더미 데이터 작성은 사람이 수행하긴 어렵지만 ChatGPT라면 간단하게 수행할 수 있습니다. 작성할 데이터의 항목과 내용을 기술하면 순식간에 데이터를 생성해 줍니다. 보다 실제적인 데이터를 만들고 싶다면 프롬프트에 항목의 종류와 내용을 상세하게 지정합니다.

SEO 키워드 후보 나열하기

프롬프트

Q 당신은 전문 편집자입니다. SLR 카메라의 렌즈 구입을 검토하는 사람을 타깃으로
한 글을 작성하고 싶습니다. 검색량이 많고 키워드로 사용하기 적합한 단어를 글머
리 기호로 제안해 주십시오.

A 물론입니다. SLR 카메라 렌즈에 관심 있는 독자들을 대상으로 한 글을 작성할 때
사용할 수 있는 키워드 몇 가지를 아래에 제시해 드리겠습니다:

1. SLR 카메라 렌즈
2. 렌즈 종류
3. 초점 거리
4. 조리개 값
5. 광학 시스템
6. 이미지 안정화
7. 광학 코팅
8. 초점 속도
9. 렌즈 구매 가이드
10. 렌즈 사용 팁

이러한 키워드를 사용하여 SLR 카메라 렌즈에 대한 정보를 상세하게 제공하고, 구
매자들이 렌즈를 선택하고 사용하는 데 도움이 되는 유용한 팁을 제공하는 글을
작성할 수 있을 것입니다.

● 여기가 포인트

블로그 글을 많은 사람들이 읽게 하려면 SEO 대책이 중요합니다. 특히 타깃 키워드는 검색 엔
진에 상위에 노출되도록 하기 위해 반드시 필요합니다. ChatGPT를 사용하면 글의 주제와 타
깃 사용자 정보를 지정하는 것만으로 검색 키워드를 선택할 수 있습니다.

목표 달성을 위한 로드맵 작성하기

기술 향상이나 목표 달성을 위해서는 로드맵이 필수입니다. ChatGPT를 사용하면 자신의 입장, 골이나 목표를 지시하는 것만으로 순식간에 일반적인 로드맵을 생성할 수 있습니다. 그리고 특정한 기술을 지정하면 해당 기술에 특화된 한층 상세한 로드맵도 작성할 수 있습니다.

프롬프트

Q 당신은 전문 엔지니어입니다. 다음 조건을 만족하는 로드맵을 작성해 주십시오.

\# 골
- 엔지니어로서의 기술이나 지식을 향상시켜 커리어 업과 기술 향상을 목표로 한다

> **포인트**
> 로드맵에는 골과 목표가 필수다

\# 목표
- 특정한 프로그래밍 언어나 기술을 습득한다
- 특정한 분야의 엔지니어로서 전문성을 높인다
- 엔지니어로서의 커리어를 찾는다

A 로드맵을 작성하겠습니다.

로드맵: 엔지니어링 커리어 업 및 기술 향상

1. 목표 설정
   - 목표 1: 특정한 프로그래밍 언어나 기술 습득.
   - 목표 2: 특정한 분야의 엔지니어로서 전문성 향상.
   - 목표 3: 엔지니어로서의 커리어 발전 및 진로 확보.

2. 계획 수립
   - 목표 1: 프로그래밍 언어나 기술 습득.
     - 단계 1: 현재 시장에서 요구되는 인기 있는 프로그래밍 언어 및 기술 파악.
     - 단계 2: 선택한 언어 또는 기술에 대한 기초 공부 및 온라인 자습서, 강의 수강.
     - 단계 3: 프로젝트 또는 실전 경험을 통해 실무 기술 향상.
     - 단계 4: 공식적인 자격증 취득 또는 프로젝트 포트폴리오 개발을 통한 기술 인증.
   - 목표 2: 특정 분야의 전문성 향상.
     - 단계 1: 관심 있는 분야의 최신 동향 및 업계 트렌드 파악.
     - 단계 2: 관련 분야의 전문서적, 논문, 온라인 강의 등을 통한 깊은 학습.
     - 단계 3: 업무와 연계된 프로젝트 참여 및 실무 경험을 통한 전문성 향상.
     - 단계 4: 관련 분야에서의 자격증 취득 또는 인증 프로그램 참여.
   - 목표 3: 커리어 발전 및 진로 확보.
     - 단계 1: 현재의 엔지니어링 역량 및 경험을 정리하고 강점과 발전 가능성 파악.

– 단계 2: 이력서 및 프로필 업데이트, LinkedIn 또는 전문 네트워크 활동을 통한 커리어 노출.
　　　– 단계 3: 엔지니어링 커뮤니티 또는 산업 협회 참여를 통한 네트워킹 및 멘토링.
　　　– 단계 4: 채용 정보 플랫폼을 통한 구직 활동 및 인터뷰 준비.
　3. 실행 및 평가
　　• 실행: 각 목표와 계획에 따라 단계적으로 실행하고 경험을 쌓음.
　　• 평가: 일정 기간마다 목표 달성 여부 및 진척 상황을 평가하고 필요한 조정 및 보완을 실시함.
　4. 지속적인 발전
　　• 학습: 지속적인 학습 및 기술 업데이트를 통해 시장의 변화에 대응.
　　• 경험: 다양한 프로젝트 및 업무를 경험하여 전문성을 확장하고 실무 역량을 강화함.
　　• 네트워킹: 엔지니어링 커뮤니티와의 꾸준한 소통과 협력을 통해 지식 공유와 경험 공유를 이어감.
이러한 로드맵을 통해 엔지니어링 커리어 업과 기술 향상을 효과적으로 달성할 수 있을 것입니다.

● 칼럼

습득 기술이 정해져 있는 경우 '파이썬(Python) 등의 언어에서 NLP 라이브러리 사용 방법을 배운다.'와 같이 구체적인 지시를 하면 보다 상세한 로드맵을 생성할 수 있습니다.

사용자 경험담 작성하기

Q '아이패드'를 사용한 경험이 있는 어떤 50대 여성이 장점 등을 이야기하는 글을 작성하고 싶습니다. '아이패드'를 사용한 사람의 입장에서 편리했던 점을 이야기하는 내용을 글로 작성해 주십시오.

A 타이틀: 아이패드로 경험하는 디지털 라이프: 50대 여성의 이야기

• 서문
아이패드는 저에게 디지털 세상을 탐험하는 새로운 창문을 열어 줬습니다. 50대 중반의 제가 아이패드를 사용하면서 느낀 편리함과 장점을 소개하고자 합니다.

• 본문
약속, 할 일 목록, 레시피, 책, 음악, 사진… 그리고 무한한 컨텐츠의 세계. 아이패드를 사용하면서 이 모든 것들을 편리하게 즐길 수 있었습니다. 그 중에서도 가장 큰 장점 중 하나는 화면의 크기와 해상도입니다. 휴대폰보다 훨씬 큰 화면에서 책을 읽거나 레시피를 확인하는 것은 매우 편리했습니다. 눈의 피로도가 줄어들었고 글자도 더욱 선명하게 보여서 읽는 즐거움이 더해졌습니다.
또한 아이패드는 휴대성과 연결성 면에서도 뛰어났습니다. 어디서든 쉽게 가지고 다닐 수 있었고, 와이파이나 셀룰러 연결을 통해 언제든지 인터넷에 접속할 수 있었습니다. 카페에서 이메일을 확인하거나 영상 통화를 하면서 시간을 보내는 등의 경험이 풍부했습니다.
또한 아이패드의 다양한 앱과 기능을 통해 생활이 편리해졌습니다. 예를 들어, 쇼핑 앱을 통해 온라인 쇼핑을 하거나, 헬스 앱을 통해 건강을 관리하거나, 그림 그리기 앱을 통해 취미를 즐기는 등 다양한 활용이 가능했습니다.
마지막으로, 아이패드는 사용이 간편하고 직관적인 인터페이스를 제공했습니다. 저는 컴퓨터에 익숙하지 않았지만, 아이패드를 사용하면서도 어렵지 않게 다양한 작업을 수행할 수 있었습니다. 터치 스크린을 통한 조작은 자연스러웠고, 아이패드의 사용법을 익히는 데에는 큰 어려움이 없었습니다.

• 결론
아이패드는 제 삶을 더욱 풍요롭고 편리하게 만들어 주었습니다. 화면의 크기와 해상도, 휴대성, 다양한 앱과 기능, 직관적인 인터페이스 등 여러 장점들이 저의 디지털 라이프를 풍성하게 해 줬습니다. 아이패드를 사용하면서 저는 디지털 세상의 새로운 가능성을 경험하고, 새로운 즐거움을 발견할 수 있었습니다.

여기가 포인트

ChatGPT를 사용하면 성별, 연령대, 감상의 방향성 등을 기술하는 것만으로 광고를 위한 리얼한 경험담을 간단하게 생성할 수 있습니다. 이를 게시하면 설득력이 향상돼 효과적으로 어필할 수 있습니다. 단, 경험담에 적절하지 않는 내용이 포함되기도 하므로 퇴고는 필수입니다.

업계 최신 기술 등을 소개하는 글 작성하기

Q 당신은 출판업계의 베테랑입니다. 이 업계의 최신 기술과 혁신에 관해 상세하게 설명하는 글을 작성해 주십시오.

A 타이틀: 출판업계의 디지털 혁신: 최신 기술과 미래 전망

서문:
출판업계는 디지털 혁신의 파도에 휩쓸리며 새로운 지평을 열고 있습니다. 최신 기술과 혁신은 전통적인 출판 모델을 혁신하고 업계의 미래를 형성하는 데 중요한 역할을 합니다. 이 글에서는 출판업계의 최신 기술과 혁신에 대해 상세하게 살펴보고 미래의 전망을 탐색해 보겠습니다.

본문:

1. 인공지능(AI)과 기계 학습(ML): 인공지능과 기계 학습 기술은 출판업계에서 놀라운 혁신을 가져오고 있습니다. AI를 활용한 자동화된 편집, 콘텐츠 생성, 개인화된 출판물 제작 등은 출판업체들이 효율적으로 운영할 수 있도록 도와주고 있습니다. 또한, ML 기술을 활용하여 독자의 행동과 관심사를 분석하고 콘텐츠를 최적화함으로써 독자 경험을 개선하고자 하는 노력이 진행되고 있습니다.

2. 가상 현실(VR)과 증강 현실(AR): 가상 현실과 증강 현실 기술은 출판물의 디지털화와 상호 작용성을 증대시키는 데 중요한 역할을 합니다. 예를 들어, 가상 현실을 활용한 독자 경험 제공이나 증강 현실을 활용하여 책의 내용을 시각화하고 상호 작용하게 전달하는 등의 실험이 이루어지고 있습니다. 이러한 기술은 독자들에게 더욱 풍부한 콘텐츠를 제공함으로써 출판업체들이 경쟁력을 확보하는 데 도움이 될 것으로 기대됩니다.

3. 구독 서비스와 클라우드 플랫폼: 출판업계는 전통적인 판매 모델에서 구독 서비스와 클라우드 플랫폼으로의 전환을 경험하고 있습니다. 구독 서비스는 출판사들에게 안정적인 수익을 제공하고 독자들에게는 저렴하고 편리한 콘텐츠 접근 방법을 제공합니다. 또한, 클라우드 플랫폼을 활용한 출판물의 디지털 배포는 전 세계적인 독자들에게 빠르고 쉬운 접근을 가능하게 합니다.

4. 블록체인 기술의 도입: 블록체인 기술은 출판업계에서 콘텐츠의 저작권 보호와 저작물 관리에 새로운 가능성을 제시하고 있습니다. 스마트 계약을 통해 저작권 거래를 투명하게 관리하고, 분산형 데이터베이스를 활용하여 출판물의…

(후략)

● 여기가 포인트

업계의 정보나 혁신을 웹에서 검색하기는 번거롭습니다. ChatGPT에게 질문하면 필요한 정보를 간단하게 정리해서 생성해 주기 때문에 편리합니다. 단, ChatGPT는 최신 정보에 대응할 수 없으므로 Bing AI 등의 AI 서비스를 사용하는 것이 확실한 방법입니다.

데이터, 연구 결과를 사용한 카피 생각하기

Q 다음의 연구 결과를 사용해 광통신의 판매를 촉진하기 위한 캐치 카피를 생각해 주십시오.

가정용으로 광통신, 홈 라우터, 또는 모바일 라우터를 계약하고 있는 사람들을 대상으로 계약 중인 각 인터넷 회선 서비스에 관해 질문한 결과(광통신은 단수 응답, 홈 라우터와 모바일 라우터는 복수 응답), 광통신은 '도코모 광통신'이 21.4%로 가장 많고 그 뒤로 'SoftBank 광통신'이 16.1%, '플렛츠 광통신'과 'au 히카리'가 12.6%였다.

● 여기가 포인트

카피 등을 작성할 때 이미 발표돼 있는 데이터나 연구 결과를 사용하면 사실에 기반한 설득력 있는 카피를 작성할 수 있습니다. ChatGPT에 카피 작성 지시와 함께 데이터나 연구 결과를 입력하면 사실에 기반한 카피를 생성할 수 있습니다.

상품을 어필하는 스토리 생각하기

Q 당신은 전문 광고 에이전트입니다. 이제 막 사회인이 된 사람에게 모바일 라우터를 어필하기 위해 어떤 스토리를 사용한 설명이 효과적일지 생각하십시오. 가능한 한 미래는 밝다는 느낌이 들도록 해 주십시오.

포인트
누구를 위한 광고인지 결정한다

포인트
어떤 분위기를 낼 것인지 지시한다

A "당신의 사회인 생활을 스트리밍하세요! 어디서든 빠른 인터넷 연결로 업무를 처리하고 즐거운 시간을 보내세요. 모바일 라우터가 있으면 어떤 장소에서도 항상 연결된 상태로 있을 수 있습니다. 더 나은 미래를 위해 이제 시작하세요!"

● 여기가 포인트

상품이나 서비스 판촉에 구체적인 이미지를 수반한 스토리는 효과적입니다. 프롬프트에 대상 상품이나 서비스, 타깃층, 스토리의 뉘앙스 등을 입력하면 목적에 맞는 스토리를 생성할 수 있습니다.

새로운 아이디어를 조합해서 생각하기

Q 당신은 식재료 제조사의 핵심 마케터입니다. 차에 관해 놀랄 만한 '무엇인가'를 조합해 일반적인 차에 실증을 느낀 사람들이 구매하게 되는 혁신적인 신상품을 기획하고 있습니다. 여기에서 조합할 '무엇인가'를 고려해 상품 이름을 생각해 주십시오.

A "신선한 향기와 활력을 담은 '차바라기'로 새로운 차 경험을 시작하세요!"

● 여기가 포인트

혁신적인 아이디어는 쉽게 떠오르지 않습니다. ChatGPT가 그런 아이디어를 내도록 하면 여러분의 발상력도 넓어지게 되므로 추천합니다. 여기에서는 ChatGPT에 주제와 목적, 대상이 되는 상품 등을 지정합니다.

회의 안건 작성하기

프롬프트

Q 당신은 프로젝트 리더입니다. 다음 주제로 판매 촉진 회의를 진행합니다. 이 회의를 위한 안건을 작성해 주십시오.
- 편의점에서의 매출 감소
- 이 과제를 해결하는 방법

포인트
회의 참가자와 예정 시간을 입력하면 보다 상세한 내용을 얻을 수 있다

A 1. 판매 촉진 회의 안건
- 매출 감소 현황 파악
- 최근 편의점 매출 동향 분석
- 주요 상품 및 카테고리별 매출 변화 확인
- 경쟁 업체와의 비교 분석

2. 원인 분석
- 매출 감소의 원인 도출
- 특정 상품 또는 카테고리의 선호도 변화 파악
- 고객 행동 및 소비 패턴 변화 분석

3. 해결 방안 모색
- 새로운 프로모션 또는 할인 이벤트 기획
- 상품 배치 전략 재고
- 고객 경험 개선을 위한 서비스 혁신 아이디어 도출

4. 향후 전략 수립
- 매출 증대를 위한 장기적인 전략 수립
- 마케팅 및 프로모션 계획 수립
- 결과 모니터링 및 평가 방안 설정

5. 토론 및 피드백
- 참석자들의 의견 공유 및 토론
- 제안된 아이디어에 대한 피드백과 추가 제안 요청

6. 마무리
- 다음 단계 및 일정 안내
- 회의 결과 문서화 및 공유 계획

7. 기타 사항
- 추가 사항이나 공지사항 공유

● 여기가 포인트

ChatGPT에 회의 안건을 작성시키는 경우 회의의 목적과 의제를 기술해서 안건 작성을 지시합니다. 단, 이것만으로는 너무 대략적인 내용이 되므로 상세하게 안건을 작성할 때는 프롬프트에 참가자와 그 역할, 전체 소요 시간 등을 추가합니다.

가상 토론을 통해 문제점 도출하기

혼자 하기 어려운 토론도 ChatGPT를 사용하면 간단하게 실시할 수 있습니다. 이때는 토론 의제를 명확히 하는 것은 물론 참가하는 사람의 입장도 명확하게 하는 것이 좋습니다. 이 정보들을 포함해 토론을 수행하도록 ChatGPT에게 지시하면 상당히 깊은 수준의 토론을 진행할 수 있습니다.

프롬프트

Q '원화 절하는 좋은가 나쁜가'를 주제로 원화 절하 찬성파인 일반인 A, 원화 절하 반대파인 일반인 B, 중도파인 경제학자 C 사이에서 토론을 진행하십시오. 토론을 진행하는 조건은 다음과 같습니다.

- 표시는 참가자의 발언 형식으로 한다
- 같은 참가자는 등장시키지 않는다

포인트
가상 토론에서는 참가자의 입장을 명확하게 한다

A 토론: 원화 절하는 좋은가 나쁜가

- 찬성파 A: 원화 절하는 우리 경제를 살리는 길 중 하나입니다. 외국인에게 물건을 팔 때 원화의 가치가 낮으면 그들이 더 많은 돈을 지출할 것이고, 이는 우리의 수출을 증가시킬 것입니다.

- 반대파 B: 그렇다고 해서 원화의 가치를 인위적으로 낮추는 것이 옳은 것일까요? 원화 절하로 인한 물가 상승은 우리 국민에게 피해를 주고, 더 나아가서 외국 상품이 더 비싸질 수도 있습니다.

- 중도파 C: 원화 절하가 모든 경우에 좋은 것은 아닙니다. 그러나 경제 상황에 따라서는 필요한 조치일 수 있습니다. 적절한 균형을 유지하며 원화 가치의 변동을 관리하는 것이 중요합니다.

칼럼

토론을 통해 알게 된 문제점을 즉시 정리하고 싶을 때는 '이 토론을 통해 알게 된 문제점을 정리해 주십시오.'와 같이 지시합니다.

수행할 작업의 우선 순위와 기간 정리하기

프롬프트

Q 신상품 청소기에 관한 아이디어 제안을 30일 뒤에 수행합니다. 프레젠테이션 형식으로 제안하기 위해 필요한 단계를 제안하고, 그에 관한 일정을 표 형식으로 제안해 주십시오. 그리고 각 단계에서 명확하게 해야 할 내용과 그것을 얻기 위해 조사해야 할 정보들도 표에 포함해 주십시오. 아이디어만 제안하면 되고 프로토타입을 준비할 필요는 없습니다.

A
1. 프레젠테이션 제안 단계
   - 아이디어 개발
   - 시장 조사 및 경쟁 분석
   - 상품 설계 및 기능 결정
   - 상품 특징 및 장점 개발
   - 마케팅 전략 및 프로모션 계획 수립
   - 프레젠테이션 자료 작성
   - 프레젠테이션 연습 및 준비

2. 제안 일정

단계	시작일	마감일	명확히 해야 할 내용	조사할 정보
아이디어 개발	2024 03-01	2024 03-03	새로운 청소기 기능 및 디자인 아이디어 도출	최신 청소기 트렌드, 고객 Bedrock, 현재 상품의 강점 및 약점
시장 조사 및 경쟁 분석	2024 03-04	2024 03-08	시장 규모 및 성장 예측, 경쟁사 상품 분석	시장 보고서, 경쟁사 웹사이트, 리뷰
상품 설계 및 기능 결정	2024 03-09	2024 03-13	상품 디자인 및 주요 기능 결정	설계팀 회의, 공학 스펙 시트
상품 특징 및 장점 개발	2024 03-14	2024 03-18	상품의 독특한 특징 및 장점 도출	경쟁사 분석, 소비자 설문
마케팅 전략 및 프로모션 계획 수립	2024 03-19	2024 03-23	상품의 타겟 시장 식별 및 마케팅 전략 결정	시장 조사 결과, 마케팅 전문가 의견
프레젠테이션 자료 작성	2024 03-24	2024 03-26	프레젠테이션 자료 작성 및 디자인	프레젠테이션 템플릿, 상품 이미지 및 스펙
프레젠테이션 연습 및 준비	2024 03-27	2024 03-29	프레젠테이션 연습 및 필요한 자료 준비	프레젠테이션 스크립트, 시연용 프로토타입

● 여기가 포인트

원활한 업무 진행을 위해서는 실행할 작업과 우선 순위를 명확하게 하는 것이 중요합니다. 이들을 ChatGPT에게 생성시키는 경우에는 업무의 목표와 기간, 해야 할 일 등을 프롬프트에 입력합니다. 작업에 누락이 발생하지 않도록 가능한 상세하게 입력합니다.

사업을 시작할 때의 우려점을 도출하기

Q 당신은 우수한 경영 컨설턴트이며, 나는 출판사의 직원입니다. 다음 내용으로 새로운 사업을 시작하기 위한 계획을 만들고 있습니다. 한국에서 사업을 시작할 때의 주의할 점에 관해 알려 주십시오.

- 월간지 '사회살이'의 웹 버전을 만든다
- 무료 플랜과 유료 플랜을 작성한다
- 무료 플랜은 일부 기사만 읽을 수 있다
- '사회살이'의 기사 전체 이외에 웹 버전 한정 순위 기사도 게재한다

A 한국에서 사업을 시작할 때 주의해야 할 점이 몇 가지 있습니다:

1. 저작권 및 지식재산권 문제: '사회살이'의 컨텐츠를 웹 버전으로 제공하는 경우, 저작권 및 지식재산권 문제를 신중히 고려해야 합니다. 해당 컨텐츠에 대한 출처와 사용 권한을 명확히 확인해야 합니다.

2. 개인정보 보호 및 GDPR 준수: 사용자들의 개인정보를 수집하고 처리할 경우, 한국의 개인정보 보호법과 GDPR(일반 개인정보 보호법) 등 국제적인 개인정보 보호 규정을 준수해야 합니다.

3. 무료 플랜 및 유료 플랜의 운영: 무료 플랜과 유료 플랜을 운영할 경우, 사용자들에게 공정하고 투명한 가격 정책을 제공해야 합니다. 또한, 유료 구독자들에게는 특별한 혜택이나 추가 기능을 제공하여 가입을 유도할 수 있습니다.

4. 정부 규제 및 법률 준수: 한국에서의 사업 운영은 해당 국가의 규제와 법률을 준수해야 합니다. 새로운 웹 버전 사업을 시작하기 전에 관련된 법적 규제를 철저히 조사하고 준수해야 합니다.

5. 온라인 마케팅과 커뮤니케이션: 한국의 온라인 사용자들을 타깃으로 하는 경우, 한국의 주요 온라인 플랫폼을 활용한 마케팅 및 커뮤니케이션 전략을 수립해야 합니다. 해당 국가의 특정한 문화적 특성과 선호도를 고려하여 마케팅 전략을 개발해야 합니다.

● 여기가 포인트

사업 시작 등 새로운 일을 시작하기 전에는 리스크를 도출하는 것이 중요합니다. 프롬프트에 신규 사업의 목적, 플랜 내용, 제한 사항 등을 기술해 주의 사항을 도출하도록 지시하면 컨설턴트와 같이 주의 사항을 선택해 줍니다.

프레젠테이션 초안 작성하기

Q 다음 조건에서 프레젠테이션 자료의 초안을 작성해 주십시오.

\# 전체
- 주제: 네트워크 보안의 중요성
- 슬라이드 수 및 길이: 10페이지, 30분
- 대상: 네트워크 지식이 거의 없는 경영진

\# 슬라이드의 내용
- 네트워크에 관한 지식이 없는 사람도 알 수 있는 쉬운 용어로 작성한다
- 각 슬라이드에 배치하는 일러스트의 테마를 제시한다

\# 발표 스크립트
- '네트워크 보안이란?'을 주제로 고령자도 이해할 수 있는 발표 스크립트를 작성한다

● 여기가 포인트

프레젠테이션을 작성할 때 ChatGPT를 사용해 초안을 작성하면 실제 작성 작업이 수월해 집니다. 초안 작성에는 프레젠테이션 주제와 대상자, 슬라이드 수 등을 지정합니다. 그리고 번거로운 발표 스크립트도 작성해 두는 것을 권장합니다.

고객에게 어필하는 세일즈 메일 기술에 관해 질문하기

Q 당신은 최고의 세일즈 라이터입니다. 세일즈 메일을 통해 상대가 행동하도록 효과적인 CTA(Call-To-Action)를 작성하는 기법에 관해 알려 주십시오.

A 효과적인 CTA를 작성하는 데 도움이 되는 몇 가지 기법은 다음과 같습니다:

1. 명확하고 간결하게: CTA는 명확하고 간결해야 합니다. 수신자가 즉시 이해하고 행동할 수 있도록 해야 합니다.

2. 강렬한 행동 요청: CTA는 강렬한 행동 요청을 포함해야 합니다. 구체적이고 효과적인 행동을 촉구하는 문구를 사용하세요.

3. 긍정적인 언어 사용: 긍정적인 언어를 사용하여 수신자에게 긍정적인 감정을 전달하고 행동에 동기를 부여하세요.

4. 시간 제한 추가: 행동을 취하기 위한 시간 제한을 추가하여 긴장감을 조성하고 더 빠른 대응을 유도하세요.

5. 혜택 강조: CTA 주변에 제안하는 행동의 혜택을 강조하여 수신자의 관심을 유발하세요.

예를 들어, 상품 소개 이메일의 CTA로는 다음과 같은 문구를 사용할 수 있습니다:

- "지금 바로 무료 견적 받기"
- "당신의 비즈니스 성공을 위해 지금 시작하세요"
- "상품 데모 스케줄 확인하기"
- "특별 할인 혜택을 놓치지 마세요 지금 구매하기"
- "바로 구매하고 혜택 받기 한정된 기간 동안만!"

이러한 기법을 활용하여 CTA를 작성하면 수신자가 원하는 행동을 더 쉽게 취할 수 있습니다.

● 여기가 포인트

세일즈 메일 등의 문장을 작성하기 어려운 경우, 어떤 점에 주목해야 하는지에 관해 ChatGPT에게 상담하면 효과적인 기법을 정리해서 알려 줍니다. 중요한 포인트를 즉시 알 수 있으므로 곤란한 상황에서는 곧바로 상담하는 것을 권장합니다.

04

일상 생활에서
ChatGPT 사용하기

글머리 기호를 이용해 문장 작성하기

작성하고 싶은 내용들을 문장 안에 잘 녹여 내는 것은 큰 스트레스를 발생시키는 일입니다. ChatGPT의 명확도를 높이면서 독자들이 읽기 쉬운 답변을 유도하고 싶다면, 전달하고 싶은 바를 글머리 기호로 ChatGPT에게 입력해서 프롬프트를 작성하면 좋습니다. 그리고 '단락으로 만들어 주십시오.'라고 지시해도 문장을 작성할 수 있습니다.

프롬프트

Q 당신은 최고의 기자입니다. 다음 글머리 기호로 기술된 내용을 바탕으로 문장을 작성해 주십시오. 각 단락은 3개 이상의 문장으로 작성해 주십시오.

> **포인트**
> 보다 대략적으로 작성해도 된다

- 디지털 트랜스포메이션은 급속한 비즈니스 환경의 변화에 대응하기 위한 중요한 요소이다
- 디지털 기술을 활용함으로써 기업은 경쟁력을 높이고 새로운 가능성을 추구할 수 있다
- 데이터 분석을 활용함으로써 실시간으로 통찰력을 얻을 수 있어 의사 결정을 지원한다
- 데이터 보안과 개인 정보 보호에 대한 주의가 필요하다

A 디지털 트랜스포메이션은 현대 비즈니스 환경에서 급격한 변화에 대응하기 위한 핵심 요소입니다. 과거와는 달리 오늘날 기업은 디지털 기술을 적극적으로 도입함으로써 경쟁력을 향상시키고 새로운 비즈니스 모델을 개발할 수 있습니다. 이를 통해 기업은 시장 동향을 빠르게 파악하고 조직 내외에서 협업하여 더욱 민첩하게 대응할 수 있습니다.

> **주목할 점**
> 글머리 기호의 내용을 늘려서 작성했다

디지털 기술의 활용은 기업뿐만 아니라 소비자에게도 많은 혜택을 제공합니다. 효율적인 디지털 서비스와 편리한 온라인 경험은 고객들에게 더 나은 서비스를 제공하고 더 많은 가치를 전달할 수 있게 해 줍니다. 또한 디지털 플랫폼을 통해 기업은 고객과의 관계를 강화하고 개인화된 서비스를 제공함으로써 고객 충성도를 높일 수 있습니다.

데이터 분석은 기업이 의사 결정을 내릴 때 중요한 역할을 합니다. 실시간으로 발생하는 데이터를 분석함으로써 기업은 시장 동향을 파악하고 경영에 필요한 정보를 신속하게 확보할 수 있습니다. 이러한 데이터 분석은 기업이 전략을 수립하고 실행하는 데 있어서 핵심적인 지원 역할을 합니다.

하지만 데이터 분석과 디지털 트랜스포메이션에는 주의할 점도 있습니다. 특히 데이터 보안과 개인 정보 보호는 매우 중요한 문제입니다. 기업은 고객들의 개인 정보를 안전하게 보호하고 데이터의 무단, 접근을 방지하기 위해 적절한 보안 시스템을 구축하고 유지해야 합니다. 또한 GDPR 및 기타 규정 및 법률을 준수하여 데이터 사용에 관한 법적 요건을 준수해야 합니다.

세 가지 주제에 대한 만담 작성하기

프롬프트

Q 당신은 베테랑 만담가입니다. 다음 3가지 단어를 사용해서 유니크한 만담을 작성해 주십시오.
  - 셰프
  - 지갑
  - 병원

A "어느 날, 셰프가 지갑을 두고 병원으로 달렸어요. 병원에서 뭐 하는 건지 궁금해서 들어갔더니, 자신의 요리 실력을 보여 주려고 하는 거였더라구요! 정말, 요리에 대한 열정은 어디서나 발견될 수 있군요."

● 여기가 포인트

단어를 사용해서 재미있는 만담도 간단하게 생성할 수 있습니다. 프롬프트에 3개의 키워드를 기술하기만 하면 됩니다. '유니크한', '호러 풍의 텍스트로'와 같이 톤을 지시하면 보다 극적인 스토리를 만들 수 있으며, 세세하게 지시하면 억지스러움이 눈에 띄는 답변이 되기도 합니다.

특정 주제에 대한 에세이 작성하기

프롬프트

Q 당신은 최고의 수필가입니다. '주제(예: 온천과 미식가)'를 주제로 400자 정도의 에세이를 작성해 주십시오. 필자는 20대의 여성이며 먹는 것에 진심인 편입니다. 에세이에는 필자의 개성을 반영해 주십시오.

A 온천과 미식가

"온천과 미식가"라는 두 마디. 먹는 것에 진심인 나로서는 이 두 가지가 어떻게 연관되는지 알아보려 한다. 온천은 몸과 마음을 편안하게 만들어 주는 공간이다. 온천에 몸을 담그면 마음의 부담과 피로가 사라지고, 새로운 활력이 솟아난다. 그렇다면, 온천에서 마음을 편하게 한 후에는 무엇이 먹고 싶지? 바로 미식가로서의 내가 원하는 것, 그것이다.

온천 후의 식사는 달라야 한다. 특별한 요리를 찾기 위해 떠나는 미식가처럼, 나도 특별한 음식을 찾아야 한다. 온천에서 영감을 받아 만들어진 요리는 그 자체로 특별한 맛을 가진다. 온천에서 몸을 편하게 한 후에 맛있는 음식을 먹으면, 마음 속까지 따뜻해지는 기분이다. 그래서 온천과 미식가는 서로를 완벽하게 보완하는 것 같다.

온천과 미식가. 이 둘은 단순히 몸과 입을 채우는 것 이상의 의미를 지닌다. 온천은 마음을 편안하게 해 주고, 미식가는 새로운 맛을 탐험하며 즐거움을 찾는다. 이 둘의 조화로운 만남은 나에게 더 깊은 만족감과 즐거움을 선사한다. 그래서 나는 언제나 온천과 미식가를 함께 즐기고 싶다.

● 여기가 포인트

프롬프트에 주제와 제목을 추가하는 것만으로 수준급의 내용을 담은 에세이를 생성합니다. 단, 에세이는 필자의 개성이 가장 큰 재미이기 때문에 필자의 특장도 지시에 포함하면 보다 독특한 내용이 되며, 문제에도 개성을 반영할 수 있습니다.

일기를 간단하게 작성하기

프롬프트

Q 2024년 2월 16일, 오늘 있었던 다음 일들을 일기로 정리해 주십시오. 단, 여기에 포함되지 않은 내용은 적지 마십시오.

포인트
내용을 제한하지 않으면 가상의 사건까지 포함된다

- 오전 8시 기상
- 아침 식사는 식욕이 없어서 우유 1잔만 먹음
- 출근 지하철에서 과장님과 만남. 변함없이 무뚝뚝함
- 회사 책상 위는 자료로 산더미. 기분이 쳐짐
- A 씨의 도움으로 퇴근 전 어떻게든 자료 정리를 마침
- 퇴근길에 단골 식당에서 점보 돈가스 정식을 깨끗하게 먹음

A 2024년 2월 16일

오늘은 오전 8시에 기상했다. 하지만 아침 식사는 식욕이 없어서 우유 1잔만 마셨다. 출근길에 지하철에서 우연히 과장님을 만났다. 과장님은 변함없이 무뚝뚝한 모습이었다. 회사에 도착해서는 책상 위에 자료가 산더미처럼 쌓여 있어 기분이 쳐졌다. 다행히도 A 씨의 도움으로 퇴근 전에 어떻게든 자료 정리를 마칠 수 있었다.

퇴근길에는 단골 식당으로 들러 점보 돈가스 정식을 주문했다. 돈가스는 크고 푸짐해서 배가 부르게 차오르는 느낌이었다. 식사를 하고 집에 돌아와서는 하루를 돌아보면서 여러 생각이 들었다. 이런 하루도 가끔은 필요한 것일지도 모르겠다. 오늘은 어떻게든 하루를 보내고 잠에 들 준비를 하였다.

● 여기가 포인트

그날 있었던 일을 글머리 기호로 나열하는 것만으로 일기로 정리할 수 있습니다. 단, 임의로 만든 내용이 포함되지 않도록 '여기에 포함되지 않은 내용은 적지 마십시오.'라고 지시에 추가합니다.

클레임 문장 작성하기

Q 통신 판매로 구입한 유리 케이스가 집에 배송됐을 때 이미 파손돼 있었습니다. 판매 회사에 보낼 클레임 문장을 작성해 주십시오. 새로운 상품으로 교환하고 싶습니다.

A [판매 회사명],

저는 최근 주문한 [상품명]에 대해 문제가 발생했음을 알려 드리려 합니다. 오늘 제가 받은 상품은 이미 파손돼 있었으며, 이에 매우 실망했습니다.

상품을 받았을 때 포장 상태가 매우 좋지 않았고, 내부 유리 케이스는 깨져 있었습니다. 저는 이 상황으로 인해 큰 실망을 느끼고 있으며, 상품을 사용할 수 없는 상태입니다.

따라서 새로운 상품으로의 교환을 요청합니다. 가능한 빨리 새로운 상품을 보내 주시고, 불편함을 최소화해 주시기를 바랍니다.

감사합니다.

고객 성함

● **여기가 포인트**

이 프롬프트 예시에서는 통신 판매에서 파손품을 받은 경우의 클레임 메일을 작성했습니다. 프롬프트에는 무엇에 대한 클레임인지, 어떤 대응을 바라는지 간결하게 기술합니다.

관용구, 사자성어를 이야기로 설명하기

ChatGPT는 이야기 형식의 설명을 생성하는 데 뛰어납니다. 예를 들어 관용구나 사자성어의 의미를 설명하게 할 때는 프롬프트에 한국어 학자의 역할을 부여하고, 이해하기 쉽게 설명하도록 강조합니다. 관용구나 사자성어는 큰 따옴표로 감싸서 설명 대상임을 기술해 둡니다. 이야기 속에 의미가 자연스럽게 녹아 들어 있으므로 어린이의 학습에도 적합합니다.

프롬프트

> **Q** 당신은 최고의 한국어 학자입니다. "일석이조"에 관해 알기 쉬운 이야기 형식으로 설명해 주십시오.

> **주목할 점**
> 용어의 의미를 항상 올바르게 해석한다고 단정할 수는 없으므로 주의해야 한다

> **A** 물론입니다. "일석이조"의 의미를 이야기 형식으로 설명하겠습니다.
>
> 옛날 어느 숲속에 여우 한 마리가 살고 있었습니다. 어느 날 여우는 배가 고파서 먹이를 찾아 나섰습니다. 그런데 길가엔 큰 바위가 있었고, 그 옆에는 함정이 숨겨져 있었습니다. 함정은 사냥꾼이 마련한 것이었죠. 여우는 함정을 발견했지만, 함정 주변에는 맛있는 음식이 있었습니다. 여우는 어떻게든 함정을 피하고 그 음식을 먹고 싶었습니다. 그때, 새 한 마리가 날아왔습니다. 새는 함정이 어디에 있는지 알고 있었습니다. 새가 여우에게 함정을 피할 방법을 알려 주고, 함께 함정을 피해 먹이를 얻어냈습니다. 이후, 여우와 새는 함께 먹이를 나누고 즐겁게 지냈습니다. 여우는 한 번에 두 가지 이익을 얻었습니다. 함정을 피하고 맛있는 음식을 먹게 된 것이죠. 이러한 상황에서 여우와 새는 '일석이조'라는 원리를 체험하게 되었습니다.

칼럼

이야기는 ChatGPT가 임의로 작성하게 해도 좋지만, 프롬프트 끝에 '이야기는 축구에 관한 것으로 해 주십시오.'와 같이 추가함으로써 이야기 전개를 지시할 수도 있습니다.

친구 결혼식의 축사 작성하기

Q 당신은 최고의 스피치 라이터입니다. 다음 조건을 바탕으로 친구 결혼식의 축사를 작성해 주십시오.

- 나: 김정보
- 신랑: 이문화
- 신부: 조소연
- 나는 신랑의 대학 시절 친구 ●────── **포인트** 신랑/신부와 나의 관계성을 명시한다
- 이름을 부를 때는 '님'을 붙이기

A 존경하는 여러분,

저는 오늘 이 특별한 날, 이문화 님과 조소연 님의 결혼식에 참석하여 영광입니다. 저는 신랑 이문화 님의 대학 시절 친구로서 이 특별한 순간에 함께할 수 있어 정말 기쁩니다.

이문화 님, 저는 여러 해 동안 당신과 함께 많은 순간을 보냈습니다. 우리가 함께한 날들은 저에게 소중한 기억으로 남아 있습니다. 항상 성실하고 책임감 있게 자신의 꿈을 향해 나아가는 당신의 모습이 저에게 큰 영감을 주었습니다.

조소연 님, 저는 오늘 처음 뵙지만, 이문화 님을 향한 당신의 사랑과 배려를 보면서 저도 여실히 당신의 훌륭한 인격과 매력을 느낄 수 있었습니다. 이제부터 당신의 삶이 서로의 사랑과 행복으로 가득 차게 되기를 진심으로 기원합니다.

이제 당신들의 새로운 시작을 축하하며, 이문화와 조소연 님의 행복한 결혼 생활이 항상 평안하고 행복하길 바랍니다.

이문화 님, 조소연 님, 앞으로도 저와 여러분의 아름다운 이야기가 함께할 수 있기를 기대합니다. 결혼식 축하합니다!

감사합니다.

● 여기가 포인트

관혼상제의 연설에서 ChatGPT에게 스피치 라이터의 역할을 부여해 원고를 생성할 수 있습니다. 예를 들어 결혼식 축사라면 사회자, 신랑과 신부, 관계성 등을 지시하면 일반적인 축하의 내용을 생성해 줍니다.

생일 선물 아이디어 도출하기

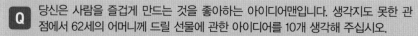

프롬프트

Q 당신은 사람을 즐겁게 만드는 것을 좋아하는 아이디어맨입니다. 생각지도 못한 관점에서 62세의 어머니께 드릴 선물에 관한 아이디어를 10개 생각해 주십시오.

A 여러분의 62세의 어머니께 드릴 선물에 관한 아이디어를 여러 가지 고려해 보았습니다. 아래는 그중 일부입니다:

- 특별한 요가 클래스 참여권: 요가는 건강에 좋고 몸과 마음을 편안하게 해 줍니다. 어머니가 즐겁게 시간을 보낼 수 있는 요가 클래스 참여권을 선물해 보세요.

- DIY 공예 키트: 수다를 떨면서 손으로 무언가를 만드는 것을 좋아하는 어머니라면 DIY 공예 키트가 딱입니다. 그녀의 취향에 맞는 공예 키트를 찾아서 선물해 주세요.

- 개인 스타일링 컨설팅 선물권: 어머니께 개인 스타일링 컨설팅 선물권을 드려 보세요. 전문가의 조언을 통해 새로운 스타일을 찾고 즐거운 쇼핑 경험을 즐길 수 있습니다.

- 음악 감상을 위한 음악 스트리밍 서비스 구독권: 어머니가 좋아하는 음악을 들으며 휴식을 취할 수 있는 음악 스트리밍 서비스 구독권을 선물해 보세요.

- 특별한 요리 클래스 체험: 새로운 요리 기술을 배우고 맛있는 음식을 만드는 특별한 요리 클래스 체험을 어머니에게 선물해 보세요.

- 수작업 가죽 핸드백: 특별한 수작업 가죽 핸드백은 어머니에게 특별한 선물이 될 것입니다. 고급스러우면서도 실용적인 디자인을 고르세요.

- 정원 가꾸기를 위한 도구 세트: 정원을 가꾸는 것을 즐기는 어머니라면, 고급스럽고 실용적인 정원 도구 세트가 좋은 선택일 것입니다.

- 문화 이벤트 티켓: 어머니를 위한 특별한 문화 이벤트 티켓을 준비해 보세요. 영화, 연극, 음악회 등 다양한 이벤트 중에 그녀가 즐길 만한 것을 선택해 주세요.

- 특별한 향수 세트: 향기는 감성을 자극하고 기억에 남게 할 수 있는 특별한 선물입니다. 어머니에게 특별한 향수 세트를 선물해 보세요.

- 휴대용 독서기: 새로운 취미를 찾거나 여행 중에도 쉽게 책을 읽을 수 있는 휴대용 독서기를 선물해 보세요. 편리하고 유용한 선물이 될 것입니다.

● 여기가 포인트

다양한 아이디어를 생성하는 것은 ChatGPT의 대표적인 사용 방법입니다. 이 프롬프트에서는 '사람을 즐겁게 만드는 것을 좋아하는 아이디어맨'의 역할을 부여했습니다. 선물을 줄 상대의 취미 등을 포함해 특성을 바꾸는 것도 권장합니다.

취미용 블로그 글 구성안 생성하기

ChatGPT에게 블로그 글 구성안을 생성하게 하는 경우의 프롬프트에는 웹 디렉터의 역할을 부여하고, 작성하고 싶은 글의 주제, 장(章) 수 등을 기술합니다. 만들어진 구성안에 문제가 없다면 가능한 세세하게 지시를 해서 긴 길이의 글을 생성할 수 있습니다.

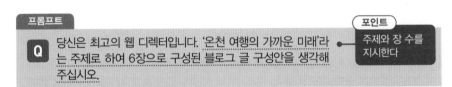

프롬프트

Q 당신은 최고의 웹 디렉터입니다. '온천 여행의 가까운 미래'라는 주제로 하여 6장으로 구성된 블로그 글 구성안을 생각해 주십시오.

포인트
주제와 장 수를 지시한다

A 제목: 온천 여행의 가까운 미래

제1장. 서론

주목할 점
절 별로 내용을 작성하게 하면 긴 글이 된다

• 온천 여행의 매력과 인기
• 최근 코로나19 팬데믹 이후 여행 트렌드의 변화
• 가까운 미래에 기대되는 온천 여행의 잠재력 소개

제2장. 새로운 여행 경험: 가까운 온천 탐험

• 지역별로 소개하는 가까운 온천 여행지
• 국내 온천 여행의 매력과 특징
• 안전한 여행을 위한 예방 조치 및 준비물 안내
• 온천 여행의 건강과 휴식 효과
• 온천의 건강에 미치는 긍정적인 영향
• 스트레스 해소와 몸과 마음을 위한 휴식의 중요성
• 온천 여행의 특별한 휴식과 회복 경험 공유

제3장. 새로운 여행 스타일: 온천 리조트

• 온천을 중심으로 한 휴양 리조트의 매력
• 편안한 숙박시설과 다양한 레저 시설 소개
• 온천 리조트에서의 특별한 체험과 활동 안내
• 온천 문화와 전통의 매력
• 한국의 온천 문화와 전통적인 온천 명소 소개
• 온천에서의 차분하고 고요한 시간의 중요성
• 온천 문화의 아름다움과 역사적 가치

제4장. 결론

• 가까운 미래에 기대되는 온천 여행의 인기 상승 전망
• 온천 여행의 매력과 효과에 대한 재확인
• 독자들에게 안전하고 즐거운 온천 여행을 권장하는 마무리 요약

예산에 맞는 데이트 계획 작성하기

프롬프트

Q 당신은 최고의 연애 플래너입니다. 다음 조건을 바탕으로 연인과 즐길 수 있는, 30만 원 정도의 데이트 계획을 작성하십시오.
- 그녀의 취미는 아웃도어 활동 전반에 걸쳐 있다
- 그녀는 최근 캠프에 빠져 있다

A 연인과 함께 즐길 수 있는 30만 원 정도의 데이트 계획을 다음과 같이 세워 보았습니다. 그녀의 취미가 아웃도어 활동과 최근에 캠프에 빠져 있는 것을 고려하여, 자연 속에서 함께 시간을 보낼 수 있는 계획을 중심으로 구성해 보았습니다.

1일차: 아웃도어 캠핑 데이트

- 예산 분배:
  - 캠핑 장비 대여(텐트, 침낭, 취사도구 등): 10만 원.
  - 차량 렌트 및 기름값: 7만 원.
  - 식료품 및 캠핑용 음식 재료: 5만 원.
  - 부대 비용(캠핑장 사용료 등): 3만 원.

- 계획:
  - 오전: 가까운 캠핑 장소로 떠나는 아침을 시작합니다. 도착해서는 함께 텐트를 치고 캠핑장을 꾸며 보세요.
  - 오후: 캠핑장 근처의 자연 탐방로를 함께 걸으며 대화를 나누고, 주변의 아름다운 경치를 감상합니다. 또한, 함께 자전거를 타거나 카누를 빌려 호수를 둘러보는 것도 좋습니다.
  - 저녁: 캠프파이어를 피우고, 함께 준비한 식재료로 맛있는 저녁을 요리해 보세요. 식사 후에는 별을 보며 이야기를 나누거나, 간단한 보드 게임을 즐길 수 있습니다.

2일차: 캠핑 후 휴식과 정리

(후략)

● **여기가 포인트**

데이트 계획을 ChatGPT에게 생성하게 하는 경우에는 '연애 플래너'와 같이 연애에 정통한 전문가의 역할을 부여합니다. 여기에 데이터 예산, 상대의 취미나 최근 흥미를 갖고 있는 분야 등을 기술합니다.

패션에 관한 조언 얻기

Q 당신은 최고의 스타일리스트입니다. 나는 20대 전반의 여성입니다. 초여름에 부산에 여행을 갈 때 입을 옷에 관해 고민하고 있습니다. 추천 코디네이션을 제안해 주십시오.

A 부산 여행을 위한 여름 코디네이션 아이디어:

- 비치룩:
  편안하면서도 세련된 룩을 원한다면, 루즈한 화이트 티셔츠와 시원한 데님 반바지를 선택하세요. 이에 화이트 샌들과 선글라스를 매치하면 해변을 즐기면서도 스타일리시한 분위기를 연출할 수 있습니다.

- 도시 탐방룩:
  도심에서의 투어나 쇼핑을 위한 룩으로는 편안한 민소매 블라우스나 탱크 톱과 루즈한 와이드 데님을 추천합니다. 발걸음이 편안한 스니커즈나 캔버스 슬립온을 신고 여유로운 숄더백을 어깨에 걸고 도심을 돌아다니세요.

- 저녁 식사룩:
  부산의 맛있는 음식을 즐기러 갈 때는 세미 포멀한 룩을 선택해 보세요. 블랙 색상의 슬림한 플레어 팬츠와 화이트 셔츠, 그 위에 나시 톱을 레이어링하여 센스 있게 연출해 보세요. 블랙 힐 샌들과 골드 액세서리를 추가하면 저녁 식사에도 어울리는 우아한 룩을 완성할 수 있습니다.

● 여기가 포인트

패션 코디네이션에 관해 제안하게 할 경우에는 '스타일리스트'와 같이 패션 전문가의 역할을 프롬프트에 부여합니다. 다음은 자신의 성별이나 나이, 목적 등을 기술해서 제안을 생성하게 합니다.

본격적인 배구(俳句, 하이쿠) 시 작성하기

Q 당신은 현대 최고의 배구 시 작가입니다. "하늘의 강"을 사용해 5자−7자−5자의 배구 시를 10개 작성해 주십시오.

A

1. 구름 속에
   강물이 흐르는데
   하늘의 강

   주목할 점
   결과는 다소 아쉽다

2. 하늘 높이
   강물이 흐르는데
   하늘의 강

3. 푸른 하늘
   강물은 산들바람
   하늘의 강

4. 구름 너머
   흐르는 강은 언제나
   하늘의 강

5. 높이 푸른
   하늘의 강물이
   강물의 하늘

(후략)

● 여기가 포인트

ChatGPT에게 배구 시를 작성하게 할 경우에는 프롬프트에 배구 시 작가의 역할을 부여하고 계어(季語, 배구 시 등에서 계절감을 나타내기 위해 반드시 넣도록 정해진 말)를 포함한 뒤, 5자−7자−5자로 구성하도록 지시합니다. 생성된 배구 시가 단조롭게 느껴진다면 '유니크한' 혹은 '독창적인'과 같은 지시를 추가하면 좋습니다.

유명한 책의 내용 설명하기

Q 당신은 서평 전문가입니다. 데일 카네기의 'How to Stop Worrying and Start Living'에 관한 개요를 설명해 주십시오.

A 데일 카네기의 'How to Stop Worrying and Start Living'은 걱정을 멈추고 삶을 시작하는 방법에 대한 심리학적인 자기계발서입니다. 이 책은 우리가 마음 속에 품고 있는 걱정과 두려움을 이해하고, 그것들을 극복해 더 행복하고 만족스러운 삶을 살아가는 방법을 제시합니다. 책은 실용적인 조언과 심리학적인 원리를 결합하여 독자들이 걱정과 스트레스로부터 벗어나는 방법을 배울 수 있도록 안내합니다.

이 책은 다양한 주제를 다루며, 각각의 장은 삶을 개선하는 다양한 전략과 사례를 소개합니다. 데일 카네기는 각각의 주제를 구체적으로 설명하고, 실제 사례나 이야기를 통해 독자들이 이해하기 쉽도록 합니다. 책의 내용은 다음과 같은 주요 주제를 다룹니다.

- 걱정과 스트레스의 원인을 이해하기
- 걱정을 제어하고 극복하는 방법
- 긍정적인 마인드셋을 갖는 법
- 삶의 목표를 설정하고 달성하는 방법
- 인간관계에서의 걱정과 스트레스 관리법

이 책은 독자들이 자신의 마음을 다스리고 긍정적인 삶을 살아가는 데 도움이 되는 실용적인 가이드로 평가되고 있습니다.

● 여기가 포인트

2021년 9월 전에 인기를 끌었던 세계적인 베스트셀러라면 책의 내용을 설명하게 할 수 있습니다. 프롬프트에는 서평가의 역할, 책의 제목을 기술해서 질문하는 것만으로 충분합니다. 그리고 원서가 영어책인 경우 영어 제목으로 질문하면 답변이 더 정확합니다.

식재료로부터 오리지널 레시피 작성하기

ChatGPT를 사용하면 정통 요리 레시피를 작성할 수 있습니다. 하지만 식재료를 지정해 오리지널 레시피를 만들어 낼 수도 있습니다. 이 경우 프롬프트에는 일류 셰프의 역할을 부여하고 사용할 식재료를 글머리 기호로 기술하면 됩니다. 만드는 순서도 생성되므로 꼭 참고하기 바랍니다.

프롬프트

Q 당신은 일류 셰프입니다. 다음 식재료를 사용해 당신만의 오리지널 레시피를 작성해 주십시오.

- 돼지고기
- 청경채
- 시금치
- 두부
- 계란

> **포인트**
> 사용할 식재료를 나열한다

A 제안해 드리는 레시피는 "돼지고기와 채소 볶음 두부"입니다. 이 요리는 고기와 채소의 고소한 맛과 두부의 부드러움이 조화를 이루어 맛있는 한 그릇을 만들어 냅니다.

돼지고기와 채소 볶음 두부 레시피:

재료:
- 돼지고기(삼겹살 또는 목살 등)
- 청경채
- 시금치
- 두부
- 계란
- 마늘(다진 것)
- 간장
- 설탕
- 후추
- 참기름
- 식용유

조리법:
1. 먼저 돼지고기를 채 썰어 둔다.
2. 팬에 식용유를 두르고 다진 마늘을 볶다가 돼지고기를 넣고 익힌다.
3. 돼지고기가 반 정도 익으면 청경채와 시금치를 넣어 함께 볶는다.
4. 두부는 깍둑썰기 해서 넣고 같이 볶는다.
5. 간장, 설탕, 후추로 간을 맞춘다.
6. 계란을 풀어서 넣고 볶아 준다.
7. 마지막으로 참기름을 한 방울 뿌려서 마무리한다.

이 요리는 돼지고기와 채소의 건강한 영양소와 단단한 두부의 부드러운 식감이 조화롭게 어우러져 맛있는 한 그릇을 만들어 냅니다. 특히 돼지고기와 채소의 풍부한 맛과 함께 두부의 고소함이 입안 가득히 퍼집니다. 식사나 안주로 제격인 이 요리는 가정에서도 간편하게 준비할 수 있어 좋은 선택입니다.

● 칼럼

ChatGPT가 생성한 레시피는 고유하지만 맛은 보증할 수 없습니다. 레시피를 생각할 때 보조 수단으로 사용하는 것이 좋습니다.

X(구 트위터)에 게시할 일주일 분량의 포스트 작성하기

프롬프트

Q 당신은 SNS 전문가입니다. 오늘부터 일주일 동안 매일 트위터에 게시할 예정입니다. 일주일 분량의 트윗을 작성해 주십시오.

- 주제는 여행
- 긍정적인 내용
- 해시 태그나 이모티콘을 적절하게 사용

> **포인트**
> 주제와 분위기를
> 지정한다

A
- 일요일: "새로운 여행지를 탐험하는 일요일! 오늘은 #자연의아름다움을 느끼러 가볼까요? #여행 #일요일"

- 월요일: "새로운 한 주가 시작됐어요! 오늘은 새로운 도전에 나서는 날! 함께 #여행 계획을 세워봐요! #월요일 #신나는시작"

- 화요일: "일상의 소소한 변화가 행복을 만들어요. 오늘은 #카페에서 한잔하며 다가올 여행을 상상해 보는 건 어떨까요? #화요일 #여유로운시간"

- 수요일: "중간의 작은 쉼터인 수요일! 마음을 😌가라앉히며 #여행 추억을 되새겨 봐요. #수요일 #잠시휴식"

- 목요일: "매일이 다른 경험을 선사하는 #여행! 오늘은 무슨 새로운 일이 기다리고 있을까요? #목요일 #기대됩니다"

- 금요일: "주말을 앞두고 있는 🍾금요일! 이번 주말에는 어디로 #여행 떠날지 생각해 보는 건 어떨까요? #금요일 #주말계획"

- 토요일: "주말이 시작됐어요! 이번 주말은 ✈️새로운 도전을 위한 #여행 계획을 세워보는 건 어떨까요? #토요일 #주말일상"

● 여기가 포인트

X(구 트위터)에 매일 게시를 하는 경우에는 일주일 동안 게시할 내용을 모아서 생성할 수 있습니다. 프롬프트에는 ChatGPT에 SNS 전문가 혹은 인플루언서 등의 역할을 부여하고, 게시 내용의 주제나 분위기 등을 지시합니다.

인터넷 경매에서 잘 팔릴 만한 상품 설명 작성하기

프롬프트

Q 당신은 인터넷 경매 상품 판매의 전문가입니다. 다음 상품을 인터넷 경매에서 판매하기 위한 효과적인 상품 설명을 작성해 주십시오.

- 2016년 발매된 중고 미러리스 카메라
- 본체 무게: 350g
- 초망원 렌즈 포함
- 무료 배송
- 경매 시작 가격: 250,000원

● 여기가 포인트

인터넷 경매의 설명문을 작성할 때는 경매 전문가의 역할을 부여하고 목적으로 '잘 판매되는 것'을 명시합니다. 이후 상품 정보를 글머리 기호로 기술하면 설명문이 작성됩니다.

문장의 빈 칸에 알맞은 용어 생각하기

프롬프트

Q 당신은 최고의 라이터입니다. 다음 문장의 괄호 안에 들어갈 단어로 적합한 것을 7개 제안해 주십시오.

새로운 미래로의 길은 ( )과 희망으로 가득합니다. 과거의 경험을 살리면서 용기를 갖고 새로운 걸음을 내딛읍시다.

A
1. 도전
2. 열정
3. 성장
4. 노력
5. 결의
6. 열망
7. 용기

● 여기가 포인트

문장의 빈 칸에 들어갈 용어를 ChatGPT에게 생성하게 할 때는 프롬프트로 라이터나 기자, 편집자와 같이 용어를 다루는 전문가 역할을 부여합니다. 그리고 문맥에 맞는 용어를 제안하도록 '적합한 것' 등의 지시를 추가합니다.

한자 연습 문제 작성하기

프롬프트

Q 당신은 초등학교 교사입니다. 한자 음독 문제를 작성하고 싶습니다. 난이도는 3단계, 각 난이도마다 5문제씩 작성하고, 정답과 상세한 설명을 작성해 주십시오. 정답의 형식은 서술형으로 해 주십시오.

포인트
얻고 싶은 정보를 명기한다

A 알겠습니다. 3단계 난이도의 한자 읽기 문제 5문제를 작성하겠습니다.

1. 문제: 눈이 쏟아져서 ( )을 쓰다.
   - 정답: 우산
   - 설명: 한자 '우(雨)'와 '산(傘)'이 합쳐져서 우산을 나타냅니다. '우'는 비를 뜻하고, '산'은 위를 가리는 것을 나타냅니다.

2. 문제: 새들이 ( )을 날고 있다.
   - 정답: 상공
   - 설명: '상공'이라는 한자는 '상(上)'과 '공(空)'으로 이루어져 있습니다. '상'은 위를 뜻하고, '공'은 공중을 나타냅니다.

3. 문제: 아이들이 ( )에서 노래를 부른다.
   - 정답: 공원
   - 설명: '공원'이라는 한자는 '공(公)'과 '원(園)'으로 이루어져 있습니다. '공'은 모두를 뜻하고, '원'은 넓고 푸른 잔디밭을 나타냅니다.

4. 문제: 이번 달에는 ( )를 배워 볼까?
   - 정답: 요리
   - 설명: '요리'라는 한자는 '요(料)'와 '리(理)'로 이루어져 있습니다. '요'는 재료를 나타내고, '리'는 이해하고 알아내는 것을 뜻합니다.

5. 문제: 코끝에 ( ) 향기가 퍼져 온다.
   - 정답: 꽃
   - 설명: '꽃'이라는 한자는 '꽃(花)'으로 이루어져 있습니다. '꽃'은 아름다운 꽃잎을 가진 꽃을 나타냅니다.

● 여기가 포인트

ChatGPT는 한자 음독 문제집도 작성할 수 있습니다. 프롬프트에는 교사나 한국어 학자 등의 역할을 부여하고 문제와 해답의 형식 등을 기술합니다. 이때 난이도를 단계적으로 나누어 작성하도록 지시하면, 숙련도에 따라 문제를 생성해 줍니다.

비용 지출 상황 확인하기

ChatGPT에게 비용 지출 상황을 확인하게 할 경우에는 재무 설계사 등 재정 전문가의 역할을 부여합니다. 물론 실제 전문가가 아니기 때문에 조언의 내용은 일반적인 수준에 그치지만, 지출 내역을 제시하면 문제점 등을 알려 줄 수 있습니다.

프롬프트

Q 당신은 최고의 재무 설계사입니다. 나의 세후 월급여는 200만 원이며, 다음과 같이 사용하고 있습니다. 지출 내용을 확인하고 지출이 너무 많은 등의 문제점이 있다면 조언해 주십시오.

- 집세: 800,000원
- 식비: 450,000원

포인트
지출 내역을 기술한다

- 공과금: 150,000원
- 교통비: 200,000원
- 통신비: 120,000원
- 의류비: 200,000원
- 기타: 80,000원

A 주어진 정보를 바탕으로 지출 내용을 분석해 보겠습니다.

주목할 점
수입 전체에서 차지하는 비율을 사용해서 평가한다

1. 집세: 800,000원
   - 월 소득 대비 비율: 40%
   - 분석: 월 소득의 40%가 집세로 사용되고 있습니다. 주거비가 전체 소득의 상당 부분을 차지하고 있으며, 이는 과도한 것으로 보입니다. 주거비를 줄이는 방안을 고려해 볼 필요가 있습니다. 적절한 주거 비용을 찾거나, 보다 경제적인 주거 방안을 고려해 보세요.

2. 식비: 450,000원
   - 월 소득 대비 비율: 22.5%
   - 분석: 월 소득의 약 22.5%가 식비로 사용되고 있습니다. 일반적으로 소득의 20-30%가 식비로 사용되는 것이 권장되며, 현재 지출은 이 범위에 속합니다. 그러나 생활 패턴에 따라 식비를 줄일 수 있는 방법을 고려해 보세요.

(중략)

결론적으로, 주거비가 너무 많은 부담을 주고 있으며, 식비 역시 소득 대비 비율이 높습니다. 이에 대해 더욱 절약할 수 있는 방법을 고민해 보는 것이 좋겠습니다. 가능하다면 주거비와 식비를 줄이고, 저축에 전념하거나 투자를 고려해 보세요.

위의 조언을 참고하여 지출을 조정하고 더욱 효율적으로 재정을 관리할 수 있도록 노력해 보시기 바랍니다.

● 칼럼

돈 혹은 투자와 관련된 사항은 매우 민감한 문제입니다. 생성형 AI의 답변은 어디까지나 참고로만 사용하고, 최종적으로는 스스로 정보를 모아 판단해야 합니다.

주식 투자 지표 조사하기

프롬프트

Q 당신의 최고의 펀드 매니저입니다. 주식 투자를 할 때 참고해야 할 지표에 관해 알려 주십시오.

A 주식 투자를 할 때 참고해야 할 주요 지표는 다음과 같습니다:

1. 주가-수익비율(P/E ratio): 기업의 주가를 주당 순이익으로 나눈 비율로, 주가가 기업의 수익에 비해 얼마나 고평가됐는지를 나타냅니다. 일반적으로 낮은 P/E 비율은 저평가된 주식을 나타내며, 높은 P/E 비율은 고평가된 주식을 나타냅니다.

2. 주가-매출비율(P/S ratio): 기업의 주가를 주당 매출액으로 나눈 비율로, 기업의 매출에 비해 주가가 얼마나 고평가됐는지를 나타냅니다. P/S 비율이 낮을수록 주식이 저평가된 것으로 간주될 수 있습니다.

3. 주가-자산비율(P/B ratio): 기업의 주가를 주당 순자산으로 나눈 비율로, 기업의 자산에 비해 주가가 얼마나 고평가됐는지를 나타냅니다. P/B 비율이 낮을수록 주식이 저평가된 것으로 간주될 수 있습니다.

4. 배당수익률(Dividend yield): 기업이 지급하는 배당액을 주가로 나눈 비율로, 주식 투자의 수익성을 나타내는 지표입니다. 높은 배당수익률은 투자자에게 안정적인 현금 흐름을 제공할 수 있습니다.

5. 주가변동성(Volatility): 주식의 가격이 얼마나 변동하는지를 나타내는 지표로, 변동성이 높을수록 투자 위험이 높아지지만 높은 수익 기회도 제공할 수 있습니다.

이러한 지표들을 종합적으로 고려하여 주식 투자 결정을 내리는 것이 중요합니다. 추가로 기업의 재무 상태, 성장 전망, 산업 동향 등도 함께 고려돼야 합니다.

● 여기가 포인트

주식 투자 시 참고해야 할 지표를 잘 모르는 경우도 있을 것입니다. ChatGPT에 의미를 질문할 때 프롬프트에 투자에 밝은 펀드 매니저의 역할을 부여하면, 주요 지표를 선택하고 그에 대한 설명을 생성해 줍니다.

분산 투자에 관해 조사하기

프롬프트

Q 당신은 최고의 펀드 매니저입니다. 효과적인 분산 투자 방법에 관해 알려 주십시오.

A 효과적인 분산 투자는 투자 포트폴리오를 여러 개의 다양한 자산 클래스나 산업 부문으로 나누어 투자하는 전략을 말합니다. 이를 통해 투자 위험을 최소화하고 안정적인 수익을 추구할 수 있습니다. 다음은 효과적인 분산 투자 방법에 대한 몇 가지 팁입니다:

1. 자산 클래스 다변화: 주식, 채권, 부동산, 현금 등과 같은 다양한 자산 클래스에 투자하여 투자 위험을 분산합니다. 각 자산 클래스는 서로 다른 시장 조건에서 다른 수익률을 보이므로 다양한 자산 클래스에 투자하여 포트폴리오를 안정화할 수 있습니다.

2. 산업 부문 다변화: 여러 산업 부문에 걸쳐 투자하여 특정 산업이나 섹터의 리스크를 분산시킵니다. 예를 들어, IT, 금융, 소비재, 건설 등 다양한 산업 부문에 투자하여 특정 산업의 부정적인 영향을 최소화할 수 있습니다.

3. 지리적 다변화: 다양한 지역 및 국가에 투자하여 지역별 또는 국가별 경제적 리스크를 분산합니다. 세계 각 지역의 경제 성장률이 다르기 때문에 지리적으로 다양한 투자는 투자 위험을 감소시킬 수 있습니다.

4. 자산군 내 분산: 특정 자산 클래스나 산업 부문 내에서도 분산 투자를 실시합니다. 예를 들어, 주식 투자 시에는 여러 개의 다양한 기업에 투자하여 특정 기업 리스크를 분산시킬 수 있습니다.

5. 주기적인 리밸런싱: 투자 포트폴리오의 분산 상태를 유지하기 위해 정기적으로 리밸런싱을 수행합니다. 시장 조건이 변할 때마다 투자 비중을 조정하여 분산 효과를 최대화합니다.

이러한 방법들을 적절히 활용하여 포트폴리오를 효과적으로 분산시키면 투자 위험을 최소화하고 안정적인 수익을 창출할 수 있습니다.

● 여기가 포인트

분산 투자는 초보자가 반드시 알아야 할 리스크 관리의 철칙입니다. ChatGPT에게 설명을 생성하게 할 때 프롬프트에 펀드 매니저의 역할을 부여하고 '효과적인', '구체적인' 등의 문구를 추가해서 지시하면 상세한 설명을 생성해 줍니다.

금융 정책의 영향 예측하기

Q 당신은 최고의 재정 플래너입니다. 우리 가정은 35살의 회사원인 남편, 33살의 주부인 아내, 7살의 아이로 구성된 3인 가정입니다. 집의 대출 상환은 25년 남아 있습니다. 저축액은 4,000만 원입니다. 금리가 상승하면 어떤 영향이 있을지 알려 주십시오.

A 금리 상승은 가정의 재정 상태에 다양한 영향을 미칠 수 있습니다. 아래는 금리가 상승할 때 가정에 영향을 미칠 수 있는 몇 가지 요소입니다:

1. 주택 대출 이자 지출 증가: 주택 대출의 이자 지출이 증가할 수 있습니다. 이는 월 상환액이 증가하고 가정의 월간 지출 부담이 커질 수 있습니다.

2. 저축 이자 수익 감소: 금리가 상승하면 은행 예금의 이자율도 함께 상승하지만, 이자를 받는 자에게는 긍정적입니다. 그러나 현재의 낮은 이자율에서 저축액이 상당히 적기 때문에 이자 수익의 증가는 제한적일 수 있습니다.

3. 투자 수익 감소: 금리가 상승하면 채권 가격이 하락하고 주식 시장의 불안정성이 증가할 수 있습니다. 따라서 투자 수익이 감소할 수 있으며, 이는 가정의 투자 포트폴리오에 부정적인 영향을 미칠 수 있습니다.

4. 소비 부담 증가: 대출 상환액이 증가하면 월간 지출 부담이 늘어날 수 있으며, 이는 가정의 소비 부담을 증가시킬 수 있습니다. 특히 급격한 금리 상승은 가정의 재정 상황에 부담을 줄 수 있습니다.

이러한 영향을 고려하여 금리 상승에 따른 가정의 재정 상황을 신중하게 평가하고, 필요한 조치를 취하여 재정 안정성을 유지하는 것이 중요합니다. 이를 위해서는 가정의 재정 상태를 정기적으로 검토하고 적절한 금융 계획을 수립하는 것이 필요합니다.

● 여기가 포인트

금리의 영향을 질문할 때는 프롬프트에 가족 현황, 자산 상황 등을 기술합니다. ChatGPT에는 재정 전문가의 역할을 부여해서 조언을 얻습니다.

영문에서 단어장을 작성하기

ChatGPT는 영어 학습에 활용하기에도 매우 좋습니다. 예를 들어 영문에서 단어장을 작성하고 싶은 경우, 원문을 입력해서 질문하면 해당 원문에서 단어를 추출하고 거기에 한국어 뜻을 붙인 표를 간단하게 생성할 수 있습니다. 그리고 출력된 단어장을 엑셀 등으로 관리하고 싶을 때는 프롬프트에 'CSV 형식으로 출력해 주십시오.'라고 지시해서 CSV 데이터를 얻을 수 있습니다.

프롬프트

Q 당신은 뛰어난 영어 교사입니다. 다음 문장에서 단어를 추출하고, 표 형식으로 한국어 뜻을 붙여 주십시오.

Imagine you are a competent business professional, and you need to extract key information from a complex English report to make informed decisions. Let's learn how ChatGPT can assist you in this scenario.

A

영단어	한국어 뜻
competent	유능한, 능력 있는
business	사업, 비즈니스
professional	전문가, 직업인
extract	추출하다, 뽑아내다
key	주요한, 핵심의
information	정보, 자료
complex	복잡한, 난해한
report	보고서, 리포트
informed	정보가 있는, 숙지한
decisions	결정, 판단
assist	도와주다, 지원하다
scenario	시나리오, 상황

학습 레벨의 영단어를 사용한 예문 작성하기

영단어 학습에서는 해당 단어가 어떻게 사용되는지를 학습하는 것도 중요합니다. ChatGPT에 자신의 학습 레벨에 맞는 단어와 해당 단어를 사용한 예문을 한국어 번역과 함께 생성하도록 합니다. 어학 학습 레벨 지정에는 'CEFR(유럽 언어 공통 참조 프레임)'이 유효합니다. 'CEFR(레벨) 단어'와 같이 A1~C2의 6레벨로 지정합니다.

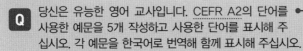

프롬프트

포인트
학습 레벨을 지정한다

Q 당신은 유능한 영어 교사입니다. CEFR A2의 단어를 사용한 예문을 5개 작성하고 사용한 단어를 표시해 주십시오. 각 예문을 한국어로 번역해 함께 표시해 주십시오.

A
1. 단어: visit
   - 예문: I want to visit my grandparents during the summer vacation. (방문하다)
   - 한국어 번역: 여름 방학에 할아버지와 할머니를 방문하고 싶어요.

2. 단어: travel
   - 예문: We love to travel to new places and experience different cultures. (여행하다)
   - 한국어 번역: 우리는 새로운 장소를 여행하고 다른 문화를 경험하는 것을 좋아해요.

3. 단어: book
   - 예문: I enjoy reading a good book before going to bed. (책)
   - 한국어 번역: 자기 전에 좋은 책을 읽는 걸 즐겨요.

4. 단어: movie
   - 예문: Let's go watch a movie at the cinema this weekend. (영화)
   - 한국어 번역: 이번 주말에 극장에 영화를 보러 가요.

5. 단어: hobby
   - 예문: Gardening is my favorite hobby because it helps me relax. (취미)
   - 한국어 번역: 정원 가꾸기는 내가 가장 좋아하는 취미인데, 이것은 나를 편안하게 해 줘요.

 칼럼

CEFR은 유럽에서 작성된 언어 능력의 국제적 공통 기준입니다. ChatGPT에 학습 레벨을 전달할 때는 TOEIC보다 CEFR이 효과적입니다.

어학 레벨에 맞춰 영어 회화 즐기기

프롬프트

Q 나는 CEFR B1 레벨의 영어 학습자입니다. 당신과 나는 매우 사이가 좋은 친구입니다. 내 이름은 Mai입니다. 당신의 이름은 Emma입니다. 가벼운 대화를 나눕시다. 먼저 당신이 나에게 영어로 말을 걸어 주십시오.

A Sure, let's have a conversation!
Hi Mai, how's your day going?

● **여기가 포인트**

어학 레벨을 지정함으로써 자신에게 맞는 레벨의 회화를 즐길 수 있습니다. 그리고 관계성이나 상황을 변경하면 다양한 입장의 캐릭터와 회화 연습을 할 수 있습니다. ChatGPT가 한국어로 답변하고 이쪽에서 영어로 말을 걸 수도 있습니다.

어려운 철자의 영단어를 기억하는 방법 배우기

프롬프트

Q 당신은 유능한 영어 교사입니다. 철자를 기억하기 어려운 영단어의 전형적인 예시와 그 올바른 철자를 기억하는 방법을 생각해 주십시오.

A 영어 단어의 철자를 기억하는 것은 어려운 일일 수 있습니다. 여기서 몇 가지 전형적인 예시와 그들을 기억하는 방법을 제안해 보겠습니다.

- Beautiful(아름다운):
  - 올바른 철자 기억법: "B-E-A-U-tiful"로 구성된 단어이므로 "B-E-A-U-tiful"을 반복해서 말하거나 작성하여 기억합니다.
- Necessary(필요한):
  - 올바른 철자 기억법: "One collar and two sleeves" 또는 "Never eat cake, eat salad sandwiches and remain young"와 같은 기억 도우미(암기법)를 사용하여 필요한 부분을 기억합니다.
- Conscientious(양심적인):
  - 올바른 철자 기억법: "C-O-N-scientious"를 'con'이 'with'를 의미하는데, 사람이 어떤 일을 하는 데에 'with' 양심을 지킨다고 상상해 보세요.
- Maintenance(유지 보수):
  - 올바른 철자 기억법: "Main ten ants"처럼 'ten'은 10개의 개미로 생각하여 유지 보수의 철자를 기억합니다.
- Embarrassed(당황한):
  - 올바른 철자 기억법: "Two Rs and two Ss"처럼, 두 개의 R과 두 개의 S로 구성된다고 상상하여 당황한 상황을 연상해 보세요.

이러한 기억법은 각 단어를 기억하는 데 도움이 될 수 있습니다. 그러나 중요한 것은 자주 복습하고 사용하는 것입니다.

● 여기가 포인트

철자를 기억하기 어려운 영단어와 그 철자를 기억하는 방법을 생성해 줍니다. 어학 레벨을 지정하면 제시되는 단어를 해당 레벨의 것으로 필터링할 수 있습니다.

영문 첨삭받기

Q 당신은 유능한 영어 교사입니다. 다음 문장을 첨삭하고, 첨삭한 위치를 표 형식으로 표시해 주십시오. 첨삭한 이유는 한국어로 함께 표시해 주십시오.

The invoice system begin in October 1. By this, small business players will be more difficult to operate.

A

원본	수정	첨삭 이유
The invoice system begin in October 1.	The invoice system begins on October 1.	'begin'을 'begins'로 수정하여 주어와 동사의 일치를 맞추었습니다.
By this, small business players will be more difficult to operate.	As a result, small business players will find it more difficult to operate.	'By this'를 'As a result'로 수정하여 문장의 의도를 명확하게 하였습니다. 'business player'를 'business players'로 수정하여 복수형으로 맞추었습니다. 'for business'를 'to operate'로 수정하여 더 자연스러운 표현으로 변경하였습니다.

여기가 포인트

ChatGPT는 문장 첨삭에도 뛰어납니다. 첨삭한 부분과 그 이유도 알려 줍니다. 다만 '첨삭한 이유를 알려 주세요.'라고 질문했을 때 첨삭 이유도 영어로 표시되는 경우가 있습니다. 그러므로 '한국어로'라고 명시하여 첨삭 이유를 한국어로 표시하게 합니다.

다양한 조건에서 한국어로 번역하기

Q 당신은 뛰어난 번역가입니다. 비틀즈의 'Yesterday'의 가사를 번역해 주십시오. 단, 직역이 아니라 곡의 분위기와 의미를 유지 하면서 번역해 주십시오.

포인트
의역을 지시했다

A 비틀즈의 "Yesterday" 노래는 그리움과 상실에 대한 감정을 담고 있으며, 이를 유지하면서 한국어로 번역하려고 합니다. 가사의 의미와 분위기를 살리기 위해, 직역 보다는 감성적인 해석을 더하려고 합니다.

어제, 모든 게 너무나 평화롭던 그 시절 나의 고민들은 멀리 사라져 있었지. 이제는 그리운 어제가 됐네.

주목할 점
의역이므로 원래 가사와는 상세한 부분에서 다소 차이가 있다

갑자기, 나는 예전의 나로 돌아가고 싶어. 어디서 잘못 됐는지 모르겠어. 아, 어제가 그리워.

어제, 사랑은 쉽게 다가오는 게임이었어. 지금은 숨겨진 그림자 속에 있네. 아, 어제 가 그리워.

왜 그녀가 가야만 했는지 나는 모르겠어. 내가 말한 것이 무엇인지도 모르겠어. 이 제는 그리운 어제가 됐네.

어제, 사랑은 쉽게 다가오는 게임이었어. 지금은 숨겨 진 그림자 속에 있네. 아, 어제가 그리워.

주목할 점
원래 가사도 출력됐지만 모두 생략했다

왜 그녀가 가야만 했는지 나는 모르겠어. 내가 말한 것 이 무엇인지도 모르겠어. 이제는 그리운 어제가 됐네.

어제, 모든 게 너무나 평화롭던 그 시절 나의 고민들은 멀리 사라져 있었지. 이제는 그리운 어제가 됐네. 아, 어제가 그리워.

이 번역은 원곡의 감성과 의미를 존중하며, 가사의 직역보다는 노래가 전달하고자 하는 분위기와 감정을 한국어로 잘 전달하려고 노력했습니다.

● 여기가 포인트

영문의 직역은 물론 지정한 번역 조건에 맞는 표현으로 번역해 줍니다. 단, 원곡의 가사를 그대로 출력하도록 지시해도 저작권 관계로 출력되지 않을 수 있습니다. 그리고 예시에서는 답변에 포함된 원곡의 가사는 생략했습니다.

영문의 내용을 요약해서 글머리 기호로 출력하기

프롬프트

Q 당신은 뛰어난 번역가입니다. 다음 영문 내용을 요약하고 요약한 내용을 간략하게 한국어로 글머리 기호를 사용해 작성하십시오.

(요약하고 싶은 영문을 입력한다.)

포인트
'간략하게 글머리 기호를 사용해'라고 지시하면 문장이 짧아진다

● 여기가 포인트

영문 요약 내용을 한국어로 글머리 기호를 사용해 생성하면 그 내용을 빠르게 파악할 수 있습니다.

글머리 기호를 이용해 외국어로 편지 작성하기

프롬프트

Q 당신은 유능한 번역가입니다. 다음의 글머리 기호에서 편지글을 영어로 작성해 주십시오.

- 지난 주 당사 방문에 대한 감사
- 11월에 신상품이 발매된다
- 신상품에 관한 안내를 하고 싶다
- 10/2~10/10 사이에 만날 수 있는 날짜와 시간을 알려 달라
- 자료를 첨부하니 확인해 달라

포인트
대략적인 내용을 글머리 기호로 작성하면 충분하다

● 여기가 포인트

상대에게 전달하고자 하는 항목을 글머리 기호로 나열하면 해당 내용을 기반으로 편지를 작성해 줍니다. 예를 들어 이 예시에서는 글머리 기호의 내용으로 고객에게 보내는 편지가 생성됩니다.

기억해야 할 불규칙 동사 조사하기

ChatGPT는 뛰어난 교사로, 다양한 조언도 얻을 수 있습니다. 예를 들어 기억해 두는 것이 좋은 불규칙 동사를 나열하게 할 수도 있습니다. 어학 학습 중 느낀 의문점이나 학습의 힌트 등도 질문해 봅시다.

프롬프트

Q 당신은 뛰어난 영어 교사입니다. 불규칙 동사 중 기억해 두어야 할 것들을 우선 순위가 높은 순서대로 20개를 나열해 주십시오.

A 불규칙 동사는 영어 학습에서 매우 중요한 부분을 차지합니다. 일상 대화와 글쓰기에서 자주 사용되는 불규칙 동사들을 우선 순위에 따라 나열해 보겠습니다. 이 리스트는 사용 빈도와 학습의 중요성을 고려하여 작성됐습니다.

Be (is, am, are) – was, were – been ●──────
가장 기본적이며 자주 사용되는 동사로, 존재하다 또는 있다는 의미를 가집니다.

> **주목할 점**
> 기본형/과거형/
> 과거분사가 표시된다

Have – had – had
소유하다라는 의미로, 매우 자주 사용되며 다양한 문맥에서 활용됩니다.

Do – did – done
행동을 나타내며, 일반적인 동작이나 작업을 설명할 때 사용됩니다.

Go – went – gone
이동을 나타내는 동사로, 여러 상황에서 널리 사용됩니다.

(중략)

이러한 불규칙 동사들은 영어의 기본적인 토대를 형성하며, 일상 생활에서 빈번하게 사용됩니다. 이 목록에 있는 동사들을 숙지하고 자주 연습함으로써 영어 실력을 향상시킬 수 있습니다.

비즈니스 영어에서 주의해야 할 표현 조사하기

정중하게 표현한 것 같지만 오히려 너무 정중해서 상대방이 불쾌함을 느끼거나 성의가 없다고 생각하게 되는 경우도 있습니다. 비즈니스 영어에서 주의해야 할 표현도 ChatGPT를 통해 학습해서 원만한 커뮤니케이션을 할 수 있도록 합시다.

프롬프트

Q 비즈니스 영어에서 무례하게 느껴질 수 있는 표현을 알려 주십시오. 그리고 그 이유도 함께 알려 주십시오.

A 비즈니스 영어에서는 상호 존중과 전문성을 유지하는 것이 중요합니다. 따라서, 의도치 않게 무례하게 느껴질 수 있는 표현들을 피하는 것이 좋습니다. 여기 몇 가지 예시와 그 이유를 설명해 드리겠습니다:

1. 직접적인 명령문 사용하기
   - 예: "Do this now." / "Send me the report immediately."
   - 이유: 너무 강한 명령조는 상대방을 무시하는 것처럼 느껴질 수 있습니다. 대신, "Could you please…" 또는 "Would you mind…"와 같이 부드러운 요청 형태를 사용하는 것이 좋습니다.

   > **주목할 점**
   > 이유를 상당히 상세하게 설명해 준다

2. 부정적인 가정을 사용하기
   - 예: "You haven't done this yet, have you?"
   - 이유: 상대방이 일을 제대로 처리하지 않았다고 가정하는 것은 불신을 표현하는 것으로 받아들여질 수 있습니다. 대신, 진행 상황에 대한 정보를 물을 때는 "Could you update me on…" 또는 "How is… going?"과 같이 긍정적인 방식으로 접근하는 것이 좋습니다.

   > **주목할 점**
   > 대신 사용할 수 있는 표현을 제안해 준다

3. 과도하게 직설적인 피드백
   - 예: "This is wrong." / "You didn't do this right."
   - 이유: 직접적으로 비판하거나 부정적인 피드백을 제공하는 것은 상대방을 공격하는 것으로 받아들여질 수 있습니다. 대신, "Could we consider…" 또는 "It might be better if we…"와 같이 건설적인 제안을 하는 것이 좋습니다.

4. 너무 친근한 언어 사용하기
   - 예: "Hey buddy, can you…" / "Dude, let's…"
   - 이유: 비즈니스 상황에서 너무 친근한 언어를 사용하는 것은 부적절하게 여겨질 수 있습니다. 상황에 맞는 적절한 정중한 언어를 사용하는 것이 중요합니다.

5. 과도한 압박감을 주는 표현 사용하기
   - 예: "I need this done by tomorrow." (긴급한 상황이 아닌 경우)

(후략)

질의 응답 연습하기

ChatGPT를 영어 질의 응답의 연습 상대로 만들어 봅시다. 다룰 주제 등을 글머리 기호로 기술합니다. 대상자가 정해지지 않은 경우에는 대상자도 조건으로 기술하면, 그에 맞는 대화를 할 수 있습니다. 그리고 ChatGPT가 한국어로 질문을 하는 경우, '영어로 질문 하십시오.'라고 답변하면 이후로는 영어로 질문을 하게 됩니다.

프롬프트

Q 영어로 질의 응답 연습을 하고 싶습니다. 내용은 다음과 같습니다. 영어로 하나씩 질문을 해 주십시오. 나는 한 질문씩 답변합니다.
- 주제: 차기 주력 상품의 프로모션에 관해
- 대상: 미국 지점 영업부 직원
- 제안 내용: 사용자 확대를 위한 생성 AI 활용에 관해

> **포인트**
> '하나씩 질문'이라는 제한이 없으면 여러 질문이 모아서 출력된다

A Great, let's start with the first question:
"What specific strategies do you propose for utilizing generative AI to expand our user base for the next flagship product?"

> **주목할 점**
> 지시가 반영되지 않을 때도 있다

Q We are considering ChatGPT and others.

A "How do you envision ChatGPT and other generative AI tools enhancing the promotional activities for our next flagship product in the US market?"

● 칼럼

ChatGPT는 기본적으로 사용자 측에서 질문한 언어로 답변합니다. 영어로 답변을 얻고 싶은데 한국어로 답변할 때는 '영어로'라고 지시해 봅시다.

외국어 학습 레벨 분류 조사하기

[p.120]에서도 다루었듯 ChatGPT에 어학 학습 레벨을 전달할 때는 'CEFR'을 사용하는 것이 효과적입니다. CEFR은 6개의 주요한 레벨로 외국어 기술을 평가합니다. 자신의 어학 학습 레벨을 알아 두면 ChatGPT에게 적절하고 정확한 지시를 할 수 있으므로, 효율적인 어학 학습을 할 수 있습니다. 먼저 CEFR 레벨의 구분에 관해 확인해 봅시다.

프롬프트

Q CEFR의 레벨 구분에 관해 설명해 주십시오.

A CEFR(공통 유럽 언어 참조 기준, Common European Framework of Reference for Languages)은 언어 능력을 평가하고 설명하기 위해 사용되는 국제 표준입니다. CEFR은 언어 사용자의 언어 능력을 여섯 가지 레벨로 구분하여, 학습, 가르침, 평가에 있어 투명성과 일관성을 제공합니다. 이 레벨들은 다음과 같습니다:

1. A1 – 초급(Breakthrough)
   기본적인 표현과 일상적인 표현을 이해하고 사용할 수 있으며, 매우 간단한 방식으로 자기 자신에 대해 소개하고 직접적인 필요에 대해 묻고 답할 수 있는 능력을 가집니다.

2. A2 – 초중급(Waystage)
   일상적인 표현과 간단한 문장을 이해하고 사용할 수 있으며, 기본적인 개인 및 가족 정보에 대한 직접적인 교류, 지역적인 쇼핑, 지역 정보, 직업 등에 관해 대화할 수 있습니다.

3. B1 – 중급(Threshold)
   일상 생활, 학교, 여가 등에 관한 대부분의 상황에서 적절하게 대처할 수 있으며, 여행 중에 발생할 수 있는 대부분의 상황에서 의사소통할 수 있고, 간단하고 일상적인 주제에 대해 명확한 표준 언어로 자신의 의견을 구성하여 전달할 수 있습니다.

(중략)

CEFR 레벨은 언어 학습자가 자신의 언어 능력을 명확하게 파악하고 목표를 설정하는 데 도움을 주며, 교육 기관이나 고용주가 언어 능력을 객관적으로 평가하는 데 사용됩니다.

투자 효과를 단리와 복리로 비교하기

프롬프트

Q 1,000만 원을 연이율 5% 단리로 운용한 경우와 복리로 운용한 경우를 비교한 결과를 표로 연별로 나타내십시오. 운용 기간은 5년으로 합니다. 계산식은 필요하지 않습니다. 결과만 알려 주십시오.

A 운용 기간이 5년이고 연이율이 5%인 경우, 단리와 복리로 운용한 결과는 다음과 같습니다.

연도	단리(만 원)	복리(만 원)
1	1,050	1,050
2	1,100	1,102.5
3	1,150	1,157.625
4	1,200	1,215.50625
5	1,250	1,276.28125

● 여기가 포인트

단리와 복리로 운용한 결과를 비교하고 싶은 경우에는 프롬프트에 운용 금액, 이율, 운용 기간을 기술하는 것만으로 비교 결과표를 생성할 수 있습니다. 여기에서는 계산의 정확도를 확보하기 위해 ChatGPT 유료 버전의 'Advanced Data Analysis'를 사용합니다.

05

ChatGPT를
활용해 PC/스마트폰을
편리하게 사용하기

유튜브 동영상 썸네일 제안받기

유튜브를 많은 사람이 시청하게 하기 위해서는 이목을 끄는 썸네일을 작성하는 것
이 중요합니다. 이 썸네일을 어떻게 디자인하면 좋을지에 관해 ChatGPT에게 상담
하면 다양한 의견을 제안해 줍니다. 이때 프롬프트에는 동영상의 주제를 구체적으로
입력합니다. 보다 적절하고 정확한 제안을 해 주므로 이미지를 그리기 쉬워집니다.

프롬프트

Q 당신은 일류 콘텐츠 크리에이터입니다. '스트레스를 줄이면 얻
을 수 있는 장점'이라는 주제의 유튜브 동영상을 제작하고 싶
습니다. 사용자가 보고 싶어지는 썸네일의 디자인을 5개 제안
해 주십시오. 다음 조건을 만족해야 합니다.

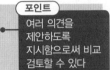

포인트
여러 의견을
제안하도록
지시함으로써 비교
검토할 수 있다

- 흥미를 끄는 키워드를 넣은 제목
- 이 동영상이 시리즈인 것을 한 눈에 알 수 있게 하기

A 스트레스를 줄이면 얻을 수 있는 장점을 주제로 한 유튜브 동영상 썸네일 디자인
제안은 다음과 같습니다. 이 디자인들은 흥미를 끌고, 시리즈의 일부임을 명확하게
보여 주며, 시청자들이 클릭하고 싶어지는 요소들을 포함하고 있습니다.

1. "스트레스 제로 생활의 비밀" 시리즈 #1: 마음의 평화
   - 배경: 평온한 자연 풍경(예: 해변, 숲).
     중앙에 큰 글씨로 "마음의 평화"와 함께 "스트레스 제로 생활의 비밀" 시리즈
     #1 표시.
     하단에는 작은 글씨로 "스트레스를 줄이고 삶을 변화시키세요."
   - 시각적 요소: 명상하는 사람의 실루엣 이미지.
2. "스트레스 없는 삶으로 가는 길" 시리즈 #2: 에너지 증가
   - 배경: 활기찬 색상으로 가득한 디자인(예: 밝은 오렌지나
     노란색).
     큰 글씨로 "에너지 증가"와 함께 "스트레스 없는 삶으로
     가는 길" 시리즈 #2 표시.
     하단에는 "일상에 활력을 더하는 비법"이라는 문구 포함.
   - 시각적 요소: 에너지 넘치는 사람의 이미지.

주목할 점
마음에 드는
답변에 관해
질문을 계속해서
구체적인 디자인을
정할 수 있다

3. "스트레스 관리 마스터" 시리즈 #3: 집중력 향상
   - 배경: 집중을 상징하는 이미지(예: 불빛이 모이는 점).
     중앙에 큰 글씨로 "집중력 향상"과 함께 "스트레스 관리 마스터" 시리…

(후략)

스팸 메일 판정하기

프롬프트

Q 다음과 같은 메일이 도착했습니다. 스팸 메일인지 아닌지 판별해 주십시오.

누군가 당신의 아마존 계정을 사용해 다른 장치에서 구입을 한 것으로 보입니다. 아마존의 보호에 의해 보안 및 정합성의 문제로 인해 계정이 잠겼습니다. 계정을 계속해서 사용하려면 24시간 전에 정보를 변경할 것을 권장합니다. 그렇지 않으면 당신의 계정은 영구히 잠깁니다.

A 이 메일은 스팸 메일일 가능성이 매우 높습니다. 스팸 또는 피싱 메일을 판별할 때 주의해야 할 몇 가지 징후가 있으며, 이 메일은 그러한 징후들을 몇 가지 포함하고 있습니다:

1. 긴급성을 강조: 스팸 또는 피싱 메일은 종종 긴급하게 행동할 것을 요구하여 수신자를 서두르게 만듭니다. 이 메일에서는 "24시간 내에 정보를 변경하라."고 하여 긴급성을 부여하고 있습니다.

2. 계정 잠금 위협: 사용자를 두렵게 만들어 빠르게 행동하도록 유도하는 전형적인 방법입니다. "계정이 영구히 잠긴다."는 말은 사용자를 압박하여 링크를 클릭하게 만들 수 있습니다.

3. 정확한 회사 정보의 부재: 정통한 메일은 일반적으로 수신자의 이름이나 다른 개인적인 식별 정보를 포함합니다. 이 메일에는 그러한 개인화된 정보가 없는 것으로 보입니다.

4. 링크나 버튼의 부재: 진짜 아마존에서 보낸 메일이라면, 문제를 해결하기 위한 명확한 방법(예: 공식 웹사이트로 연결되는 링크)을 제공할 것입니다. 그러나 메일의 내용만으로는 이러한 구체적인 해결책이 제시됐는지 확실하지 않습니다.

보안을 위해, 이러한 유형의 메일에 담긴 링크를 클릭하거나 첨부 파일을 열지 않는 것이 중요합니다. 계정에 문제가 있다고 생각되면, 웹 브라우저를 통해 직접 아마존의 공식 웹사이트에 접속하여 계정 상태를 확인해야 합니다. 또한, 아마존 고객 서비스에 연락하여 메일의 진위를 확인하는 것도 좋은 방법입니다.

● 여기가 포인트

대량의 데이터를 학습한 ChatGPT는 스팸 메일의 징후를 판별할 수 있습니다. 이를 판별하기 위해서는 도착한 메일의 전문을 입력합니다. 단, ChatGPT의 판단이 100% 정확하지는 않으므로 어디까지나 참고로만 사용하고 의심이 가는 메일의 링크를 클릭하거나 파일을 열지 않도록 합니다.

추천 애플리케이션 찾기

Q 아이폰으로 동영상 편집을 하고 싶습니다. 다음과 같은 애플리케이션에 관해 알려 주십시오.
- SNS에 게시할 동영상을 편집할 수 있는 것
- 가능한 간단하게 사용할 수 있는 것

A 아이폰에서 SNS에 게시할 동영상을 편집하기 위해 사용하기 좋은 애플리케이션 중 간단하게 사용할 수 있는 몇 가지를 추천해 드리겠습니다:

1. iMovie
   애플이 제공하는 iMovie는 아이폰 사용자에게 무료로 제공되며, 사용하기 쉬운 인터페이스와 다양한 편집 기능을 갖추고 있습니다. 트레일러 템플릿, 비디오 및 오디오 효과, 타이틀 추가 등의 기능을 제공합니다. SNS에 적합한 동영상을 만들고 싶은 초보자에게 이상적인 선택입니다.

2. Splice
   GoPro가 개발한 Splice 앱은 강력하면서도 사용하기 쉬운 동영상 편집 도구입니다. 몇 번의 탭으로 클립을 자르고, 트랜지션을 추가하고, 배경음악을 설정할 수 있습니다. 사용자 친화적인 인터페이스를 통해 빠르게 동영상을 편집하고 SNS에 적합한 형태로 만들 수 있습니다.

3. InShot
   InShot 앱은 동영상 편집뿐만 아니라 사진 편집 기능도 제공하며, 특히 SNS 콘텐츠 제작에 최적화돼 있습니다. 비디오를 자르고, 뮤직을 추가하며, 텍스트와 이모티콘을 넣는 등의 기능을 갖추고 있으며, 비디오의 비율을 SNS 플랫폼에 맞게 조절할 수 있습니다.

4. Quik
   GoPro에서 만든 또 다른 앱인 Quik은 자동 편집 기능을 제공하여 사용자가 클립을 선택하면 앱이 자동으로 멋진 동영상을 만들어 줍니다. 음악, 효과, 필터를 추가할 수 있으며, 사용하기 간단하면서도 효과적인 동영상을 만들고 싶은 사용자에게 적합합니다.

(후략)

● 여기가 포인트

스마트폰 애플리케이션 중에서 원하는 목적에 맞는 것을 찾기는 상당히 어렵습니다. ChatGPT라면 원하는 부분을 전달하는 것만으로 간단하게 애플리케이션을 찾을 수 있습니다. 단, 최신 정보는 대응하지 않으므로 새로운 애플리케이션을 찾는다면 Bing AI를 사용하는 편이 좋습니다.

엑셀(Excel) 함수 사용 방법 조사하기

프롬프트

Q 당신은 엑셀 전문가입니다. '메모리'의 가격을 찾는 엑셀 함수와 그에 대한 설명을 표시하고, 해당 함수의 사용 방법을 표시해 주십시오.

\# 목록 표

상품명	가격
배터리	25,000원
메모리	150,000원
SSD	98,000원

포인트
표는 복사해서 붙여 넣는다

● 여기가 포인트

엑셀에서 사용해야 할 함수를 모르는 경우에는 ChatGPT에게 하고자 하는 작업을 전달하면 적절한 함수를 알려 줍니다.

엑셀에서 태스크를 수행하는 매크로 작성하기

엑셀에서 정해진 일련의 조작을 자동으로 실행하는 매크로는 매우 편리한 기능입니다. 하지만 매크로는 VBA라는 언어로 작성돼 있으며, 프로그래밍 지식이 없는 사람이 작성하기는 상당히 어렵습니다. ChatGPT라면 수행할 목적을 구체적으로 기술하는 것만으로 매크로를 작성해 주므로 프로그래밍 지식이 없더라도 빠르게 매크로를 작성할 수 있습니다.

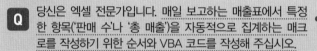

프롬프트

Q 당신은 엑셀 전문가입니다. 매일 보고하는 매출표에서 특정한 항목('판매 수'나 '총 매출')을 자동적으로 집계하는 매크로를 작성하기 위한 순서와 VBA 코드를 작성해 주십시오.

> **포인트**
> 가능한 구체적으로 하고 싶은 작업을 기술한다

A 매출표에서 특정 항목을 자동적으로 집계하기 위한 매크로를 작성하는 과정은 다음과 같습니다. 예시로 '총 매출'을 집계하는 매크로를 작성해 보겠습니다. 이 과정은 VBA(Visual Basic for Applications)를 사용하여 엑셀에서 실행합니다.

1. 매크로 작성 순서
   - 엑셀 VBA 편집기 열기: 엑셀에서 Alt + F11을 눌러 VBA 편집기를 엽니다.

   > **주목할 점**
   > 매크로를 작성할 순서도 알려 준다

   - 새 모듈 추가: 메뉴에서 삽입 〉 모듈을 선택하여 새 모듈을 추가합니다.
   - 매크로 코드 작성: 아래 제공된 코드 예제를 모듈 창에 붙여 넣습니다.
   - 매크로 저장: 코드를 입력한 후 파일을 저장합니다. 매크로를 포함한 엑셀 파일을 저장할 때는 .xlsm 확장자(매크로가 활성화된 워크북)를 사용해야 합니다.
   - 매크로 실행: 엑셀에서 Alt + F8을 눌러 매크로 실행 창을 열고, 작성한 매크로를 선택한 후 실행합니다.

2. VBA 코드 예제
   아래는 '총 매출'을 집계하는 매크로의 간단한 예제 코드입니다. 이 코드는 특정열(예: B열)에 있는 '판매 수'와 C열에 있는 '단가'를 곱하여 '총 매출'을 D열에 자동으로 계산하고 입력합니다.

```
Sub CalculateTotalSales()
    Dim ws As Worksheet
    Dim lastRow As Long
    Dim i As Long
```

> **주목할 점**
> 실제 화면에는 코드가 블록으로 돼 있어 복사하기 쉽다

(후략)

엑셀에서 에러 원인이나 해결 방법 조사하기

프롬프트

Q 당신은 엑셀 전문가입니다. VLOOKUP 함수를 사용해 데이터를 검색했을 때 '#VALUE'라고 표시되는 원인과 그 해결 방법에 관해 알려 주십시오.

A #VALUE! 오류는 엑셀에서 VLOOKUP 함수를 사용할 때 발생할 수 있는 일반적인 문제 중 하나입니다. 이 오류는 VLOOKUP 함수가 올바르게 작동하지 않을 때 발생하며, 여러 가지 원인이 있을 수 있습니다. 주요 원인과 해결 방법을 알아보겠습니다.

#VALUE! 오류의 원인

1. 잘못된 lookup_value 데이터 유형:
   lookup_value와 테이블의 첫 번째 열 데이터 유형이 일치하지 않을 때 발생합니다. 예를 들어, 숫자를 찾고자 하는데 문자열로 입력한 경우입니다.

2. 잘못된 범위 지정:
   table_array가 올바르게 지정되지 않았을 때 발생합니다. VLOOKUP 함수는 첫 번째 열에서만 lookup_value를 찾으므로, lookup_value가 포함된 열이 table_array에 포함돼 있지 않으면 #VALUE! 오류가 발생할 수 있습니다.

(후략)

● 여기가 포인트

엑셀에서 에러가 발생한 경우 사용한 함수, 에러 메시지, 작업 목적 등을 프롬프트에 입력하면 원인이나 대처 방법에 관해 조언해 줍니다. 한 번에 해결할 수 없을 때는 여러 차례 질문을 반복해서 에러에 관해 파악할 수 있습니다.

사용자 정의 함수 작성하기

Q 엑셀 VBA로 지정한 범위 안에서 값이 음수인 셀의 수를 세는 사용자 정의 함수를 작성해 주십시오.

A 엑셀 VBA를 사용하여 지정한 범위 안에 값이 음수인 셀의 수를 세는 사용자 정의 함수를 아래와 같이 작성할 수 있습니다. 이 함수는 지정된 범위 내의 모든 셀을 검사하고, 값이 음수인 셀의 개수를 계산하여 반환합니다.

1. 사용자 정의 함수 작성 순서
   - 엑셀에서 VBA 편집기 열기: Alt + F11 키를 눌러 VBA 편집기를 엽니다.
   - 새 모듈 추가: 삽입 메뉴에서 모듈을 선택하여 새 모듈을 추가합니다.
   - 아래의 VBA 코드를 모듈에 입력: ●━━━

   > **주목할 점**
   > 이 다음 코드가 출력된다

   (후략)

● 여기가 포인트

사용자 정의 함수란 자신이 자주 수행하는 처리나 계산 등을 함수로 등록할 수 있는 함수입니다. '지정한 범위 안에서 값이 음수인 셀의 수를 센다.'와 같이 목적을 ChatGPT에게 전달하면, 순식간에 사용자 정의 함수가 만들어 집니다.

정상 동작하지 않는 매크로 수정하기

프롬프트

Q 다음 매크로가 정상적으로 동작하지 않습니다. 문제점을 설명하고 매크로를 수정해 주십시오.

포인트
이후 수정할
매크로의 코드를
입력한다

```
Sub BrokenMacro()
    Dim i As Integer
    Dim ws As Worksheet

    '활성 워크시트 설정
    Set ws = ThisWorksbookActiveSheet

    '1부터 10까지 루프
    For i = 1 to 10
        ws.Cells(i, ""A"").Value = i
    Nexi i
(후략)
```

● 여기가 포인트

작성한 매크로가 정상적으로 동작하지 않는 경우에는 ChatGPT에게 코드를 제공하고 수정을 의뢰하면 ChatGPT가 디버그를 한 뒤 올바른 코드를 반환합니다. 직접 디버그 작업을 하는 것보다 상당히 빠르게 문제를 해결할 수 있습니다. 직접 작성한 매크로의 에러로 고민한다면 사용해 봅시다.

복잡한 수식 해석하기

Q 다음 수식은 어떤 동작을 하는지 설명해 주십시오.

```
=INDEX(A1:C10, MATCH(E1, A1:A10, 0), MATCH(F1, A1:C1: 0))
```

A 이 수식은 엑셀에서 INDEX 함수와 MATCH 함수를 결합하여 사용하는 고급 기법 입니다. 각 함수의 역할과 수식이 수행하는 동작을 상세하게 설명하겠습니다.

INDEX 함수

INDEX 함수는 특정 범위 내에서 지정한 행과 열에 해당하는 값을 반환합니다. 사용법은 다음과 같습니다:

```
INDEX(array, row_num, column_num)
```

- array: 값을 반환할 범위입니다.
- row_num: array에서 값을 반환할 행 번호입니다.
- column_num: array에서 값을 반환할 열 번호입니다.

(후략)

여기가 포인트

다른 사람이 작성한 엑셀 파일의 수식을 이해하지 못하는 경우, ChatGPT에게 수식을 그대로 입력해 봅니다. ChatGPT는 수식의 처리 내용을 알기 쉽게 설명해 주므로 어떤 동작을 하는지 쉽게 이해할 수 있습니다.

긴 수식을 읽기 쉽게 바꾸기

Q 다음 엑셀 수식에 줄 바꿈이나 들여쓰기를 넣어서 읽기 쉽게 정리해 주십시오.

```
=IF(AND(A1>0,B1>0),SUMPRODUCT(A2:A10,B2:B10)/SUM(B2:B10) +
VLOOKUP(C1,D1:E10, 2, FALSE), IFERROR(1/(1+EXP(-F1)), ""Error"")) +
SQRT(ABS(G1)) - LN(H1+1)
```

A 엑셀 수식을 읽기 쉽게 정리하기 위해, 여기에 줄 바꿈과 들여쓰기를 추가한 버전을 제공합니다. 실제 엑셀 환경에서는 줄 바꿈을 직접 입력할 수 없으므로, 이는 개념적인 설명을 위한 것임을 유념하세요.

```
=IF(
    AND(A1>0, B1>0),
    SUMPRODUCT(A2:A10, B2:B10) / SUM(B2:B10)
    + VLOOKUP(C1, D1:E10, 2, FALSE),
    IFERROR(
        1 / (1 + EXP(-F1)),
        "Error"
    )
)
+ SQRT(ABS(G1))
- LN(H1 + 1)
(후략)
```

주목할 점
> 인수를 분명하게
> 알 수 있어 이해하기
> 쉽다

● 여기가 포인트

엑셀 파일에 길고 복잡한 수식이 기술돼 있는 경우가 있습니다. 이런 수식은 유지보수성이 좋지 않으므로 ChatGPT에게 해당 수식을 입력하고 '줄 바꿈이나 들여쓰기를 넣어서 읽기 쉽게 정리해 주십시오.'라고 지시합니다. 이것만으로 간단하게 형태를 정리할 수 있습니다.

엑셀 파일의 내용 분석하기

매출 테이블 등을 ChatGPT에게 분석하게 하고 싶을 때는 'Advanced Data Analysis' 라는 기능을 사용해 간단히 실행할 수 있습니다. 먼저 분석하고 싶은 엑셀 파일을 업로드하고, 프롬프트에 '이 파일의 내용의 매출을 분석해 주십시오.'라고 지시합니다. 그러면 파일을 읽어서 지시에 따라 분석을 수행합니다.

프롬프트

Q (엑셀 파일을 업로드 한다.)
이 파일의 내용에 관해 '결제금액'의 평균, 중앙값, 표준편차를 정리해서 매출을 분석해 주십시오. 우려할 점이 있다면 그에 관해서도 알려 주십시오.

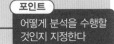
포인트
어떻게 분석을 수행할 것인지 지정한다

A "결제금액" 열에 대해 평균, 중앙값, 표준편차를 계산하고, 분석 결과를 제공하겠습니다.
"결제금액" 데이터를 분석한 결과는 다음과 같습니다:
- 평균 결제금액: 94,026.42원
- 중앙값 결제금액: 29,700원
- 표준편차: 147,201.85원
- 분석 결과 및 우려 사항 평균과 중앙값의 차이: 평균 결제금액이 중앙값보다 훨씬 높습니다. 이는 매우 높은 결제금액을 가진 몇몇 주문들이 평균을 크게 올리고 있음을 의미합니다.

(후략)

칼럼

'Advanced Data Analysis(구 Code Interpreter)'는 유료 플랜에서 가입하고 사용할 수 있습니다. 무료 플랜에서는 사용할 수 없으므로 주의합니다.

지시한 내용의 엑셀 파일을 생성하기

프롬프트

Q '서울', '부산', '대전', '대구', '광주'라는 워크 시트를 포함하는 엑셀 파일을 생성하고, '지역별매출표'라는 이름으로 저장해 주십시오.

A '서울', '부산', '대전', '대구', '광주'라는 워크 시트를 포함하는 엑셀 파일이 성공적으로 생성됐으며, '지역별매출표.xlsx'라는 이름으로 저장됐습니다. 아래 링크를 통해 파일을 다운로드할 수 있습니다:

- 지역별매출표.xlsx 다운로드 ●———

> **주목할 점**
> 엑셀 파일이 작성됐다

● 여기가 포인트

'Advanced Data Analysis' 기능을 사용하면 지시한 내용으로 엑셀 파일을 생성할 수도 있습니다. 직접 작성하기 귀찮은 파일 등도 구체적인 지시를 제공하면 단번에 파일을 생성할 수 있으므로 매우 편리합니다.

워크시트별로 분할해 별도 파일로 저장하기

프롬프트

Q (엑셀 파일을 업로드한다.)
이 파일을 워크시트별로 분할하고 별도의 엑셀 파일로 저장해 주십시오.

A 각 워크시트별로 분할하여 별도의 엑셀 파일로 저장했습니다. 다음은 저장된 파일들의 목록과 다운로드 링크입니다:

- 서울.xlsx 다운로드
- 부산.xlsx 다운로드
- 대전.xlsx 다운로드 ●———
- 대구.xlsx 다운로드
- 광주.xlsx 다운로드

> **주목할 점**
> 링크를 클릭하여 엑셀 파일을 다운로드할 수 있다

각 링크를 클릭하여 필요한 파일을 다운로드하세요.

● 여기가 포인트

'Advanced Data Analysis' 기능을 사용하면 워크시트를 포함하는 엑셀 파일을 개별 파일로 분할해서 저장할 수도 있습니다. 해당 파일을 업로드하고 파일 분할과 저장을 지시하면, 즉시 시트별로 파일이 생성됩니다.

프레젠테이션의 아웃라인 생각하기

프레젠테이션 자료를 작성할 때 가장 어려운 것이 구성입니다. 이것을 ChatGPT를 사용해 빠르게 만들기 위해서는 입장을 명확하게 하고, 프롬프트에 넣고 싶은 내용을 가능한 구체적으로 지시합니다. 그리고 슬라이드 수, 소요 시간 등도 추가하면 보다 적절하고 정확한 구성을 만들 수 있습니다.

프롬프트

Q 당신은 노련한 영업 담당자입니다. 다음 내용으로 프레젠테이션 아웃라인을 작성해 주십시오. 그리고 클라이언트를 끌어당기는 포인트와 각 슬라이드의 소요 시간도 알려 주십시오.

- 주제: 신상품(태블릿용 펜 디바이스) 발표
- 대상자: 납품할 소매업자
- 슬라이드 수: 5장 이내
- 소요 시간: 15분 이내

> **포인트**
> 발표 내용과 대상자를 명기한다

A 프레젠테이션 아웃라인은 클라이언트의 관심을 끌고 상품의 가치를 명확하게 전달하는 데 중점을 둡니다. 아래의 아웃라인은 신상품인 태블릿용 펜 디바이스를 소개하고, 소매업자들이 이 상품을 납품 받아야 하는 이유를 강조합니다.

프레젠테이션 아웃라인

- 슬라이드 1: 소개 및 상품 개요(소요 시간: 3분)

  > **주목할 점**
  > 지정한 내용으로 각 슬라이드에 대해 제안한다

  - 클라이언트 끌어당기는 포인트:
    상품의 혁신성과 시장 내의 새로운 위치 선점 가능성

  - 내용:
    프레젠테이션 소개
    신상품 태블릿용 펜 디바이스의 간략한 개요
    시장 내에서의 상품의 중요성

- 슬라이드 2: 상품 특징 및 이점(소요 시간: 4분)

  - 클라이언트 끌어당기는 포인트:
    상품의 독특한 특징과 소매업자에게 제공할 수 있는 이점

  - 내용:
    주요 기능 및 기술적 특징 설명
    경쟁 상품 대비 우위성
    소매업자와 최종 소비자에게 제공되는 이점

- 슬라이드 3: 시장 분석 및 타겟 고객(소요 시간: 3분)
  - 클라이언트 끌어당기는 포인트:
    시장 수요와 타겟 고객의 명확한 정의
  - 내용:
    현재 시장 상황 및 트렌드 분석
    타깃 고객군 소개
    소매업자가 타깃 고객에게 어떻게 접근할 수 있는지
- 슬라이드 4: 판매 전략 및 지원(소요 시간: 3분)
  - 클라이언트 끌어당기는 포인트:
    효과적인 판매 전략 및 회사의 지원 체계
  - 내용:
    소매업자를 위한 판매 전략
    마케팅 및 프로모션 지원
    교육 및 기술 지원
- 슬라이드 5: 결론 및 질의응답(소요 시간: 2분)
  - 클라이언트 끌어당기는 포인트:
    프레젠테이션 요약 및 클라이언트 참여 유도
  - 내용:
    주요 포인트 요약
    클라이언트 참여를 유도하는 질의응답 세션
    전략적 포인트

(후략)

● 칼럼

각 슬라이드에 대한 답변을 기반으로 ChatGPT에게 다시 상담하면 슬라이드의 내용도 작성할 수 있습니다. 보다 명확한 내용으로 만들려면 질문을 반복하면서 다듬어 갑시다.

슬라이드를 PDF로 저장하는 매크로 작성하기

프롬프트

Q 파워포인트의 슬라이드를 자동으로 PDF로 저장하는 매크로를 작성해 주십시오.

A 파워포인트에서 슬라이드를 자동으로 PDF로 저장하는 매크로를 작성하기 위해 VBA(Visual Basic for Applications) 코드를 사용할 수 있습니다. 아래는 파워포인트의 슬라이드를 PDF로 저장하는 VBA 매크로 예제입니다.

이 매크로는 현재 열려 있는 프레젠테이션을 PDF 형식으로 저장하는 기능을 수행합니다. 저장 위치와 파일 이름은 코드 내에서 수정하여 지정할 수 있습니다.

1. PowerPoint VBA 매크로 코드

```vba
Sub SavePresentationAsPDF()
    Dim pptFileName As String
    Dim pdfFileName As String

    ' 현재 프레젠테이션 파일 이름 설정
    pptFileName = ActivePresentation.FullName

    ' PDF 파일 이름 설정 (pptx 확장자를 pdf로 변경)
    pdfFileName = Replace(pptFileName, ".pptx", ".pdf")

    ' PDF 형식으로 저장
    ActivePresentation.ExportAsFixedFormat pdfFileName, _
        ppFixedFormatTypePDF, ppFixedFormatIntentPrint

    MsgBox "PDF 파일이 저장됐습니다: " & pdfFileName
End Sub
```

> **주목할 점**
> 편리한 매크로가 순식간에 작성됐다

2. 매크로 사용 방법
(후략)

● 여기가 포인트

파워포인트(PowerPoint)의 슬라이드를 개별 PDF 파일로 저장하고 싶을 때는 슬라이드별로 PDF로 내보내기 해야 합니다. 하지만 매크로를 작성하면 한 번에 완료할 수 있으므로, 매크로를 ChatGPT에게 작성하게 하는 것이 가장 효율적인 방법입니다.

ChatGPT의 답변을 워드(Word) 문서로 저장하기

프롬프트

Q 창립 30주년 파티의 안내장을 작성하고 그 내용을 워드 파일 형식으로 저장해 주십시오. 파티 개최 일시와 장소는 다음과 같습니다.
- 일시: 2024년 2월 25일
- 장소: 서울 기념관 15층 연회장

A 창립 30주년 기념 파티 안내장을 워드 파일 형식으로 성공적으로 작성하고 저장했습니다. 아래 링크를 통해 다운로드할 수 있습니다:
- 창립 30주년 파티 안내장 다운로드

주목할 점
아래에 워드 파일을 다운로드할 수 있는 링크가 제시된다

● 여기가 포인트

'Advanced Data Analysis' 기능을 사용하면 지정한 내용의 문서를 작성하고 워드 파일 형식 등으로 출력할 수도 있습니다. 안내장과 같이 어느 정도 형태가 정해져 있는 문서를 작성할 때 사용하면 매우 편리합니다.

워드 문서를 직접 교정하기

Q (워드 파일을 업로드한다.)
이 파일의 내용을 교정해 주십시오.

> **주목할 점**
> 교정할 문장을 워드
> 파일에 작성해 둔다

A 파일의 내용을 검토한 결과, 전반적으로 잘 작성됐으나 몇 가지 교정이 필요한 부분을 발견했습니다. 교정 사항은 다음과 같습니다:

1. 문단, 간격 조정: 문서의 일관성을 위해 각 섹션 사이의 불필요한 공백 줄을 제거하거나 조정할 수 있습니다.

2. 문장 구조 교정: "우리 회사의 창립 30주년을 맞이하여, 모든 직원이 함께 축하할 수 있는 특별한 파티를 준비했습니다." 문장은 명확하고 간결하지만, 더욱 생동감 있게 표현할 수 있습니다(예: "우리는 회사 창립 30주년을 맞아 모든 직원이 함께 축하할 수 있는 특별한 파티를 준비했습니다)."

3. 청사진 제공: "이번 행사는 회사의 발전을 위해 헌신해 온 모든 직원을 위한 것이므로, 꼭 참석하셔서 즐거운 시간을 보내시길 바랍니다." 이 문장에서는 참석을 독려하는 강한 메시지를 전달하고 있으나, 참석하게 될 직원들에게 제공될 특별한 활동이나 이벤트에 대한 언급을 추가하여 참석 의욕을 더욱 높일 수 있습니다.

4. 연락처 정보 추가: "행사에 대한 상세한 사항이나 문의사항이 있으시면 언제든지 인사부로 연락해 주시기 바랍니다." 이 부분에 구체적인 연락처 정보(예: 전화번호, 이메일 주소)를 추가하여, 직원들이 문의할 때 편리하게 연락할 수 있도록 하는 것이 좋습니다.

이러한 교정 사항을 적용하여 문서를 업데이트하겠습니다.

안내장의 내용을 교정하여 업데이트한 문서를 새 파일로 저장했습니다. 아래 링크를 통해 수정된 문서를 다운로드할 수 있습니다:

교정된 창립 30주년 파티 안내장 다운로드

참고로, 실제 문서에서는 직접적으로 텍스트를 수정하기 위해 해당 텍스트가 포함된 문단, 전체를 새로 작성하거나, 문서 편집 소프트웨어를 통해 직접 수정해야 할 수 있습니다. 제공된 코드는 수정된 내용의 예시를 보여 주기 위한 것입니다.

● 여기가 포인트

ChatGPT를 사용해 교정할 때마다 문장을 복사하기는 다소 번거롭습니다. 'Advanced Data Analysis' 기능을 사용하면 해당 파일을 업로드해서 파일을 직접 교정할 수 있습니다. 그리고 교정을 반영한 파일을 출력할 수도 있습니다.

파일을 번역해서 워드 형식으로 저장하기

프롬프트

Q (PDF 파일을 업로드한다.)

이 파일을 영어로 번역한 내용을 워드 파일로 저장해 주십시오.

A 창립 30주년 파티 안내장을 영어로 번역하여 워드 파일로 저장했습니다. 아래 링크를 통해 번역된 문서를 다운로드할 수 있습니다:

주목할 점
링크를 클릭하여 워드 파일을 다운로드할 수 있다

• 30th Anniversary Party Invitation (Corrected English) 다운로드

● 여기가 포인트

외국어 논문이나 리포트를 업로드하고 '번역해서 워드 파일로 저장해 주십시오.'라고 지시하면 한국어로 번역된 편집 가능한 파일을 곧바로 생성할 수 있습니다. 그리고 이 작업을 하기 위해서는 'Advanced Data Analysis' 기능이 필요합니다.

복잡한 비밀번호 생성하기

프롬프트

Q 계정을 작성합니다. 다음 조건을 만족하는 복잡한 비밀번호를 생각해 주십시오.

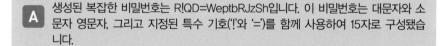

• 영문자와 특수 기호를 함께 사용한다
• 영문자는 대문자와 소문자를 함께 사용한다
• 특수 기호는 '!'와 '='만 사용한다
• 15자로 작성한다

포인트
사용할 문자의 조건을 열거한다

A 생성된 복잡한 비밀번호는 R!QD=WeptbRJzSh입니다. 이 비밀번호는 대문자와 소문자 영문자, 그리고 지정된 특수 기호('!'와 '=')를 함께 사용하여 15자로 구성됐습니다.

● 여기가 포인트

서비스나 단말기의 계정에는 제3자의 부정한 사용을 방지하기 위해 가능한 복잡한 비밀번호를 설정해야 합니다. 하지만 직접 복잡한 비밀번호를 생성하는 것은 상당히 어려운 작업입니다. ChatGPT에게 비밀번호 생성 조건을 지시하면 복잡한 비밀번호도 매우 간단하게 생성할 수 있습니다.

QR 코드 생성하기

Q 다음의 URL의 QR 코드를 작성해 주십시오.
http://www.infopub.co.kr

A 지정된 URL의 QR 코드를 성공적으로 생성하였습니다. 아래 링크를 통해 다운로드 할 수 있습니다:

• QR 코드 다운로드

여기가 포인트

QR 코드를 생성할 때는 전용 애플리케이션이나 웹 서비스 등을 사용해야 했습니다. 하지만 'Advanced Data Analysis' 기능을 사용하면 URL이나 메일 주소를 전달하는 것만으로 간단하게 QR 코드를 생성할 수 있습니다.

표시된 에러에 대한 대응 방법 확인하기

프롬프트

Q 사용하고 있는 PC에서 다음 메시지가 표시돼 인터넷에 연결할 수 없게 됐습니다. 원인과 대처 방법을 알려 주십시오.
- OS: Windows 11
- 메시지: 인터넷 연결 없음

A "인터넷 연결 없음" 메시지가 Windows 11에서 표시되는 경우, 여러 가지 원인과 대처 방법이 있을 수 있습니다. 문제 해결을 위해 다음 단계를 시도해 보세요.

원인 및 대처 방법

1. 네트워크 어댑터 문제 확인
   - 대처 방법: 네트워크 어댑터를 재설정합니다. '설정' 〉 '네트워크 및 인터넷' 〉 '고급 네트워크 설정' 〉 '네트워크 어댑터 옵션 변경'으로 이동하여 네트워크 어댑터를 찾아 우클릭한 다음 '비활성화'를 선택하고 몇 초 후에 다시 '활성화'를 선택합니다.
2. 와이파이 또는 이더넷 연결 확인
   - 대처 방법: 와이파이 또는 이더넷 케이블 연결이 제대로 돼 있는지 확인합니다. 연결이 끊어졌을 경우 다시 연결해 봅니다.

(후략)

● 여기가 포인트

PC나 스마트폰의 트러블 슈팅에도 ChatGPT를 활용할 수 있습니다. 이때 문제의 내용, 단말기 정보(OS), 표시된 메시지 등을 프롬프트에 기술합니다. 이 밖에도 신경 쓰이는 점을 전달하면 보다 구체적인 해결 방법이 표시됩니다.

파일 이름 규칙에 관한 제안받기

Q 웹사이트에서 100장 정도의 이미지를 사용합니다. 이미지 카테고리는 다음과 같습니다. 이 이미지들을 정리하기 위한 파일 이름 규칙을 제안해 주십시오.

카테고리
- 상품 이미지
- 매장 외관 이미지
- 이미지 일러스트

A 웹사이트의 이미지를 효율적으로 관리하기 위해 다음과 같은 파일 이름 규칙을 제안합니다. 이 규칙은 이미지의 종류와 내용을 명확하게 식별할 수 있도록 돕고, 필요에 따라 쉽게 찾아낼 수 있게 합니다.

제안하는 파일 이름 규칙

[카테고리]-[서브카테고리]-[식별번호].확장자

카테고리별 규칙 예시

1. 상품 이미지
   - 구조: product-[상품코드]-[순번].확장자
   - 예시: product-A123-01.jpg, product-A123-02.jpg
   - 설명: 상품 이미지의 경우, 상품 코드를 사용하여 관련 이미지를 그룹화하고, 여러 이미지가 있을 경우 순번을 추가합니다.

2. 매장 외관 이미지
   - 구조: store-front-[지점명]-[순번].확장자
   - 예시: store-front-main-01.jpg, store-front-downtown-01.jpg
   - 설명: 매장 외관 이미지는 'store-front'로 시작하며, 지점명으로 서브카테고리를 구분하고, 필요한 경우 순번을 추가합니다.

3. 이미지 일러스트

(후략)

● **여기가 포인트**

여러 사람이 파일을 관리하는 경우에는 파일 이름 규칙을 정해 두면 작업 효율이 향상될 것입니다. ChatGPT의 프롬프트에 파일 종류 등의 정보를 기술하면 그 환경에 맞는 이름 규칙을 제안받을 수 있습니다.

SNS용 해시 태그 생각하기

Q 바다 너머에 있는 한라산의 사진을 인스타그램에 게시하고 싶습니다. 인기 있을 만한 해시 태그를 한국어와 영어로 생각해 주십시오.

A 인스타그램에 바다를 배경으로 한 한라산의 사진을 게시할 때 사용할 수 있는 인기 있는 해시 태그를 아래에 제시합니다. 이 해시 태그들은 포스트의 가시성을 높이고, 관련된 커뮤니티와 연결될 수 있도록 도와줄 것입니다.

- 한국어 해시 태그
  #한라산
  #제주도여행
  #바다
  #자연스타그램
  #제주도관광
  #산스타그램
  #풍경스타그램
  #일출명소
  #제주도풍경
  #여행스타그램

- 영어 해시 태그
  #Hallasan
  #JejuIsland
  #SeaView
  #NatureLovers
  #JejuTravel
  #MountainView
  #LandscapePhotography
  #SunriseSpot
  #JejuTour
  #Travelgram

이 해시 태그들은 사진의 내용과 장소, 그리고 사진이 전달하고자 하는 분위기에 따라 선택하면 좋습니다. 인기 있는 해시 태그를 사용함으로써 더 많은 사람들이 당신의 게시물을 발견하고, 관심을 가질 확률이 높아질 것입니다.

● 여기가 포인트

SNS에 게시하는 경우 많은 사람들이 보게 하려면 적절한 해시 태그를 붙이는 것이 중요합니다. 인기 있는 해시 태그를 ChatGPT에게 생각하게 하려면 사용할 SNS와 게시할 내용을 프롬프트에 상세하게 기술합니다.

스마트폰으로 계약 중인 구독 조사하기

Q 스마트폰에서 사용하고 있는 애플리케이션 중 구독 계약이 돼 있는지 확인하는 방법에 관해 알려 주십시오.

A 스마트폰에서 사용 중인 애플리케이션의 구독 계약 여부를 확인하는 방법은 사용하고 있는 운영 체제에 따라 다릅니다. 여기 안드로이드와 iOS에서 구독을 확인하는 방법을 안내합니다.

안드로이드에서 구독 확인하기
- 구글 플레이 스토어 열기: 스마트폰에서 구글 플레이 스토어 앱을 엽니다.
- 메뉴 열기: 화면 왼쪽 상단의 메뉴 버튼(세 개의 수평선)을 탭합니다.

(중략)

구독을 확인하는 과정에서 현재 구독 중인 서비스를 취소하거나, 구독 조건을 변경할 수도 있습니다. 구독 관리는 대부분의 경우 직접 할 수 있으며, 앱 내에서 제공되는 지침을 따르거나, 앱 개발자의 고객 지원에 문의하여 추가 도움을 받을 수도 있습니다.

● 여기가 포인트

'구독 계약이 돼 있는지 확인하고 싶다.' 등 스마트폰에 관한 조작 방법을 알고 싶은 경우에는 ChatGPT에게 알고 싶은 것을 가능한 구체적으로 질문합니다. 사용하는 단말에 맞춰 조작 순서를 곧바로 생성해 줍니다.

사이트 구축에 필요한 콘텐츠 검토하기

웹사이트를 구축할 때는 콘텐츠 검토가 필수입니다. 프롬프트에 사이트의 목적, 특징, 다루는 내용 등에 관해 입력하면 해당 정보로부터 사이트에 필요한 콘텐츠를 적절하고 정확하게 제안해 줍니다. 그 다음 제안된 각 콘텐츠에 관해 상담하면 콘텐츠에 관한 상세한 내용도 다듬어 가면서 결정할 수 있습니다.

프롬프트

Q 당신은 전문 웹 디자이너입니다. 오래된 칼국수집의 EC 사이트를 만들게 됐습니다. 음식점의 특징과 판매하는 상품은 다음과 같습니다. 고객을 모으기 위해 필요한 콘텐츠에 관해 생각해 주십시오.

음식점의 특징
- 창업 80년
- 이천 쌀 100% 사용
- 육수는 15일 동안 끓여서 만듦

포인트
음식점의 특징과 상품을 나열한다

판매 상품
- 칼국수 면
- 칼국수 면과 국물 세트
- 칼국수와 깍두기 세트

A 오래된 칼국수집의 EC 사이트를 만들 때 고려해야 할 주요 콘텐츠는 다음과 같습니다. 이러한 콘텐츠는 사이트 방문자의 관심을 끌고, 구매를 유도하기 위해 중요합니다.

1. 음식점 소개 페이지
   - 역사와 전통: 창업 80년의 역사를 강조하여 신뢰성과 전통성을 부각시킵니다.
   - 재료의 특별함: 이천 쌀 100% 사용과 같은 프리미엄 재료를 강조하여 음식의 질과 맛에 대한 기대감을 높입니다.
   - 육수 제조 과정: 육수를 15일 동안 끓여 만든다는 고유의 제조 과정을 소개하여 차별화된 맛의 비결을 공유합니다.

2. 상품 소개 페이지
   - 상품별 상세 정보: 각 상품(칼국수 면, 칼국수 면과 국물 세트, 칼국수와 깍두기 세트)의 상세 설명과 재료, 맛의 특징을 소개합니다.
   - 고화질 이미지: 각 상품의 매력을 전달할 수 있는 고화질 이미지를 사용하여 방문자의 식욕을 자극합니다.
   - 요리법 소개: 집에서도 쉽게 요리할 수 있는 칼국수 요리법을 제공하여 상품 구매의 추가적인 가치를 제공합니다.

(후략)

● 칼럼

여러 콘텐츠가 표시돼 어디부터 손을 써야 할지 모를 때는 '특별히 중요한 것이 무엇인지 알려 주십시오.'라고 질문해 봅시다. 작업 우선 순위를 알려 줍니다.

사이트에 게재할 문장 작성하기

Q 당신은 전문 웹 디자이너입니다. 오래된 칼국수집의 EC 사이트를 만들게 됐습니다. 홈페이지에 게재할 임시 제목 문장을 작성해 주십시오. 홈페이지의 이미지는 다음과 같습니다.

- 칼국수집의 창업 80년 역사를 강조하는 배너 등을 매치하고 전통과 신뢰성을 어필한다
- 클래식한 사진을 사용해서 이천 쌀 100% 사용과 15일 동안의 육수 제작 과정을 시각적으로 표현한다

A 홈페이지에 게재할 임시 제목 문장을 다음과 같이 제안합니다. 이 문장들은 칼국수집의 오랜 역사, 전통과 신뢰성, 그리고 고유의 제조 과정을 강조합니다.

제목 문장 제안

1. "80년 전통의 맛, 현대까지 이어진 칼국수의 진수"
   이 제목은 칼국수집의 오랜 역사와 전통을 강조하며, 시간을 거쳐 변하지 않는 맛의 품질을 어필합니다.
2. "이천산 쌀로 완성된, 매일 새로워지는 전통의 맛"
   이천산 쌀 100% 사용이라는 점을 강조하며, 고급 재료를 사용한 맛의 품질을 전달합니다.

(후략)

● 여기가 포인트

웹사이트에 게재하는 문장을 작성하는 것도 ChatGPT가 뛰어난 분야입니다. 예를 들어 랜딩 페이지에 게재할 리드 문장을 작성하고 싶을 때, 먼저 작성한 콘텐츠의 이미지를 ChatGPT에 전달하면 그에 맞는 문장을 생성해 줍니다.

FAQ의 내용 생각하기

프롬프트

Q 당신은 전문 웹 디자이너입니다. 오래된 칼국수집의 EC 사이트에 게재할 FAQ 페이지를 작성해 주십시오. 대상은 중년층입니다. 이 사용자들로부터 예상되는 질문과 그에 대한 답변을 생각해 주십시오. 그리고 다음 질문 내용은 반드시 포함해 주십시오.

- 온라인 주문 순서에 관해
- 배송 지역에 관해
- 알레르기 관련 문의에 관해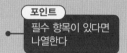
- 지불 방법에 관해

포인트
필수 항목이 있다면 나열한다

● **여기가 포인트**

EC 사이트의 FAQ 페이지를 작성할 때는 예상되는 질문을 글머리 기호로 전달하면, 보다 구체적인 FAQ를 작성할 수 있습니다.

콘텐츠의 일관성 체크하기

프롬프트

Q 당신은 전문 편집자입니다. 다음 블로그 글의 톤과 스타일이 일관돼 있는지 체크해 주십시오.

안녕하세요, 여러분! 오늘은 건강 식품에 관해 이야기해 봅시다. 건강 식품은 정말로 멋진 선택지입니다. 비타민, 미네랄이 가득! 하지만 많은 사람들이 인식하지 못하는 것이 이 건강 식품의 가격이 매우 비싸다는 사실입니다. 구입하기 전에 가계에 얼만큼의 부담이 되는지 충분히 생각해 봐야 합니다.

● **여기가 포인트**

블로그 글이나 사이트에 게재하는 문장의 톤과 스타일이 일치하지 않으면 사용자에게 위화감을 주게 됩니다. 그렇기 때문에 글을 게재하기 전에 '톤과 스타일이 일관돼 있는지 체크해 주십시오.'와 같이 ChatGPT에게 지시해서 톤과 스타일을 체크하는 것을 권장합니다.

효과적인 메타 정보 생성하기

Q 다음 블로그 글의 메타 제목(Meta Title)과 메타 설명(Meta Description)을 생성해 주십시오.

건강 식품 시장은 급성장하고 있으며 많은 사람들이 비타민, 미네랄, 항산화물질 등을 포함한 상품들에 매료되고 있습니다. 하지만 일반적인 식품에 비해 가격이 비싼 경우도 많아, 그 비용 대비 효과에 관해 의문을 갖는 사람들도 적지 않습니다.

A 블로그 글에 적합한 메타 제목과 메타 설명을 생성할 때, 주제의 핵심을 간결하게 포함하고 검색 엔진 최적화(SEO)를 고려하여 키워드를 적절히 배치하는 것이 중요합니다. 다음은 제안된 메타 제목과 메타 설명입니다.

- 메타 제목(Meta Title): 건강 식품의 비용 대비 효과: 비타민과 미네랄의 진실.
- 메타 설명(Meta Description): 건강 식품 시장의 급성장 속, 비타민과 미네랄이 풍부한 상품의 가격과 효과를 탐구합니다. 고품질 건강 식품의 가치와 비용 대비 이점에 대한 심층 분석을 제공합니다.

(후략)

● 여기가 포인트

구글 검색 결과에서 가장 먼저 눈에 들어오는 제목과 설명을 메타 정보라 부릅니다. 이 정보에 설득력이 있으면 사이트나 블로그로 고객을 쉽게 유도할 수 있습니다. 메타 정보를 ChatGPT 에게 생성하게 하려면 글의 내용을 전달하고 메타 정보 생성을 지시합니다.

UI 디자인의 체크 리스트 작성하기

프롬프트

Q PC 조작에 익숙하지 않은 사람도 쉽게 알 수 있는 로그인 화면을 만들기 위한 UI 디자인의 체크 리스트를 표 형식으로 작성해 주십시오.

포인트

사용자층과 사이트 내용을 기재한다

A PC 조작에 익숙하지 않은 사람도 쉽게 이해할 수 있는 로그인 화면을 만들기 위한 UI 디자인 체크리스트를 아래 표 형식으로 정리했습니다. 이 체크리스트는 사용자 친화적인 로그인 화면 디자인을 위한 핵심 요소들을 포함하고 있습니다.

항목	설명
단순한 레이아웃	사용자가 혼란스러워하지 않도록 최소한의 요소만 포함시킵니다.
큰 폰트 크기	읽기 쉽게 충분히 큰 텍스트 크기를 사용합니다.
명확한 레이블	사용자가 이해하기 쉬운 명확한 텍스트 레이블을 사용합니다.
아이콘 사용	텍스트 대신 이해하기 쉬운 아이콘을 사용하여 기능을 나타냅니다.
입력 필드 강조	사용자가 입력해야 하는 필드를 명확하게 강조하여 보여 줍니다.
명확한 버튼 레이블	버튼의 기능을 명확하게 설명하는 레이블을 사용합니다 (예: '로그인', '회원가입').
키보드 접근성	키보드만으로도 모든 조작이 가능하게 합니다.
에러 메시지 명확성	사용자가 오류를 쉽게 이해하고 수정할 수 있도록 명확한 에러 메시지를 제공합니다.
도움말 제공	로그인 과정에서 도움이 필요할 경우를 대비해 도움말 또는 문의 방법을 제공합니다.
반응형 디자인	다양한 화면 크기와 장치에서도 잘 보이도록 반응형으로 디자인합니다.

이 체크리스트를 통해 로그인 화면을 디자인할 때, 사용자의 편의성을 최우선으로 고려하고, 모든 사용자가 쉽게 이해하고 사용할 수 있도록 만들어야 합니다.

● 여기가 포인트

사이트를 구축할 때 무엇에 주의해야 하는가에 관한 체크리스트를 작성해 두면 좋습니다. 이 리스트를 작성할 때는 예상되는 사용자층과 작성할 사이트의 내용을 지시합니다.

사용자 시나리오 작성하기

Q 당신은 전문 UX 디자이너입니다. 40대 주부가 건강 식품 웹사이트에서 쇼핑을 할 때에 관한 사용자 시나리오를 작성해 주십시오.

A 사용자 시나리오: 건강 식품을 찾는 40대 주부, 민정 씨

1. 사용자 프로필:
   • 이름: 민정 씨
   • 나이: 45세
   • 직업: 주부
   • 관심사: 가족 건강 관리, 영양가 높은 식단 준비
   • 기술 수준: 인터넷 검색과 기본적인 온라인 쇼핑에 익숙함

2. 상황:
   • 민정 씨는 최근 가족의 건강과 면역력을 강화하기 위해 건강 식품에 대한 관심이 높아졌습니다. 특히, 아이들의 성장과 남편의 건강을 위한 보충제를 찾고 있습니다. 그러나 건강 식품의 종류가 다양하고 정보가 많아 어떤 상품을 선택해야 할지 망설여 집니다.

3. 목표:
   • 가족 구성원별 필요한 건강 식품을 찾는다.
   • 상품의 성분, 효능, 가격 등을 비교한다.
   • 안전하고 신뢰할 수 있는 상품을 선택하여 구매한다.

4. 사용자 시나리오:
   • 웹사이트 접속:
     – 민정 씨는 친구로부터 추천받은 건강 식품 전문 웹사이트에 접속합니다.
   • 카테고리 탐색:
     – 홈페이지에서는 다양한 카테고리(아동 건강, 여성 건강, 남성 건강 등)를 쉽게 볼 수 있습니다.
     – 민정 씨는 '아동 건강'과 '남성 건강' 카테고리를 클릭하여 둘러봅니다.
   • 상품 정보 확인:
     – 관심 있는 몇 가지 상품을 클릭하여 상세 정보를 확인합니다. 상품의 성분, 효능, 사용 방법, 가격 등을 상세하게 읽어 봅니다.

● 여기가 포인트

사용자 시나리오란 사용자 경험을 시각화한 것으로 사용자의 행동을 분석하고 사이트를 개선하는 데 도움이 됩니다. ChatGPT에게 상품, 서비스 종류, 사용자층을 입력하면 사용자 시나리오를 즉시 작성할 수 있습니다.

보다 적절한 수식으로 수정하기

프롬프트

Q 다음 수식을 확인하고 보다 적절한 함수가 있다면 그 함수를 사용해서 수식을 간 단하게 만들어 주십시오.

=IF(AVERAGE(A1:A10) > 10, AVERAGE(A1:A10), 0)

A 주어진 수식은 A1:A10 범위의 평균이 10보다 클 경우 해당 평균 값을 반환하고, 그 렇지 않으면 0을 반환합니다. 이 수식은 AVERAGEIF 함수를 사용하여 더 간단하 게 만들 수 있습니다. 그러나 AVERAGEIF 함수는 조건에 따라 평균을 계산할 때 사용되며, 직접적으로 "평균 값이 특정 값보다 클 때만 평균을 반환하고 그렇지 않 으면 다른 값을 반환하는" 로직을 구현하지는 않습니다. 따라서 주어진 조건을 만족 시키는 더 간단한 함수는 없습니다.

하지만, 이 수식을 보다 효율적으로 만들기 위해 AVERAGE 함수의 결과를 변수처 럼 사용하여 중복 계산을 피할 수 있는 방법은 없습니다. 엑셀 수식 내에서 직접적 으로 변수를 정의할 수는 없으므로, 주어진 수식을 최적 화하는 가장 좋은 방법은 원래의 IF(AVERAGE(A1:A10) > 10, AVERAGE(A1:A10), 0) 형태를 유지하는 것입니다.

> **주목할 점**
> 함수의 형태에 대한 조언을 해 준다

엑셀에서 수식의 결과를 재사용하기 위한 명시적인 방법 은 없으며, 수식이 복잡하거나 계산이 반복될 때는 결과를 셀에 저장하고 그 셀을 참조하는 방식을 사용할 수 있습니다. 하지만 이 경우에는 수식이 단순하므로, 주어 진 형태가 이미 최적의 방법입니다.

● 여기가 포인트

복잡한 수식은 유지보수성이 좋지 않을뿐만 아니라 의도하지 않은 계산 실수를 유발합니다. 읽 기 어려운 수식의 경우 다른 함수를 사용해 단순하게 하려면 '보다 적절한 함수를 사용해 간단 하게 만들어 주십시오.'라고 지시하고, 수식을 기술하면 적절하고 정확한 수식을 제안해 줍니다.

최적의 그래프 종류에 관한 제안받기

프롬프트

Q 다음 데이터로 그래프를 작성하고 싶습니다. 어떤 그래프가 가장 적절한지 알려 주십시오.

- 데이터셋: 재고 데이터
- 데이터 구조: 카테고리(상품 유형)
- 시각화 목적: 시간 경과에 따른 재고 변화
- 데이터 크기: 51–500행

A 시간 경과에 따른 재고 변화를 시각화하기 위해 가장 적절한 그래프 유형을 선택할 때, 데이터의 구조와 시각화 목적을 고려해야 합니다. 여기서 주요 요소는 시간에 따른 변화를 보여 주기 위함이므로, 다음과 같은 그래프 유형이 적절합니다:

1. 선 그래프(Line Graph):
   - 선 그래프는 시간 경과에 따른 데이터의 변화를 나타내는 데 가장 일반적으로 사용되는 그래프 유형입니다.
   - 각 상품 유형(카테고리)의 재고 변화를 시간에 따라 선으로 연결하여, 특정 시점에서의 재고 수준을 명확하게 보여 줄 수 있습니다.
   - 여러 상품 유형의 재고 변화를 서로 다른 색상의 선으로 표시하여 비교할 수도 있습니다.
2. 영역 그래프(Area Graph):
   - 영역 그래프는 선 그래프의 변형으로, 선 아래 영역을 색으로 채워 더 강조합니다.
   - 이는 시간에 따른 재고의 증감 추세를 더 두드러지게 보여 줄 수 있으며, 여러 상품 유형의 데이터를 겹쳐서 표현할 때 유용합니다.

(후략)

● 여기가 포인트

표를 그래프로 만드는 경우 어떤 그래프가 최적인지 고민될 수 있습니다. 이런 경우에는 데이터셋과 데이터 구조, 시각화의 목적 등을 전달하면 적절한 그래프의 종류를 제안해 줍니다. 표 형식 데이터를 이미 갖고 있는 경우, 표를 붙여 넣으면 적절하고 정확한 답변을 얻을 수 있습니다.

06

곤란한 상황에서
ChatGPT 활용하기

알레르기와 관련한 주의점 확인하기

알레르기 대책에 관해 ChatGPT에게 질문하는 경우 프롬프트에 알레르기의 원인 물질인 '알러젠(혹은 알레르긴, 알레르기 항원)'을 기술하는 것이 중요합니다. 한 사람이 여러 가지 알레르기를 갖는 경우도 있으므로, 그럴 때는 알러젠이 누락되지 않도록 주의합니다. 처음에는 전체적인 내용을 문의하고, 추가 질문을 통해 특정 종류의 알레르기에 관한 상세한 설명을 구하면 이해하기 쉬운 답변을 생성합니다.

프롬프트

Q 당신은 알레르기 외래 진료 경험이 풍부한 의사입니다. 보리 알레르기를 갖고 있는 남동생이 1박 2일로 여행을 갑니다. 여행에서 주의할 점들에 관해 알려 주십시오.

A 보리 알레르기를 가진 남동생이 1박 2일 여행을 가는 경우 주의해야 할 사항들은 다음과 같습니다:

1. 음식 선택에 주의하기
   - 보리 함유 음식 피하기: 보리가 들어간 음식이나 음료(예: 맥주, 보리차, 보리빵, 일부 시리얼 등)를 피해야 합니다.
   - 음식 성분 확인: 외식을 할 때는 음식의 재료나 성분을 미리 확인하고, 보리가 포함되지 않았는지 직원에게 물어 보아야 합니다.
   - 크로스컨택트 주의: 주방에서 다른 음식과의 교차 오염이 없는지 확인합니다. 가능하면 알레르기에 대해 사전에 알리고, 조리도구 등을 따로 사용해 줄 것을 요청하세요.

2. 알레르기 대응 준비
   - 에피네프린 자가 주사기(에피펜): 예기치 않은 알레르기 반응에 대비해 에피네프린 자가 주사기를 항상 휴대하세요.
   - 알레르기 카드 소지: 알레르기 정보를 담은 카드를 소지하고, 식당에서 주문할 때 이를 보여 주어 음식 준비에 주의를 요청하세요.
   - 알레르기 약물 준비: 평소 복용하는 알레르기 약물이 있다면 충분한 양을 준비하고 여행 중에도 정해진 시간에 복용하세요.

3. 숙소 선택 시 고려 사항
   - 알레르기 안전 숙소: 가능하면 알레르기가 있는 고객을 위한 서비스를 제공하는 숙소를 선택합니다. 숙소 예약 시 알레르기가 있다고 미리 알려, 필요한 조치를 취할 수 있도록 합니다.

4. 여행지에서의 주의 사항
   - 현지 응급 의료 서비스 정보 숙지: 여행지의 응급 의료 서비스 정보(병원 위치, 응급 전화번호 등)를 미리 알아 두고, 필요 시 신속하게 대응할 수 있도록 준비합니다.

5. 음식 준비
- 안전한 식사 옵션: 미리 안전하게 섭취할 수 있는 음식을 준비하거나, 알레르기 반응을 일으키지 않는 재료로 만든 간식을 챙겨가는 것이 좋습니다.

알레르기가 있는 경우 여행은 주의 깊은 준비가 필요합니다. 위의 조치들을 통해 안전하고 즐거운 여행이 되도록 준비하세요.

● 칼럼

음식물 알레르기에 관한 프롬프트를 기술할 때 대책이 음식물에 한정된다는 선입견은 버리기 바랍니다. 질문이 적절하지 않으면 의외의 사항에 관해 눈치채지 못할 가능성이 높습니다.

주의할 약물의 조합 생각하기

프롬프트

Q 당신은 풍부한 지식이 있는 제약사입니다. 혈압 강하약과 함께 복용하지 않는 편이 좋은 약에 관해 알려 주십시오. 그와 함께 섭취하지 않는 편이 좋은 음식물에 관해서도 알려 주십시오.

A 혈압 강하약과 함께 복용하지 않는 편이 좋은 약물과 음식물에 대해 알려 드리겠습니다. 이러한 정보는 환자의 안전과 치료 효과를 최대화하기 위해 중요합니다.

함께 복용하지 않는 편이 좋은 약물
- 비스테로이드성 항염증제(NSAIDs): 이부프로펜(Advil, Motrin 등)이나 나프록센 (Naproxen, Aleve 등)과 같은 NSAIDs는 혈압을 상승시킬 수 있으며, 혈압 강하약의 효과를 감소시킬 수 있습니다.
- 일부 항우울제: 특히 트리사이클릭 항우울제는 혈압을 상승시킬 수 있어 혈압 강하약과 함께 복용할 경우 주의가 필요합니다.
- 스테로이드: 프레드니손과 같은 스테로이드는 체내에서 나트륨을 보유하게 하여 혈압을 상승시킬 수 있습니다.

(후략)

● 여기가 포인트

여러 약의 조합 여부는 약제의 이름, 대략적인 효능 등을 프롬프트에 기술해서 ChatGPT에 질문합니다.

임신 초기, 가족들의 주의점 확인하기

프롬프트

Q 당신은 숙련된 조산사입니다. 나의 배우자는 임신 초기입니다. 함께 생활하는 가족들이 주의하면 좋을 행동에 관해서 알려 주십시오. 그리고 적극적으로 섭취해야 할 식사, 피하는 것이 좋은 식사에 관해서도 알려 주십시오.

A 임신 초기에는 여러 가지 주의 사항과 함께 신체적, 정서적 지원이 필요합니다. 가족들이 함께 생활하며 주의해야 할 행동과 식사에 관한 조언은 다음과 같습니다.

가족들이 주의해야 할 행동:

1. 정서적 지원 제공: 임신 초기에는 호르몬 변화로 인해 감정 기복이 심할 수 있습니다. 이해와 지지를 통해 긍정적인 정서적 환경을 조성해 주세요.

2. 가사 분담: 피로감과 메스꺼움이 증가할 수 있으므로, 가사 일을 분담하여 배우자에게 충분한 휴식을 제공하세요.

3. 금연 및 금주: 가정 내에서 금연과 금주를 실천해 주세요. 간접흡연과 알코올은 태아에게 해로울 수 있습니다.

(후략)

● 여기가 포인트

임신 중인 가족이 있을 때의 주의점에 관해 ChatGPT에게 질문할 때는 임신 초기 또는 안정기와 같은 시간을 프롬프트에 입력하는 것이 중요합니다. 그리고 본인, 배우자, 조부모 등 질문자의 입장도 함께 기술하면 그에 맞는 답변을 얻을 수 있습니다.

자녀의 예방 접종에 관해 조사하기

의료 정보에 관해 ChatGPT에게 질문할 때는 ChatGPT로부터 최신 정보는 얻을 수 없다는 점, 사실을 그대로 정리해서 답변하는 것은 아니므로 상세한 부분은 잘못될 가능성이 높다는 점에 주의해야 합니다. 즉, 최신의 정확한 정보를 원한다면 ChatGPT를 사용해서는 안 됩니다. 문장 생성형 AI를 사용하고 싶다면 적어도 Bing AI를 사용해야 합니다. 여기에서는 구글 검색을 할 때의 준비 단계에서 참고 정보 정도를 얻을 목적으로 ChatGPT를 사용한다고 가정합니다.

자녀가 받아야 할 예방 접종에 관한 정보를 ChatGPT에게 질문할 때는 원하는 정보를 명확하게 구분해서 프롬프트에 기술합니다. 일반적으로는 종류, 시기, 횟수, 간격, 필수 여부, 주의점 등의 항목을 들 수 있습니다. 처음부터 알고 싶은 것을 모두 망라하지 말고, 먼저 개요에 대한 설명을 생성한 뒤 단계적으로 세부적인 내용을 확인하는 질문을 반복하는 편이 상세한 정보를 얻을 수 있습니다.

프롬프트

Q 당신은 경험이 풍부한 보건소 직원입니다. 자녀(유아기)에게 여러 백신을 접종해야 합니다. 예방 접종의 종류와 시기에 관해 설명해 주십시오. 그리고 필수 여부도 구분해 주십시오. 또한 접종 시 부모로서 주의할 점에 관해서도 알려 주십시오.

A 유아기에 접종해야 하는 예방 백신의 종류와 시기는 국가나 지역에 따라 다소 차이가 있을 수 있지만, 일반적인 가이드라인을 바탕으로 설명해 드리겠습니다. 아래 정보는 국제 보건 기준에 근거한 일반적인 권장 사항입니다.

유아기 필수 예방 접종

1. B형 간염 백신(HepB)
   - 시기: 출생 직후, 1~2개월, 6~18개월
   - 필수 여부: 필수

2. 로타바이러스 백신(RV)
   - 시기: 2개월, 4개월(일부 백신은 6개월에 추가 접종)
   - 필수 여부: 필수

3. 디프테리아, 파상풍, 백일해 복합 백신(DTaP)
   - 시기: 2개월, 4개월, 6개월, 15~18개월, 4~6년
   - 필수 여부: 필수

4. 하이브 백신(Hib)
   - 시기: 2개월, 4개월, 6개월(일부 백신), 12~15개월
   - 필수 여부: 필수

5. 폴리오 백신(IPV)
   - 시기: 2개월, 4개월, 6~18개월, 4~6년
   - 필수 여부: 필수

6. 폐렴구균 백신(PCV)
   - 시기: 2개월, 4개월, 6개월, 12~15개월
   - 필수 여부: 필수

(후략)

상비약에 관한 제안받기

Q 당신은 경험이 풍부한 약제사입니다. 봄부터 새로운 지역에서 새로운 생활을 하게 됐습니다. 항상 구비해 두어야 할 의약품에 관해 알려 주십시오.

A 새로운 지역에서의 생활을 시작하면서 항상 구비해 두어야 할 기본 약품 목록을 준비하는 것은 매우 중요합니다. 다음은 일반적인 상황에 대비하여 가정에서 보유해야 할 약품들입니다:

1. 해열진통제
   - 예시: 아세트아미노펜(타이레놀), 이부프로펜(아드빌, 모트린)
   - 용도: 발열, 두통, 근육통, 경미한 통증 완화
2. 감기약
   - 예시: 감기약 복합제(콜드펙스, 콘택600)
   - 용도: 콧물, 기침, 목 아픔 등 감기 증상 완화
3. 소화제
   - 예시: 알약 형태(겔포스), 액체 형태(펩토-비스몰)
   - 용도: 소화 불량, 속쓰림, 위산 과다 완화
4. 변비약
   - 예시: 락툴로오스(듀파락), 센나(세놀)
   - 용도: 변비 해소
5. 지사제
   - 예시: 로페라마이드(임모듐)
   - 용도: 급성 설사 증상 완화

(후략)

● 여기가 포인트

자신에게 맞는 상비약에 관해 알고 싶을 때는 프롬프트에 나이, 지병, 체질, 생활 패턴, 운동 습관 등을 기술합니다.

긴급 상황에서의 대응 방법 조사하기

프롬프트

Q 당신은 유능한 응급 구조사입니다. 부모님께 열사병과 같은 증상이 보입니다. 지금 대처할 수 있는 방법을 순서대로 알려 주십시오.

A 열사병은 높은 체온과 관련된 응급 상황이며 신속한 대처가 필요합니다. 부모님께서 열사병 같은 증상을 보이신다면, 다음과 같은 조치를 취해 주세요:

1. 시원한 곳으로 이동
   부모님을 직사광선이나 더운 환경에서 벗어나게 하여 시원한 장소로 옮깁니다.

2. 옷을 풀어주고 시원하게 해 주기
   불필요한 옷을 벗기거나 풀어서 통풍을 도와 체온을 낮춥니다.

3. 체온 낮추기
   차가운 물수건이나 얼음팩을 사용해 목덜미, 겨드랑이, 사타구니 등에 대어 체온을 빠르게 낮춥니다. 가능하다면, 시원한 물로 샤워하거나 목욕시켜 체온을 빠르게 낮추는 것이 좋습니다.

(후략)

● 여기가 포인트

응급조치에 관해서는 여러 사이트에서 설명하지만 개별적으로 검색하는 것보다 ChatGPT에게 질문하는 편이 빠르게 정보를 수집할 수 있습니다. 하지만 전문적인 정보를 모아 둔 사이트와 비교했을 때 ChatGPT가 제공하는 정보의 정확도는 낮으므로 주의합니다.

건강보험이 적용되지 않는 의료 서비스 조사하기

Q 당신은 전문 의료 사무 담당자입니다. 나는 치아 치료를 받아야 합니다. 한국의 국민건강보험이 적용되지 않는 치아 치료 관련 의료 서비스에 관해 알려 주십시오.

A 한국의 국민건강보험은 다양한 치료에 대해 보장을 제공하지만, 모든 치과 치료가 보험 적용을 받는 것은 아닙니다. 국민건강보험이 적용되지 않는 치과 치료 관련 서비스는 다음과 같습니다:

1. 심미 치료
   - 예시: 래미네이트, 미백, 보석 박힌 치아 등.
   - 설명: 심미적 목적으로 이루어지는 치료는 건강보험 적용을 받지 않습니다.
2. 임플란트
   - 설명: 임플란트는 일부 연령대(예: 65세 이상)에 한하여 제한적으로 보험 적용을 받을 수 있으며, 대부분의 경우 전액 자비 부담입니다.

(후략)

● 여기가 포인트

본인 부담 진료에서는 높은 금액의 진료비가 발생할 수 있으므로 사전에 ChatGPT를 통해 참고할 수 있는 정보를 확인할 수 있습니다. 이때 프롬프트에 진료과를 기재하는 것이 중요합니다. 또한 가능한 질병, 치료 방법 이름 등을 덧붙이면 좋습니다.

근력 운동 계획 작성하기

프롬프트

Q 당신은 피트니스 센터의 인기 트레이너입니다. 나는 체력이 저하돼 있으며, 근력 운동을 시작하려고 합니다. 초심자라도 집에서 간단하게 할 수 있는 근력 운동 계획을 만들어 주십시오. 운동 시간은 하루에 30분 정도입니다.

A 체력이 저하된 초심자를 위한 집에서 할 수 있는 간단한 근력 운동 계획을 제안합니다. 이 계획은 특별한 장비 없이도 실행할 수 있으며, 하루에 30분 정도 소요됩니다. 운동 전에는 적절한 워밍업으로 몸을 준비하고, 운동 후에는 쿨다운으로 마무리하는 것을 잊지 마세요.

주 3~4일 운동 계획:

1. 워밍업(5분)
   제자리 걷기 또는 가벼운 스트레칭

2. 운동 세션(20분)
   각 운동은 30초~1분간 진행 후, 30초 휴식. 총 3~4세트 반복
   - 팔굽혀펴기
     – 목적: 가슴, 어깨, 삼두근 강화
     – 변형: 무릎을 바닥에 대고 수행하여 난이도 조절
   - 스쿼트
     – 목적: 다리와 엉덩이 근육 강화
     – 변형: 의자를 사용한 스쿼트로 시작하여 균형 잡기
   - 플랭크
     – 목적: 코어 강화
     – 시간: 20~30초 유지 후 점차 시간 증가

(후략)

● 여기가 포인트

ChatGPT에게 초심자를 위한 근력 운동 계획을 질문할 때는 '초심자', '간단'과 같은 키워드와 함께 소요 시간을 프롬프트에 입력하는 것이 중요합니다. 같은 30분이라도 한 번에 30분일 때와 아침/저녁 15분일 때는 계획의 내용이 달라집니다.

미용에 좋은 루틴에 관한 제안받기

미용에 관한 제안을 ChatGPT에게 질문할 때는 프롬프트에 목적을 명기하고, 다루고자 하는 범위 등의 조건을 함께 제시합니다. 다음으로 대상자(여기에서는 자신)의 나이, 성별, 현재 상태와 같은 정보도 추가합니다. 중점을 두는 포인트가 있다면 그 정보도 기술합니다. 명확하지 않은 답변은 반복해서 질문해 상세한 설명을 요구합니다.

프롬프트

Q 당신은 유명한 미용의 대가입니다. 안티 에이징 케어를 위한 일일 루틴을 제안해 주십시오. 나에 관한 정보는 다음과 같습니다.

- 나이: 50세
- 성별: 여성
- 최근의 고민: 피부 노화

A 50세 여성분의 안티 에이징 케어를 위한 일일 루틴을 제안해 드리겠습니다. 주름과 피부 노화에 대한 고민을 해결하기 위한 효과적인 뷰티 루틴은 꾸준한 관리와 올바른 상품의 사용에서 시작됩니다.

아침 루틴:

1. 부드러운 세안: 순한 클렌징 상품을 사용하여 피부를 부드럽게 세안합니다. 피부에 자극을 주지 않도록 주의하세요.
2. 토너: 피부의 pH 밸런스를 맞추고, 모공을 정돈해 주는 토너를 사용합니다. 이때, 피부 진정 효과가 있는 상품을 선택하세요.
3. 항산화 세럼: 비타민 C나 E와 같은 항산화 성분이 함유된 세럼을 사용하여 자외선과 환경 오염으로부터 피부를 보호하세요.
4. 보습제: 피부의 수분을 유지하기 위해 보습 크림이나 로션을 충분히 바릅니다. 히알루론산이 함유된 상품이 좋습니다.
5. 자외선 차단제: 매일 SPF 30 이상의 자외선 차단제를 사용하여 피부 노화의 주요 원인인 자외선으로부터 피부를 보호하세요.

저녁 루틴:

1. 딥 클렌징: 메이크업과 하루 동안 쌓인 노폐물을 제거합니다.

(후략)

칼럼

체질에 따라 사용할 수 없는 혹은 피부에 맞지 않는 화장품 등이 있을 수 있습니다. 그런 항목들이 있다면 해당 항목도 조건으로 프롬프트에 입력합니다.

프롬프트

Q 당신은 경험이 풍부한 여행 가이드입니다. 나는 모리셔스에 갑니다. 모리셔스에 가져가면 좋을 미용품과 의약품의 체크 리스트를 작성해 주십시오. 그리고 항공기 안 및 해당 국가에 가져갈 수 있는 미용품과 의약품의 체크 리스트도 작성해 주십시오.

A 모리셔스 여행을 위한 미용품과 약품 체크리스트를 준비했습니다. 여행 중 편안함을 유지하고, 현지 환경에 적응하는 데 필요한 아이템들을 포함시켰습니다. 또한, 항공기 내 반입 규정과 목적지 국가에서의 규제 사항을 고려하여 리스트를 작성했습니다.

모리셔스 여행 미용품 체크리스트:

1. 자외선 차단제: 높은 SPF 지수를 가진 넓은 스펙트럼 보호 기능의 자외선 차단제.
2. 보습제: 공기 중 습도 변화에 대비한 보습 크림 또는 로션.
3. 애프터 선 케어: 태양 노출 후 피부 진정과 보습을 위한 애프터 선 상품.

(후략)

● 여기가 포인트

해외 여행 시의 소지품에 관해 질문할 때는 방문지에 따라 기후, 법률 등이 다르므로 프롬프트에 방문할 국가, 지역 이름 등을 기술합니다. ChatGPT의 정보는 과거의 정보일 가능성이 있으므로 이런 질문의 경우에는 Bing AI 등을 사용합니다.

좋은 화장법에 대한 제안받기

프롬프트

Q 당신은 전문 메이크업 아티스트입니다. 다음의 조건에서 어떤 화장법이 좋을지 조 언해 주십시오.
- 계절: 겨울
- 상황: 클라이언트와의 회의
- 피부 상태: 약간 붉은 톤의 피부
- 화장 시간: 시간이 짧음
- 기술 레벨: 화장 기술이 그다지 많지 않음

A 겨울철에 클라이언트와의 회의에 참석하면서, 시간이 촉박하고, 화장 기술이 초보 자 수준인 경우에 적합한 화장법은 다음과 같습니다. 이 방법은 약간 붉은 톤의 피 부를 고려하여 피부 톤을 균일하게 보이게 하는 동시에 자연스러우면서도 전문적 인 인상을 줄 수 있습니다.

1. 베이스 메이크업
   - 프라이머: 붉은 피부 톤을 중화시키기 위해 녹색 기반의 컬러 코렉팅 프라이머 를 사용합니다. 녹색은 붉은색을 중화시키는 데 효과적입니다.
   - BB크림 또는 가벼운 파운데이션: 무겁지 않으면서도 커버력이 있는 BB크림이 나 파운데이션을 사용하여 피부 톤을 균일하게 합니다. 손가락이나 스펀지를 사용해 빠르게 펴 바를 수 있습니다.

(후략)

● 여기가 포인트

ChatGPT에 화장에 관한 조언을 생성하게 하는 경우에는 자신의 피부 유형, 화장 기술 수준과 같은 전제 조건을 프롬프트에 입력합니다. 동시에 시기, 장소, 목적 등 소위 TPO(Time, Place, Object)에 관한 정보도 추가합니다.

미용에 좋은 식사 레시피 제안받기

Q 당신은 영양 관리사와 조리사 자격을 가진 경험이 풍부한 요리 연구가입니다. 나는 정기 건강 검진에서 혈중 콜레스테롤 값과 중성 지방 값이 높다는 결과를 받았습니다. 이를 개선하는 식사 레시피를 제안해 주십시오.

A 혈중 콜레스테롤과 중성 지방 값을 개선하기 위한 식사는 포화지방, 트랜스지방 섭취를 줄이고, 건강한 지방, 식이섬유, 그리고 항산화 물질이 풍부한 식품 위주로 구성해야 합니다. 다음은 혈중 콜레스테롤과 중성 지방 값을 개선할 수 있는 건강한 식사 레시피입니다.

오트밀과 견과류를 곁들인 과일 샐러드

재료
- 귀리(오트밀) 1컵
- 아몬드 슬라이스 1/4컵
- 호두 조각 1/4컵
- 신선한 베리류(블루베리, 딸기) 1/2컵
- 사과 1개(중간 크기)
- 꿀 또는 메이플 시럽 1큰술
- 계피 가루 1/2작은술

(후략)

● 여기가 포인트

미용이나 건강에 좋은 레시피에 관해 알고 싶은 경우에는 현재 상태의 문제점과 개선 방향 등의 조건을 프롬프트에 입력합니다. ChatGPT는 서양 식단 중심의 답변을 하기 쉬우므로 취향에 맞는 식재료 혹은 양념과 같은 조건을 추가합니다.

다이어트 계획 수립하기

Q 당신은 폭넓은 지식을 가진 경험이 풍부한 다이어트 카운셀러입니다. 3개월 전후로 3kg의 체중을 줄이고 싶습니다. 이를 위한 다이어트 계획을 제안해 주십시오. 조건은 다음과 같습니다.
- 나이: 40대
- 성별: 남성

A 3kg의 체중 감량을 목표로 하는 40대 남성을 위한 3개월 다이어트 계획을 제안합니다. 이 계획은 영양 섭취의 균형, 규칙적인 운동, 그리고 지속 가능한 생활 습관 변화를 중심으로 구성됩니다.

영양 계획:
- 칼로리 섭취 조절: 일일 칼로리 섭취량을 현재 유지 칼로리에서 약 500kcal 줄여 체중 감량을 유도합니다. 이는 한 달에 약 0.5~1kg 정도 체중이 감소하는 건강한 속도입니다.

(후략)

● 여기가 포인트

다이어트 계획은 자신의 현재 상태와 원하는 목표를 프롬프트에 입력합니다. 단, 1개월에 10kg를 줄이는 등의 극단적인 목표는 안 됩니다. 그리고 식사 또는 운동 등 특히 중점을 두고 싶은 부분이 있다면 해당 내용도 추가합니다.

● 칼럼

ChatGPT에게 중장기적인 생활 개선에 대해 조언을 구할 경우, 처음 한 번의 질문으로 모두 끝내기보다 실천하면서 질문을 하는 등 계획 수정을 검토해 보시기 바랍니다.

직장에서의 인간 관계에 관해 상담하기

직장에서의 인관 관계에 관한 고민을 ChatGPT에게 상담하고 싶은 경우에는 가능한 범위 안에서 신경 쓰이는 점을 프롬프트에 나열합니다. 단, 고민이 막연하다면 그 점을 정직하게 작성합니다. 여기에서는 원인과 대책을 제시하도록 했지만, 단순한 고민에 관해 묻고 싶을 때는 프롬프트 작성 방법에 차이가 있으므로 주의해야 합니다 ([p.187] 참조).

프롬프트

Q 당신은 유명한 심리 상담가입니다. 최근 직장 동료로부터의 비난이 심해진 것 같습니다. 생각할 수 있는 원인과 가능한 대책에 관해 알려 주십시오.

A 직장 동료로부터의 비난이 심해진 경우, 이는 여러 원인에 기인할 수 있으며, 상황을 개선하기 위한 몇 가지 접근 방법을 고려할 수 있습니다.

1. 가능한 원인
   - 직장 동료로부터의 비난이 심해진 상황에 대처하기 위해서는, 먼저 그 원인을 이해하고 적절한 대책을 마련하는 것이 중요합니다.

2. 원인 파악
   - 의사소통 문제: 명확하지 않은 의사소통으로 인해 오해가 생길 수 있습니다. 말이나 행동이 잘못 전달돼 동료들이 불만을 가질 수 있습니다.
   - 업무 스트레스: 업무량이 많거나 압박이 심할 때, 스트레스는 동료 간의 관계를 긴장시킬 수 있습니다.
   - 역할과 책임의 불명확성: 업무에서의 역할과 책임이 명확하지 않으면, 기대치가 맞지 않아 충돌이 발생할 수 있습니다.
   - 인간관계 문제: 개인적 선호나 가치관의 차이가 충돌을 일으킬 수 있습니다.
   - 성과 문제: 업무 성과가 기대에 미치지 못하면, 동료들로부터 비판을 받을 수 있습니다.

3. 가능한 대책
   - 개방적인 의사소통 채널 유지: 동료들과 정기적으로 소통하며, 업무나 개인적인 우려 사항을 공유하세요.
   - 피드백 요청: 비난의 원인이 무엇인지 정확히 이해하기 위해, 구체적인 피드백을 요청하세요.

(후략)

다른 사람의 행동에 관한 문제 상담하기

Q 당신은 뛰어난 심리 상담가입니다. 직장의 한 신입 사원은 업무 도중 다른 업무가 들어오면 쉽게 당황하고, 원래의 업무로 돌아가지 못하는 경향이 있습니다. 그리고 책상 위나 가방 안을 정리하지 못하는 것으로 보입니다. 여기에서 추측할 수 있는 원인과 대책에 관해 알려 주십시오.

A 신입 사원이 업무 도중 쉽게 당황하고, 원래의 업무로 돌아가지 못하며, 책상이나 가방을 정리하지 못하는 행동은 여러 가지 원인으로 인해 발생할 수 있습니다. 이러한 행동 패턴을 통해 추측할 수 있는 원인과 대책을 아래와 같이 제안합니다.

추측할 수 있는 원인:

1. 작업 기억(Working Memory)의 문제
   작업 기억이란 단기간 정보를 저장하고 처리하는 인지 시스템입니다. 작업 기억 용량이 제한적인 사람은 동시에 여러 업무를 처리하기 어려워할 수 있습니다.

2. 주의력 문제
   집중력이나 주의력이 낮아서 새로운 자극이나 업무가 주어졌을 때 기존 업무로 돌아가기 어려울 수 있습니다.

   (중략)

이러한 대책들은 신입 사원이 업무 처리 능력을 향상시키고, 조직화 능력을 개발하는 데 도움이 될 것입니다. 개인의 특성과 상황을 고려하여 적절한 방법을 선택하고 접근하는 것이 중요합니다.

● 여기가 포인트

다른 사람의 행동에 관한 문제의 분야, 개선 제안을 ChatGPT에게 요청하는 경우에는 가능한 구체적인 사례를 프롬프트에 입력합니다. 가능하다면 여러 사례를 나열합니다.

▌ 긍정적인 기분을 위한 조언 얻기

프롬프트

Q 당신은 뛰어난 심리 상담가입니다. 매일 아침 눈을 뜨면 회사에 가고 싶지 않습니다. 긍정적인 시각을 가질 수 있도록 조언해 주십시오.

A 회사에 가고 싶지 않은 느낌은 많은 사람들이 경험하는 감정 중 하나입니다. 이러한 감정을 긍정적으로 변화시키려면 몇 가지 전략을 시도해 볼 수 있습니다.

1. 감사 일기 작성: 매일 아침 또는 저녁, 자신이 감사하는 것들을 적어 보세요. 작은 것이라도 좋습니다. 이 과정은 긍정적인 감정을 촉진시키고, 일상에 대한 인식을 바꿀 수 있습니다.

2. 작은 목표 설정: 매일 회사에서 달성하고 싶은 작은 목표를 세워 보세요. 이는 업무의 일부를 완성하는 것에서부터 동료와의 긍정적인 대화에 이르기까지 다양할 수 있습니다. 목표를 달성했을 때의 성취감은 긍정적인 시각을 갖는 데 도움이 됩니다.

(후략)

● 여기가 포인트

이런 문제를 ChatGPT에게 질문하는 목적은 구체적으로 문제를 해결하기보다, 자신의 기분을 개선하는 것이므로 그 취지를 프롬프트에 기술합니다. 여기에서는 '긍정적인 시각을 가질 수 있도록'이라는 부분이 해당됩니다.

표면적인 증상으로부터 조언 얻기

프롬프트

Q 당신은 뛰어난 심리 상담가입니다. 나는 최근 식욕 부진을 느끼고 있습니다. 얼마 전에는 원형탈모증이 발생한 것을 발견했습니다. 생각할 수 있는 원인과 대처 방법에 관해 조언해 주십시오.

A 식욕 부진과 원형탈모증은 신체적, 정신적 스트레스 또는 영양 결핍과 같은 여러 원인에 의해 발생할 수 있습니다. 이러한 증상들을 해결하기 위한 접근 방법을 제안하겠습니다.

생각할 수 있는 원인:

1. 스트레스와 불안: 심리적 스트레스나 불안은 식욕 부진과 원형탈모증을 유발할 수 있습니다. 스트레스는 신체에 다양한 방식으로 영향을 미치며, 식욕 감소와 모발의 건강에 부정적인 영향을 줄 수 있습니다.

2. 영양 결핍: 특정 영양소(예: 철분, 아연, 비타민 B12, 비타민 D)의 결핍은 식욕 부진과 탈모를 유발할 수 있습니다.

3. 심리적 문제: 우울증이나 다른 정신건강 문제도 식욕 부진과 탈모의 원인이 될 수 있습니다.

(후략)

● 여기가 포인트

심신 부조화에 관해서는 우선 표면적으로 보이는 구체적인 증상을 프롬프트에 입력해 질문합니다. 원인을 직접 생각하는 것보다 명확한 증상을 기반으로 ChatGPT가 생성하게 하는 것이 더 확실하기 때문입니다. 또한 개선 방법을 찾는다는 점도 명확하게 기입합니다.

생활의 질을 개선하기 위한 조언 얻기

프롬프트

Q 당신은 뛰어난 심리 상담가입니다. 나는 최근 눈이 무겁고 아침에 쉽게 일어나지 못합니다. 그리고 아무것도 하고 싶지 않습니다. 생각할 수 있는 원인과 그 대책에 관해 알려 주십시오.

A 눈이 무겁고 아침에 쉽게 일어나지 못하며, 아무것도 하고 싶지 않은 느낌은 여러 가지 원인으로 인해 발생할 수 있습니다. 이러한 증상은 피로, 스트레스, 우울증, 수면 문제 또는 다른 건강 상태와 관련이 있을 수 있습니다. 이에 대한 가능한 원인과 대책을 아래와 같이 제안합니다.

가능한 원인:

1. 수면의 질 저하: 불규칙한 수면 스케줄, 수면 중단, 수면 환경의 문제로 인해 충분한 휴식을 취하지 못할 수 있습니다.

2. 스트레스 및 불안: 일상 생활의 스트레스나 불안감이 높은 수준일 경우, 이는 수면의 질을 저하시키고 낮 동안의 에너지 수준에 영향을 미칠 수 있습니다.

(후략)

● 여기가 포인트

병이 걸린 정도까지는 아닌 심신의 부조화는 생활의 일부를 바꾸는 것만으로 개선할 수 있는 경우도 있으므로 프롬프트에는 불쾌하게 느껴지는 현상을 기술하고, 그 원인과 대책을 제시할 것을 요청합니다. 만일 우울증 등의 징후가 신경 쓰인다면 추가해서 질문합니다.

알콜 의존증의 예방법에 관해 문의하기

알콜 등 기호품의 섭취량이 늘어났다고 생각한다면 자신의 판단으로 임의로 대응하는 것보다 우선 ChatGPT에게 상담해 봅시다. 프롬프트에는 현재의 섭취량, 빈도, 느끼고 있는 욕구의 정도 등을 기술합니다. 그리고 해당 기호품을 완전히 끊고 싶은 것인지, 적절히 즐기고 싶은 것인지 생각해 그 대책의 수준도 입력합니다.

프롬프트

Q 당신은 뛰어난 심리 상담가입니다. 최근 밤에 술을 마시는 횟수와 양이 늘어났습니다. 점심 시간에도 메뉴에 술 이름이 있으면 곧바로 마시고 싶어지는데 간신히 참고 있습니다. 이 상태로는 조만간 알콜 의존증이 될 것 같습니다. 이에 대해 실행할 수 있는 예방법을 알려 주십시오.

A 술을 마시는 횟수와 양이 늘어나고, 점심 시간에도 술을 마시고 싶어지는 욕구를 느끼는 상황에서는 알코올 의존성으로 발전할 가능성에 주의해야 합니다. 이를 예방하고 건강한 생활 습관을 유지하기 위한 몇 가지 조치를 제안합니다.

1. 전문가 상담
   알코올 사용에 대한 우려가 있다면, 심리 상담가나 알코올 의존증 전문가와 상담하는 것이 좋습니다. 전문가는 상황을 평가하고, 필요한 경우 치료나 상담 프로그램을 추천할 수 있습니다.

2. 알코올 섭취 기록하기
   술을 마시는 빈도와 양을 기록해 보세요. 이는 실제 섭취량을 인식하는 데 도움이 되며, 줄이려는 노력을 구체화하는 데 유용합니다.

3. 대안 찾기
   술 대신 마실 수 있는 건강한 대안을 찾아보세요. 물, 탄산수, 무가당 차 등이 좋은 선택일 수 있습니다.

   (후략)

● 칼럼

'인지 행동 요법' 등 의존증 개선에 효과가 있다고 알려진 방법이 있습니다. 그런 방법의 종류나 개요에 관해 알고 싶을 때는 이어서 프롬프트에 기술해서 질문하십시오.

자살을 막기 위해 할 수 있는 일 조사하기

Q 당신은 뛰어난 심리 상담가입니다. 월요일 아침에는 지하철에 뛰어들어 사망하는 사람이 많습니다. 내가 돌발적으로 그렇게 느끼지 않도록 평소에 할 수 있는 것들에 관해 알려 주십시오.

A 월요일 아침과 같이 특정 시간에 스트레스나 우울감이 증가하는 경향에 대응하기 위해, 정신 건강을 유지하고 자신을 보호하기 위한 일상적인 활동과 전략을 실천하는 것이 중요합니다. 여기 몇 가지 제안을 드립니다:

1. 일정한 수면 패턴 유지하기
   규칙적인 수면 스케줄을 유지하여 충분한 휴식을 취하도록 합니다. 수면 부족은 정신 건강에 부정적인 영향을 미칠 수 있습니다.

2. 규칙적인 운동
   운동은 스트레스를 감소시키고 기분을 개선하는 데 도움이 됩니다. 일주일에 3~5회, 각 세션당 최소 30분의 중간 강도 운동을 목표로 합니다.

   (후략)

● 여기가 포인트

여기에서는 실제로 자살 충동을 갖고 있는 상태가 아니라 '그런 기분이 되는 것이 싫다.'라는 불안감을 안고 있는 것을 전제로, 예방 대책을 찾기 위한 프롬프트를 기술했습니다. 이미 자살 충동을 갖고 있는 경우라면 질문을 달리해야 합니다.

진단명으로부터 증상 설명 듣기

Q 당신은 뛰어난 심리 상담가입니다. '우울증'의 초기 증상에는 어떤 것들이 있습니까? 구체적으로 예를 들어 설명해 주십시오.

A 우울증은 정신 건강에 영향을 미치는 질환으로, 여러 가지 초기 증상이 있을 수 있습니다. 이러한 증상은 개인에 따라 다양하게 나타날 수 있으며, 일상 생활에 영향을 줄 수 있습니다. 다음은 우울증의 몇 가지 초기 증상과 그에 대한 구체적인 예입니다:

1. 지속적인 슬픔 또는 무기력감
   예: 거의 매일 대부분의 시간 동안 슬프거나 우울한 기분을 느끼며, 평소에 즐겁게 느꼈던 활동에 대해 흥미나 즐거움을 느끼지 못합니다.

2. 수면 문제
   예: 잠들기 어렵거나, 자주 깨거나, 아침 일찍 깨어나는 등의 수면 패턴 변화가 나타납니다. 또는 평소보다 훨씬 더 많이 잠을 자게 됩니다.

3. 에너지 부족 또는 피로감
   예: 사소한 일에도 쉽게 지치며…

   (후략)

● 여기가 포인트

여기에서는 마음에 걸리는 병명이 있을 때 사용하는 프롬프트를 소개했습니다. '우울증' 부분에 '자율 신경 이상', '공황 장애' 등 증상에 관해 알고 싶은 병명이나 진단명을 기술합니다. 답변이 자신에게 맞지 않는다면 유사한 병명을 넣어서 같은 방식으로 질문합니다.

과식증의 경향과 대책에 관해 상담받기

과식에 관해 ChatGPT에게 상담할 때는 프롬프트에 '어떤 정도인가'를 기술하는 것이 좋습니다. 객관적으로 돌아볼 수 있다면 빈도나 양에 관해 구체적으로 기록하는 편이 효과적입니다. 그리고 체중이 증가하는 경향이 있다면 그에 관한 내용도 추가합니다. 만약 먹은 뒤에 구토하는 일이 많다면 잊지 말고 추가합니다.

프롬프트

Q 당신은 뛰어난 심리 상담가입니다. 배가 고프지 않은데도 계속해서 무엇인가를 먹고 있습니다. 어떻게 해야 합니까?

A 배가 고프지 않음에도 불구하고 지속적으로 무언가를 먹고 있는 행동은 다양한 원인에 기인할 수 있으며, 이를 해결하기 위해서는 그 원인을 파악하고 적절한 대처 방법을 적용하는 것이 중요합니다. 여기 몇 가지 조언을 드립니다:

1. 감정적 요인 식별하기
   • 감정적 식사: 스트레스, 우울감, 지루함, 불안 등 감정적 원인으로 인해 음식을 찾는 경우가 많습니다. 감정적 식사의 순간을 인식하고, 이러한 감정을 다루는 다른 방법을 찾아보세요. 예를 들어, 감정적으로 힘든 시간에는 산책을 하거나, 취미 활동에 참여하거나, 친구와 대화를 하는 것이 도움이 될 수 있습니다.

2. 건강한 식습관 개발하기
   • 규칙적인 식사 시간: 하루에 세 끼를 규칙적인 시간에 먹도록 합니다. 이는 식사 사이에 간식을 줄이고 식사를 거르는 것을 방지할 수 있습니다.
   • 영양소 균형: 다양하고 균형 잡힌 식사를 합니다. 충분한 단백질, 복합 탄수화물, 건강한 지방을 포함한 식사는 오래 지속되는 포만감을 제공할 수 있습니다.

3. 마음챙김 식사 연습하기
   • 마음챙김 식사: 식사할 때 집중하고, 음식의 맛, 냄새, 질감을 의식적으로 인지하며 먹습니다. TV 시청이나 스마트폰 사용과 같은 다른 활동을 피하면서 식사에 집중하는 것이 도움이 됩니다.

4. 간식 선택에 주의하기
   • 건강한 간식: 간식을 먹을 때는 과일, 견과류, 요거트와 같은 건강한 선택을 하세요. 불필요한 칼로리 섭취를 줄이고 영양소 섭취를 높일 수 있습니다.

5. 전문가 상담 고려하기
   • 전문가 상담: 자신의 식습관을 조절하는 데 어려움을 겪는다면, 영양사나 심리 카운셀러와 같은 전문가와 상담하는 것을 고려하세요. 전문가는 개인의 상황에 맞는 맞춤형 조언과 지원을 제공할 수 있습니다.

이러한 조치들은 의식적으로 식습관을 변화시키고, 건강한 생활 방식을 유지하는 데 도움이 될 수 있습니다. 자신의 행동과 감정을 인식하고, 건강한 대안을 찾아 실행하는 것이 중요합니다.

애완 동물과 정신 건강의 관계에 관해 문의하기

정신 건강 관리를 위해 애완 동물을 기르는 것을 검토하고 있다면 그 장점과 단점을 미리 알고 있는 편이 좋으므로 가장 먼저 프롬프트에 해당 내용을 기술합니다. 다음으로 기르고 싶은 동물을 결정하지 못했다면 ChatGPT에게 후보를 나열하도록 지시합니다. 기르고 싶은 동물을 결정했다면 그 동물의 특성과 사육 방법 등을 문의합니다.

Q 당신은 경험이 풍부한 심리 상담가입니다. 나는 마음의 안정을 위해 애완 동물을 기르는 것을 검토하고 있습니다. 애완 동물을 기르는 것 자체의 장점과 단점, 애완 동물로 추천하는 동물의 종류 등에 관해 알려 주십시오.

A 애완 동물을 기르는 것은 마음의 안정을 찾고, 일상에 긍정적인 변화를 가져 올 수 있는 좋은 방법입니다. 여기 애완 동물을 기르는 것의 장점과 단점, 그리고 추천할 수 있는 동물의 종류에 대해 설명해 드리겠습니다.

1. 애완 동물을 기르는 장점
   - 정서적 지지: 애완 동물은 조건 없는 사랑과 지지를 제공합니다. 이는 우울증과 불안을 줄이는 데 도움이 될 수 있습니다.
   - 스트레스 감소: 애완 동물과 시간을 보내는 것은 스트레스 호르몬인 코르티솔을 줄이고, 기분을 좋게 하는 호르몬인 옥시토신의 수치를 증가시킵니다.
   - 사회적 상호 작용 증가: 애완 동물을 산책시키거나 애완 동물 관련 활동에 참여하면 다른 사람들과 쉽게 교류할 수 있습니다.
   - 책임감과 일상의 구조: 애완 동물을 돌보는 일은 일상에 목적과 구조를 제공하며 책임감을 강화합니다.

2. 애완 동물을 기르는 단점
   - 시간과 비용: 애완 동물을 돌보는 데는 상당한 시간과 비용이 들 수 있습니다. 정기적인 수의사 방문, 사료 구입 등의 비용이 발생합니다.
   - 여행 제약: 애완 동물이 있다면 장기간 여행을 갈 때 보호소를 찾거나 믿을 수 있는 사람에게 맡겨야 하는 등의 제약이 생길 수 있습니다.
   - 알레르기: 일부 사람들은 애완 동물의 털이나 비듬에 알레르기 반응을 보일 수 있습니다.

3. 추천하는 애완 동물 종류
   - 개: 활동적이며, 사회적인 동물입니다. 다양한 크기와 성격의 견종이 있어 개인의 라이프스타일과 맞는 선택이 가능합니다.
   - 고양이: 비교적 독립적인 성격으로, 관리가 상대적으로 쉬울 수 있습니다. 고양이는 애정을 나누며 동시에 개인의 공간도 존중해 줍니다.
   - 햄스터나 기니피그: 작고 관리가 비교적 간단해 집에서 기르기 시작하기 좋은 동물입니다. 공간을 많이 차지하지 않으며, 어린이에게 책임감을 가르치기에도 좋습니다.

(후략)

ChatGPT에게 고민 상담하기

Q 새로운 친구로서 나의 고민을 들어 주십시오. 내가 처한 입장과 기분에 공감을 표현하고, 기운을 북돋아 주십시오. 문제 해결을 위한 구체적인 행동 등은 제안하지 마십시오. 그럼 시작합니다.

나의 배우자는 내가 집에서 가사, 육아, 그 밖의 다른 일들에 도움이 되지 않는다고 말합니다. 나름대로 열심히 하고 있고 동료와 이야기를 나눠보면 내가 꽤 잘하고 있다고 생각합니다. 이제 배우자의 말이 점점 지겹습니다.

A 정말 어려운 상황에 처해 있음을 알아차리고, 당신의 마음이 얼마나 무거울지 짐작할 수 있습니다. 집에서 최선을 다하고 있음에도 불구하고 배우자로부터 인정받지 못한다고 느낄 때, 그것은 정말 힘든 일입니다. 당신이 겪고 있는 감정과 상황에 대해 매우 공감합니다. 당신의 노력과 헌신이 충분히 가치 있다는 것을 인지하는 것이 중요합니다. 때로는 우리가 기울인 노력이 바로 보이지 않을 수도 있지만, 당신은 분명히 가정을 위해 소중한 일을 하고 있습니다. 모든 사람이 당신이 짊어진 부담을 완전히 이해하지 못할 수도 있지만, 당신의 노력과 헌신이 가정에 긍정적인 영향을 미치고 있다는 것을 잊지 마세요. 당신이 느끼는 감정과 고민에 귀 기울여 주셔서 감사합니다. 당신은 혼자가 아닙니다.

● 여기가 포인트

특별히 전제 조건을 지정하지 않고 고민을 문의하면 다양한 해결 방법을 제안하는 경우가 많습니다. 이를 피하려면 첫 프롬프트에 답변할 때의 입장, 상세한 정도, 내용의 방향성 등을 제한하는 지시를 포함할 수 있습니다.

스마트폰 의존 경향과 그 대책 조사하기

Q 당신은 뛰어난 심리 상담가입니다. 스마트폰 알림이 실제로는 울리지 않지만 마치 알림을 들은 듯한 기분이 듭니다. 이것은 일종의 의존증이 아닐까요? 효과적인 대책이 있다면 제시해 주십시오.

A 스마트폰 알림을 실제로 듣지 않았음에도 불구하고 들은 것처럼 느끼는 현상은 "팬텀 진동 증후군(Phantom Vibration Syndrome)"이라고도 하며, 이는 스마트폰에 대한 과도한 의존 또는 주의 분산으로 인해 발생할 수 있습니다. 이러한 현상은 현대 사회에서 스마트폰 사용이 일상화되면서 점점 더 흔하게 발생하고 있습니다. 다음은 이러한 상황을 개선하기 위한 몇 가지 대책입니다:

1. 디지털 디톡스 시간 설정
   일정 시간 동안 스마트폰을 멀리하고, 디지털 기기 사용을 제한합니다. 예를 들어, 잠자리에 들기 전 1시간은 스마트폰을 사용하지 않는 것과 같이 구체적인 규칙을 설정하세요.

2. 알림 설정 조정
   필요하지 않은 앱의 알림을 끄거나 중요한 알림만 받도록 설정을 조정합니다. 이렇게 하면 스마트폰을 확인해야 할 유혹이 줄어듭니다.

3. 스마트폰 사용 습관 모니터링
   일주일 동안 자신의 스마트폰 사용 패턴을 기록해 보세요. 어떤 앱을 가장 많이 사용하는지, 하루에 스마트폰을 얼마나 자주 확인하는지 등을 파악한 후, 필요 없는 앱은 삭제하고 사용 시간을 줄이는 방법을 모색하세요.

(후략)

● 여기가 포인트

스마트폰을 너무 많이 사용한다고 생각된다면 구체적인 증상을 프롬프트에 기술합니다. 예시 외에 '할 일이 있는 데도 SNS나 동영상을 계속 보게 된다', '뉴스나 트렌드가 신경 쓰여 동영상을 끌 수 없다.'와 같이 자신이 알고 있는 증상 등도 추가합니다.

심리적인 접근 방법 알아보기

여기에서는 정신 건강 전반에 관한 심리학적 접근 방식을 나열하게 하는 프롬프트를 기술합니다. 특정 장르에 대한 정보에 관해 알고 싶을 때는 '알코올 의존증 극복에 효과적인', '불안증 개선에 도움이 되는'과 같이 목적을 한정하는 내용을 추가합니다.

프롬프트

Q 당신은 뛰어난 심리 상담가입니다. 정신 건강 유지나 회복, 의존증에 대한 대처 중에 사용되는 대표적인 심리학적 접근 방식의 종류와 개요를 나열해 주십시오.

A 정신 건강의 유지와 회복, 그리고 의존증에 대처하기 위해 사용되는 다양한 심리학적 접근 방식은 각기 다른 이론과 방법을 기반으로 합니다. 여기 몇 가지 대표적인 심리학적 접근 방식과 그 개요를 나열하겠습니다:

1. 인지 행동 치료(Cognitive Behavioral Therapy, CBT)
   개요: 인지 행동 치료는 개인의 부정적인 사고 패턴과 행동을 식별하고, 이를 더 건강하고 긍정적인 방향으로 변화시키는 데 중점을 둡니다. 이 방식은 우울증, 불안 장애, 의존증 등 다양한 정신 건강 문제에 효과적인 것으로 나타났습니다.

2. 정신 역동적 치료(Psychodynamic Therapy)
   개요: 정신 역동적 치료는 개인의 무의식적인 생각과 감정이 현재의 행동과 문제에 어떻게 영향을 미치는지 탐색합니다. 이 접근 방식은 개인의 과거 경험과 내면적 갈등을 중점적으로 다루며, 자기 인식의 증진을 통해 정신 건강 문제를 해결하려고 합니다.

3. 인간 중심 치료(Humanistic Therapy)
   개요: 인간 중심 치료는 개인의 자율성과 자기 결정권을 존중하며, 개인이 자신의 잠재력을 최대한 발휘할 수 있도록 지원합니다. 이 방식은 개인의 경험을 긍정적으로 수용하고, 비판적 판단 없이 이해하는 환경을 제공함으로써 자기 개념을 강화하고 성장을 촉진합니다.

4. 가족 치료(Family Therapy)
   개요: 가족 치료는 개인의 문제를 가족 구성원 간의 상호 작용과 관계의 맥락에서 이해하고, 가족 시스템 내에서 변화를 촉진합니다. 이 접근 방식은 의존증, 청소년 문제, 결혼 및 가족 갈등 등에 효과적입니다.

(후략)

칼럼

ChatGPT가 답변을 생성한 여러 심리학적 접근 방식 중에서 마음에 드는 것이 있다면 이어서 해당 이름을 언급하며 보다 상세한 설명을 요청합니다.

마음의 평온을 유지하는 방법 문의하기

Q 당신은 뛰어난 심리 상담가입니다. 마음의 평온을 유지하기 위해 일상에서 실천할 수 있는 것을 몇 가지 소개해 주십시오.

A 마음의 평온을 유지하기 위해 일상에서 실천할 수 있는 여러 가지 방법이 있습니다. 이러한 방법들은 정신적 안정을 찾고, 스트레스를 관리하며, 일상의 질을 향상시키는 데 도움이 될 수 있습니다. 여기 몇 가지를 소개합니다:

1. 마음챙김 명상
   - 실천 방법: 매일 정해진 시간에 조용한 곳에서 편안한 자세로 앉아, 호흡에 집중하며 현재 순간에 완전히 몰입합니다. 이 과정에서 떠오르는 생각이나 감정을 비판적으로 판단하지 않고, 그냥 지나가게 합니다.

2. 규칙적인 운동
   - 실천 방법: 매일 또는 일주일에 몇 번, 적어도 30분 동안 규칙적으로 운동을 합니다. 걷기, 조깅, 요가, 수영 등 자신이 즐길 수 있는 활동을 선택하세요. 운동은 스트레스 호르몬을 감소시키고 기분을 개선하는 데 도움이 됩니다.

3. 긍정적인 사고 연습
   - 실천 방법: 부정적인 생각이 들 때마다 그것을 긍정적인 생각으로 바꾸려고 노력합니다. 예를 들어, 실패를 두려워하기보다는 그것에서 배울 수 있는 교훈에 집중합니다.

(후략)

● 여기가 포인트

여기에서는 마음의 평온을 유지하기 위한 방법을 질문했습니다. 프롬프트의 기술을 바꿔 기운이 나는 루틴, 충동적인 분노를 방지하는 방법 등에 관해서 질문해도 좋습니다.

아침 햇살과 정신 건강에 관해 알아보기

프롬프트

Q 아침의 햇살과 정신 건강의 관계에 관한 이야기를 소개해 주십시오.

A 아침의 햇살이 정신 건강에 미치는 긍정적인 영향에 관한 연구와 이야기는 많습니다. 아침 햇살은 단순히 밝은 빛을 제공하는 것 이상의 역할을 하며, 여러 방식으로 우리의 정신 건강에 도움을 줍니다.

아침 햇살과 정신 건강의 관계:

1. 서큐테리안 리듬 조절
   아침 햇살은 우리 몸의 내부 시계, 즉 서큐테리안 리듬을 조절하는 데 중요한 역할을 합니다. 자연광에 노출되면 우리 몸은 낮과 밤의 리듬을 더 잘 인식하고, 이는 수면의 질을 향상시켜 전반적인 정신 건강에 긍정적인 영향을 미칩니다.

2. 비타민 D 생성 촉진
   햇살은 비타민 D의 생성을 촉진합니다. 비타민 D는 뼈의 건강뿐만 아니라 우울증과 같은 정신 건강 문제의 위험을 감소시키는 데 도움을 줄 수 있습니다.

3. 기분 개선
   자연광에 노출되는 것은 기분을 개선하고 스트레스를 줄이는 데 도움을 줍니다. 아침 햇살은 세로토닌 수치를 증가시켜, 이른 아침에 기분이 좋아지고 하루를 긍정적으로 시작할 수 있게 합니다.

4. 에너지 증가
   아침에 자연광을 받으면 몸이 더 활성화되고 에너지 수준이 높아집니다. 이는 하루 동안 생산적이고 활기찬 상태를 유지하는 데 도움이 됩니다.

실천 방법:

1. 아침에 일찍 일어나기: 가능한 한 일찍 일어나서 아침 햇살을 받으세요. 집 안에서도 커튼을 열어 자연광이 들어올 수 있도록 합니다.

2. 외부 활동 참여: 아침 산책이나 가벼운 운동을 외부에서 하는 것은 두 가지 이점을 제공합니다. 자연광을 받으면서 신체 활동도 할 수 있습니다.

3. 작업 공간 근처에 자리 잡기: 가능하다면, 창가 근처에서 일하거나 공부하는 것이 좋습니다. 자연광이 들어오는 환경은 집중력을 높이고 기분을 개선하는 데 도움이 됩니다.

아침 햇살을 적극적으로 활용하는 것은 단순하지만 효과적인 방법으로, 일상 생활에서 쉽게 실천할 수 있습니다. 이를 통해 정신 건강을 유지하고 개선하는 데 도움을 받을 수 있습니다.

(후략)

● 여기가 포인트

여기에서는 일반적인 지식을 질문하기 때문에 프롬프트에 '뛰어난 OO'과 같은 역할을 지정할 필요는 없습니다. 아침 햇살의 장점 대신 밤의 실내 조명에 관한 조언이나 블루라이트의 피해에 관한 정보를 요청하는 등으로 응용할 수 있습니다.

울고 있는 아기에 대한 대응 방법 알아보기

아기가 우는 원인은 다양하기 때문에 ChatGPT에게 질문하더라도 정답을 기대할 수는 없습니다. 그러므로 프롬프트에 다양한 원인을 나열하도록 하고 동시에 우선 순위가 높은 순으로 제시할 것을 요구합니다. 이후 답변의 내용을 하나씩 확인하면 정답을 얻을 때까지의 시간을 줄일 수 있습니다.

프롬프트

Q 당신은 숙련된 베이비 시터입니다. 생후 6개월짜리 아기의 어머니가 쇼핑을 하러 외출한 동안 아기를 보게 된 상황에서 아기가 울기 시작했습니다. 추측할 수 있는 원인과 그 대응에 관해 가능성이 높은 순으로 나열해 주십시오.

A 생후 6개월 된 아기가 울기 시작한 경우, 다양한 원인이 있을 수 있으며, 그에 따른 대처 방법을 순서대로 나열해 보겠습니다. 아기가 울 때는 일반적으로 몇 가지 흔한 원인들을 먼저 고려해 볼 수 있습니다:

1. 배가 고픈 경우
   - 대처 방법: 아기의 수유 시간을 확인하고, 시간이 됐다면 우유나 분유를 준비해 수유합니다.
2. 기저귀가 젖었거나 불편한 경우
   - 대처 방법: 기저귀를 확인하여 젖었거나 불편해 보인다면 기저귀를 교체해 줍니다.
3. 졸린 경우
   - 대처 방법: 아기가 피곤해 보이거나 졸린 징후를 보인다면, 아기를 달래며 조용하고 편안한 환경에서 재워 줍니다.
4. 신체적 불편함이나 통증
   - 대처 방법: 아기가 배앓이를 하거나 다른 신체적 불편함을 겪고 있을 수 있습니다. 부드럽게 배를 마사지해 주거나 아기를 안아 달래 주며 불편한 곳이 없는지 확인합니다.

(후략)

장인, 장모, 시부모와의 관계에 관한 조언 얻기

Q 당신은 백전불패의 어머니이자 며느리입니다. 할아버지/할머니의 오래되고 잘못된 육아 지식을 피하면서 현대적인 방식으로 육아를 하려면 어떻게 하는 것이 좋을지 조언해 주십시오.

A
1. 최신 육아 정보 습득
   - 정보 출처 활용: 신뢰할 수 있는 최신 육아 책, 온라인 포럼, 육아 관련 웹사이트 및 블로그를 통해 현대적인 육아 방식에 대한 정보를 습득합니다. 또한, 소아과 의사나 육아 전문가의 조언을 구하는 것도 좋습니다.
2. 육아 교육 프로그램 참여
   - 교육 및 워크숍: 육아 교육 프로그램이나 워크숍에 참여하여 최신 육아 기술과 지식을 배우고, 다른 부모들과 경험을 공유합니다.
3. 소통과 개방성 유지
   - 가족과의 대화: 할아버지, 할머니 또는 다른 가족 구성원들과 열린 마음으로 대화하며 현대적인 육아 방식의 중요성과 이점을 공유합니다. 전통적인 방식과 현대적인 방식의 차이점을 이해시키고, 아이의 건강과 발달에 긍정적인 영향을 미칠 수 있는 방법에 대해 설명합니다.

(후략)

● 여기가 포인트

이 프롬프트를 작성한 첫 번째 목적은 현대적인 육아를 하는 것이지만, 두 번째 목적은 자녀의 할아버지/할머니에 해당하는 가족 구성원과 원만한 관계를 유지하는 것이기도 합니다. 할아버지/할머니의 의견을 완전히 부정하면서 이기는 것이 목적이 아니므로 그 점을 포함해 프롬프트를 기술합니다.

아이의 증상으로부터 병명 추측하기

Q 당신은 뛰어난 소아과 의사입니다. 1.5살의 아이에게 조금 전에 열이 있다가 내려갔으며 이번에는 몸에 작은 발진이 보였습니다. 이런 증상에서 추측할 수 있는 병명을 몇 가지 소개하고, 개요에 관해 설명해 주십시오.

A 1.5살 아이에게 열이 있었다가 내려간 후 몸에 작은 발진이 나타난 경우, 몇 가지 가능한 질환을 생각해 볼 수 있습니다. 이러한 증상은 일반적으로 바이러스 감염에 의해 발생할 수 있으며, 구체적인 병명은 다음과 같습니다:

1. 로즈올라(Roseola Infantum)
   - 개요: 일반적으로 6개월에서 2년 사이의 어린이에게 흔히 발생하는 바이러스 감염입니다. 갑작스러운 고열이 3일에서 5일 정도 지속된 후 갑자기 사라지고, 이후 특징적인 분홍색 발진이 몸통에 나타납니다. 대부분의 경우, 로즈올라는 자연적으로 해결되며 심각한 합병증을 일으키는 경우는 드뭅니다.

2. 수족구병(Hand, Foot, and Mouth Disease)
   - 개요: 주로 콕사키 바이러스에 의해 발생하는 감염증으로, 입 안에 궤양, 손과 발, 엉덩이에 작은 발진 또는 물집이 특징입니다. 열, 식욕 부진, 일반적인 불쾌감을 동반할 수 있습니다. 수족구병은 특별한 치료 없이도 대부분 7~10일 내에 자연적으로 호전됩니다.

3. 홍역(Measles)
   - 개요: 홍역 바이러스에 의한 급성 바이러스 감염으로, 고열, 기침, 콧물, 결막염(눈의 충혈)과 함께 특징적인 발진이 전신에 나타납니다. 홍역은 매우 전염성이 강하며, 백신 접종을 통해 예방이 가능합니다.

4. 제5병(Fifth Disease)
   - 개요: 흔히 '슬랩 치크(slap cheek)'라고 불리며, 파보바이러스 B19에 의해 발생합니다. 발열 다음에 얼굴에 붉은 발진이 나타나고, 이후 몸통과 사지로 퍼질 수 있습니다. 제5병은 특별한 치료 없이도 대부분 해결되지만, 특정 고위험군에서는 합병증을 일으킬 수 있습니다.

이러한 증상이 나타나면, 정확한 진단과 적절한 조치를 위해 소아과 의사의 진료를 받는 것이 중요합니다. 진료를 통해 구체적인 진단을 받고, 필요한 경우 치료 지침을 받을 수 있습니다.

● 여기가 포인트

병의 원인 혹은 병명을 추측하고 싶을 때는 증상을 잘 관찰해 가능한 구체적으로 프롬프트에 기술하는 것이 중요합니다. 가능하다면 정확한 체온을 측정하거나, 시간의 흐름에 따른 변화 등도 추가합니다. 그리고 기침, 구토, 하혈 등의 증상이 있다면 프롬프트에 추가합니다.

육아 중인 아내를 위로하는 방법 생각하기

여기에서의 목표는 아내를 위로하는 것이며 이를 위한 말, 행동에 관한 조언이 필요하므로 그 점을 프롬프트에 기술합니다. 그리고 피해야 할 행동에 관해서도 ChatGPT에 예시를 의뢰합시다. 그리고 구체적인 내용을 알고 싶을 때는 답변 안의 소제목을 지정해서 상세한 설명을 요청합니다.

프롬프트

> **Q** 당신은 경험이 풍부한 심리 상담가입니다. 업무, 가사, 육아에 고생하는 아내를 위로하기 위해 남편으로서 할 수 있는 말이나 행동 등의 예를 소개해 주십시오. 그리고 적절하지 않은 말이나 행동도 나열해 주십시오.

> **A** 남편으로서 아내를 위로하기 위한 말과 행동:
>
> 1. 적절한 말
>   - 감사의 표현: "매일 네가 해 주는 모든 일에 정말 감사해. 너 없이는 어떻게 될지 상상도 못해."
>   - 격려와 지지: "네가 얼마나 열심히 일하는지 다 알아. 여기서 네가 하는 모든 건 정말 중요해."
>   - 공감 표현: "정말 힘들어 보여. 내가 어떻게 도울 수 있는지 말해 줘."
> 2. 적절한 행동
>   - 가사나 육아에서의 적극적인 참여: 식사 준비, 청소, 아이 돌보기 등의 업무를 분담하여 아내의 부담을 줄여 줍니다.
>   - 마사지나 휴식 시간 제공: 아내가 휴식을 취할 수 있도록 마사지를 해 주거나, 조용한 휴식 시간을 보장해 줍니다.
>   - 감정을 듣고 이해하기: 아내가 자신의 감정을 표현할 때 경청하고 공감을 표현하며, 해결책을 강요하지 않고 지지해 줍니다.
> 3. 적절하지 않은 말이나 행동
> (후략)

아이에게 읽거나 들려 줄 이야기 찾아보기

Q 당신은 뛰어난 베이비 시터입니다. 3살 아이에게 재미있게 읽어 주거나 들려 줄 수 있는 이야기를 알려 주십시오. 기존 명작이든 창작이든 관계없습니다. 그대로 3살의 아이에게 읽어 주거나 들려 줄 수 있는 형식으로 제공해 주십시오. 제목이나 줄거리의 소개는 필요하지 않습니다. 길이는 아이가 잠들기 전에 즐길 수 있게 하기 위해 10분 정도로 합니다. 동화의 시작부터 끝까지 만들어 주십시오.

A 오늘 밤에는 "달빛 아래 모험"이라는 이야기를 들려 주겠습니다.

어느 화창한 밤, 작은 마을에 사는 미아와 그녀의 친구 토끼가 달빛 아래 모험을 떠나기로 했어요. 미아는 모험을 좋아하는 씩씩한 소녀예요. 토끼는 미아의 가장 친한 친구로, 항상 미아와 함께 어디든지 갈 준비가 돼 있죠.

"토끼야, 오늘 밤 달이 정말 밝아. 우리 숲으로 모험을 떠나보자!" 미아가 제안했어요. 토끼는 귀를 쫑긋 세우며 기뻐했어요. "좋아, 미아! 난 언제나 네가 모험을 제안할 때 가장 행복해."

그래서 미아와 토끼는 손전등을 챙겨 숲으로 향했어요. 숲은 밤에는 전혀 다른 모습을 보여 줬어요. 달빛이 나뭇가지 사이로 비추며 마법 같은 분위기를 만들었죠.

미아와 토끼는 숲속 길을 따라 걸으며, 밤에만 들을 수 있는 소리들에 귀를 기울였어요. 멀리서 부엉이가 우는 소리, 나뭇잎 사이로 부는 바람 소리, 그리고 가끔씩 들리는 작은 동물들의 움직임 소리까지.

갑자기, 토끼가 귀를 세우고 멈춰 섰어요. "미아, 저기 봐! 달빛 아래 무언가 반짝이는 게 보이지 않니?"

미아가 바라본 곳에는 작은 연못이 있었어요. 달빛이 연못 위로 비추며 물속에 있는 작은 보석들이 반짝이고 있었죠.

"우와, 정말 아름다워!" 미아가 감탄했어요. 둘은 연못가에 앉아 잠시 그 풍경을 감상했어요.

그때, 작은 요정이 나타나 미아와 토끼에게 인사를 했어요. "안녕, 용감한 모험가들이여. 달빛 아래 보석을 찾아줘서 고마워. 이 보석들은 숲을 지키는 마법이 담긴 보석들이란다."

(후략)

● 여기가 포인트

이야기의 제공을 부탁할 때는 그 조건을 가능한 상세하게 기술합니다. 여기에서는 읽거나 들려 주는 용도라고 지정했습니다. 생성되는 작품의 길이는 짧은 경우가 많으므로, 길이를 늘리고 싶을 때는 프롬프트에 답변을 여럿으로 나누어 제시하도록 지시합니다.

▍잘 먹지 못하는 식재료를 극복할 수 있게 하는 레시피 생각하기

프롬프트

Q 당신은 경험이 풍부한 식재료 전문가입니다. 나의 아이는 피망과 브로콜리를 잘 먹지 못합니다. 이 음식들을 먹이는 데 도움이 되는 방법을 알려 주십시오.

A 아이가 피망과 브로콜리와 같은 채소를 잘 먹지 못하는 것은 흔한 일입니다. 이런 채소들을 아이들이 좋아하게 만들기 위한 몇 가지 방법을 제안해 드릴게요.

1. 채소를 재미있게 제공하기
   - 모양 내기: 채소를 동물이나 꽃처럼 재미있는 모양으로 자르거나, 아이가 좋아하는 캐릭터의 모양으로 만들어 보세요.
   - 색감 활용: 피망과 브로콜리의 색감을 활용해 무지개 색깔 접시를 만들어 보세요. 다양한 색깔의 채소를 함께 제공함으로써 눈길을 끌 수 있습니다.

2. 채소를 요리에 숨기기
   - 스무디: 피망이나 브로콜리를 과일 스무디에 섞어서 제공해 보세요. 과일의 달콤함이 채소의 맛을 가려 줍니다.
   - 소스나 스프에 추가: 피망과 브로콜리를 곱게 다져서 토마토 소스나 스프에 추가하세요. 이 방법으로 채소를 자연스럽게 섭취할 수 있습니다.

3. 함께 요리하기
   - 요리 활동 참여: 아이와 함께 요리하는 시간을 가지세요. 채소를 다루고, 요리 과정에 참여하게 함으로써 채소에 대한 흥미를 유발할 수 있습니다.

4. 긍정적인 강화
   - 칭찬과 격려: 아이가 채소를 시도할 때마다 칭찬과 격려를 아끼지 마세요. 긍정적인 피드백은 아이가 채소를 계속 시도하게 하는데 도움이 됩니다.

5. 좋아하는 음식과 결합하기
   - 좋아하는 음식에 추가: 아이가 좋아하는 피자나 파스타, 샌드위치에 피망이나 브로콜리를 추가해 보세요. 이미 좋아하는 맛에 채소를 조금씩 더하는 것은 채소에 대한 거부감을 줄일 수 있습니다.

아이들의 채소 섭취를 장려하는 것은 때로 인내심을 요구하는 일입니다. 하지만 다양한 방법을 시도하면서 아이가 채소를 좋아하게 만들 수 있습니다. 중요한 것은 긍정적이고 창의적인 접근 방법을 유지하는 것입니다.

● 여기가 포인트

아이의 기호를 개선하는 메뉴를 의뢰할 때는 프롬프트에 잘 먹지 못하는 식재료의 이름을 기술합니다. 여기에서는 피망과 브로콜리를 입력했습니다. 이를 원하는 식재료로 변경하면 됩니다. 그리고 한식, 중식 등 요리의 종류에 관한 희망 사항이 있다면 그에 관해서도 기술합니다.

아이의 발달 단계 확인하기

Q 당신은 육아 발달에 관한 지식이 많은 상담가입니다. 생후 3년 6개월이 된 아이의 커뮤니케이션 능력에 관한 불안이 있습니다. 이 시기의 아이들이 가진 평균적인 커뮤니케이션 능력에 관해 설명해 주십시오.

A 3년 6개월 된 아이들의 커뮤니케이션 능력은 상당히 발달돼 있으며, 이 나이대의 아이들은 자신의 생각과 감정을 언어로 표현할 수 있습니다. 그러나 개인 차이가 있을 수 있으므로, 아래에 제시된 능력은 일반적인 기준점으로 참고하시기 바랍니다.

1. 언어 이해 능력
   - 이 나이대의 아이들은 복잡한 지시 사항을 이해하고, 간단한 질문에 답할 수 있습니다. 또한, 일상적인 대화를 이해하고, 자신의 경험에 관해 이야기할 수 있습니다.

2. 언어 표현 능력
   - 3년 6개월 된 아이들은 자신의 필요와 원하는 것을 분명하게 말할 수 있습니다.
   - 간단한 이야기를 들려 주거나, 일어난 사건에 대해 설명할 수 있습니다.
   - 주변 사물, 사람, 활동에 대한 질문을 할 수 있으며, 간단한 농담이나 유머를 이해하고 즐길 수도 있습니다.

3. 문장 구성
   - 이 나이의 아이들은 3~4단어 이상의 문장을 사용하여 대화할 수 있으며, 때로는 더 긴 문장을 구사할 수도 있습니다.
   - 문법적으로 완전하지 않은 문장을 사용할 수도 있지만, 일상 대화에서의 의사소통에는 큰 지장이 없습니다.

4. 언어의 사회적 사용
   - 또래나 어른과의 상호 작용에서 적절한 언어를 사용하여 감정을 표현하고, 간단한 대화를 이어갈 수 있습니다.
   - 감사의 표현이나 사과와 같은 기본적인 사회적 매너를 언어를 통해 표현할 수 있습니다.

5. 주의 사항
   - 모든 아이가 같은 속도로 발달하지는 않습니다. 언어 발달에는 개인 차이가 있으며, 일부 아이들은 다른 아이들보다 더 빠르거나 느릴 수 있습니다.
   - 언어 발달에 있어 지속적인 관심과 격려가 중요합니다. 아이와의 일상적인 대화, 책 읽어 주기, 노래 부르기 등은 언어 능력 발달을 촉진합니다.

(후략)

● 여기가 포인트

아이의 성장 및 발달 정도가 신경 쓰일 때 ChatGPT를 사용해 발달 단계에 관한 평균 데이터를 생성할 수 있습니다. 이때 프롬프트에 아이의 나이를 기술하고 분야를 좁혀서 질문하는 것이 중요합니다. 여기에서는 커뮤니케이션 능력에 관해 질문했지만 언어 능력, 운동 능력 등에 관해 질문해도 좋습니다.

초등학교 1학년 때 발생할 법한 문제 방지법에 관해 문의하기

프롬프트

Q 당신은 경험이 풍부한 학교 상담가입니다. 아이가 초등학교에 입학한 직후(1학년 1학기 정도)에 발생하기 쉬운 문제에 관해 알려 주십시오. 그 대책과 사전에 준비할 수 있는 것에 관해 설명해 주십시오.

A 초등학교 1학년 1학기는 아이들에게 많은 변화와 도전이 따르는 시기입니다. 이 시기에 발생하기 쉬운 몇 가지 문제와 그 대책, 그리고 사전에 준비할 수 있는 것에 대해 설명하겠습니다.

1. 발생하기 쉬운 문제

   • 적응 문제:
     - 새로운 환경, 교사, 친구들과의 만남은 아이에게 큰 변화입니다. 일부 아이들은 이 변화에 적응하는 데 어려움을 겪을 수 있습니다.

   • 분리 불안:
     - 가정에서 벗어나 더 긴 시간을 학교에서 보내야 하기 때문에, 아이들 중 일부는 분리 불안을 경험할 수 있습니다.

   • 학습 문제:
     - 초등학교에 입학하면서 새로운 학습 내용과 과제에 직면하게 되며, 이에 대해 어려움을 느끼는 아이들이 있을 수 있습니다.

   • 사회적 상호 작용 문제:
     - 친구 사귀기, 집단, 내에서의 상호 작용 등 사회적 기술을 요구하는 상황에서 어려움을 겪는 아이들도 있습니다.

2. 대책과 사전 준비

   • 적응을 돕는 활동:
     - 학교 시작 전에 학교 방문, 교실과 교사 소개 등을 통해 아이가 학교 환경에 미리 익숙해질 수 있도록 도와줍니다.
     - 학교 생활에 대한 긍정적인 이야기를 나누며 아이의 기대감을 높여 줍니다.

   • 정서적 지지 제공:
     - 아이의 감정을 경청하고, 공감해 주며, 아이가 안전하고 사랑받고 있다는 느낌을 갖도록 합니다.
     - 분리 불안을 느낄 때 사용할 수 있는 작은 안심 물건(예: 가족 사진, 작은 인형)을 준비해 줍니다.

   • 학습 습관 형성:
     - 집에서의 정해진 시간에 숙제를 하거나 독서를 하는 등의 일정한 학습 습관을 길러 줍니다.
     - 아이가 학습 내용을 이해하고 있는지 주기적으로 확인하고, 필요한 경우 추가적인 지원을 제공합니다.

   • 사회적 기술 발달 지원:
     - 아이가 친구를 사귀고, 집단, 활동에 참여하는 데 필요한 사회적 기술을 배

울 수 있도록 도와줍니다.
- 또래와의 상호 작용을 장려하기 위해 놀이 모임이나 동아리 활동에 참여하도록 격려합니다.
- 아이가 초등학교 생활에 잘 적응하고 긍정적인 경험을 할 수 있도록 부모와 교사의 적극적인 지원과 관심이 필요합니다. 아이가 겪을 수 있는 어려움에 대해 미리 알고 준비함으로써, 아이가 학교 생활을…

(후략)

● 여기가 포인트

여기에서는 취학 직후 초등학교에 대한 적응에 관해 질문하고 있습니다. 프롬프트에 시기, 예상되는 문제와 그 대책을 생성할 것을 지시합니다. 필요에 따라 여름 방학 직후 등으로 시기를 변경해서 질문하는 것도 좋습니다.

┃ 서툰 학습 과제를 잘 가르치는 방법에 관해 문의하기

학습 과제를 수행하다가 막힐 때는 학년과 과목 등 구체적인 내용을 프롬프트에 기술합니다. 예를 들어 초등학교 2학년, 수학, 자리 올림과 자리 내림이 있는 계산에 관해 상담할 수 있습니다. 그리고 목표로서는 의미의 이해와 계산 문의 해결을 설정합니다. 또한 도구 사용에 관한 조건도 추가할 수 있습니다.

프롬프트

Q 당신은 뛰어난 수학 교사입니다. 나에게는 초등학교 2학년 자녀가 있습니다. 자리 올림이 있는 덧셈이나 자리 내림이 있는 뺄셈을 잘 하지 못합니다. 자리 올림과 자리 내림의 의미를 이해하게 하고, 실제로 계산 문제를 해결할 수 있도록 하는데 좋은 방법을 알려 주십시오. 근처에 있는 물건들을 사용하거나 간단한 도구를 직접 만드는 방법도 괜찮습니다.

A 자리 올림과 자리 내림을 이해하고 실습할 수 있는 몇 가지 방법을 소개합니다. 이러한 방법들은 아이가 수학적 개념을 쉽게 이해하고 즐겁게 학습할 수 있도록 도와줄 것입니다.

1. 물리적인 도구 사용하기
   • 빈 병과 구슬 활용
   - 자리 올림 실습: 10개의 구슬을 한 개의 빈 병(십의 자리를 나타냄)으로 옮기는 활동을 통해 자리 올림의 개념을 실습합니다. 예를 들어, 9+6의 계산에서 9개의 구슬에 6개를 더하면 10개가 넘어가므로, 10개의 구슬을 하나의 병에 넣고 남은 구슬을 확인합니다.

  - 자리 내림 실습: 10의 자리 병에서 구슬을 하나 꺼내 십의 자리로 바꾸는 것을 통해 자리 내림의 개념을 실습합니다. 예를 들어, 15-7의 계산에서 15를 1개의 병(10)과 5개의 구슬로 나타내고, 7개를 빼기 위해 병에서 구슬을 꺼내 사용합니다.

2. 종이와 색연필 활용
  • 자리 올림과 자리 내림 그리기
  - 자리 올림과 자리 내림을 시각적으로 표현하기 위해 종이에 큰 숫자를 그리고, 각 자릿수를 색깔로 구분하여 표시합니다. 덧셈이나 뺄셈을 할 때, 어떻게 자릿수가 변화하는지 색연필로 표시해 보며 이해를 돕습니다.

3. 숫자 카드 게임 만들기
  • 숫자 카드로 덧셈과 뺄셈 연습하기
  - 숫자 카드를 만들고, 이 카드들을 사용해 덧셈과 뺄셈 문제를 풀어 보는 게임을 만듭니다. 자리 올림이나 자리 내림이 필요한 문제를 풀 때, 카드를 옮기며 실제로 어떤 변화가 일어나는지 관찰합니다.

4. 일상 생활 속 수학 활용하기
  • 쇼핑 목록으로 계산하기
  - 일상 생활에서의 쇼핑 목록을 가지고 덧셈과 뺄셈 문제를 만듭니다. 예를 들어, 사과 12개와 바나나 9개를 샀다면 총 몇 개의 과일을 샀는지 계산하게 합니다. 이 과정에서 자리 올림과 자리 내림이 필요한 계산을 실습합니다.

이러한 활동을 통해 아이는 자리 올림과 자리 내림의 개념을 더 잘 이해하고, 즐겁게 수학 문제를 해결할 수 있게 될 것입니다. 학습 과정에서 아이가 실수를 할 수도 있지만, 긍정적인 피드백과 격려로 아이가 자신감을 가질 수 있도록 도와주세요.

● 칼럼

여기에서는 전형적인 문제로 수학 계산 문제를 예로 들었습니다. 구구단, 암기나 한자 쓰기 등 다른 교과목의 과제에 관해서도 마찬가지로 질문할 수 있습니다.

서툰 실기 과목을 개선하는 방법에 관해 문의하기

Q 당신은 뛰어난 미술 교사입니다. 미술(그림 그리기) 시간에 배경과 인물을 그릴 때, 균형 있게 배치하는 것이 어렵습니다. 이것을 개선 혹은 극복하는 방법에 관해 알려 주십시오. 초등학생도 알 수 있도록 쉽게 설명해 주십시오.

A 미술 시간에 배경과 인물을 그릴 때 균형 있게 배치하는 것은 중요한데요, 이를 개선하기 위해 몇 가지 팁을 쉽게 설명해 드리겠습니다. 초등학생도 쉽게 이해할 수 있도록 해 볼게요!

1. 그리드 사용하기
   - 설명: 종이를 가로세로 줄로 나누어 여러 개의 작은 사각형으로 만듭니다. 이 작은 사각형들을 사용하여 그림의 위치를 정할 수 있어요. 가운데에 인물을 그리고, 주변에 배경을 그려 보세요. 이렇게 하면 그림이 한쪽으로 치우치지 않고 균형을 맞출 수 있어요.

2. 포커스 포인트 정하기
   - 설명: 그림에서 가장 중요한 부분을 먼저 생각해 보세요. 그 부분을 그림의 중심에 두고, 나머지 부분들은 이 중심을 둘러싸듯이 그려 보세요. 예를 들어, 인물이 가장 중요하다면 인물을 중앙에 그리고, 그 주변으로 나무나 하늘 같은 배경을 추가해 보세요.

3. 크기와 위치 조절하기
   - 설명: 멀리 있는 것은 작게, 가까이 있는 것은 크게 그리세요. 인물이 그림의 주인공이라면, 인물을 크게 그리고 배경은 조금 더 작게 그려 인물이 돋보이게 해보세요.

(후략)

● 여기가 포인트

서툰 실기 과목을 극복하는 방법을 생성할 때는 프롬프트에 교과명, 다루는 과제의 내용, 달성하고자 하는 레벨 등을 지시합니다. 필요하다면 답변의 표현 대상 나이 등을 지정합니다. 여기에서는 미술을 예로 들었지만 체육, 음악 등으로도 응용할 수 있습니다.

다소 곤란한 문제에 관한 해결 방법에 대해 문의하기

프롬프트

Q 당신은 경험이 풍부한 학교 상담가입니다. 초등학교 2학년인 자녀는 학교의 알림장을 저에게 전달해 주지 않습니다. 학교 행사나 준비물들에 관해 알 수 없어 곤란할 때도 많습니다. 이를 원만하게 해결할 수 있는 방법에 관해 알려 주십시오.

A 자녀가 학교 알림장을 전달해 주지 않아 학교 행사나 준비물에 대해 알지 못하는 상황을 해결하기 위한 몇 가지 방법을 제안드립니다:

1. 정기적인 대화 시간 설정하기
   자녀와 매일 정해진 시간에 대화하는 시간을 가집니다. 이때, 학교 생활이나 그 날 있었던 일에 대해 자연스럽게 이야기를 나눕니다. 알림장 내용을 포함하여 자녀가 학교에서 겪은 일을 공유할 수 있는 기회를 제공합니다.

2. 긍정적인 피드백 주기
   자녀가 알림장을 가져올 때마다 긍정적인 피드백을 주어 이 행동을 격려합니다. 예를 들어, "알림장을 가져와 줘서 고마워, 이제 우리가 무엇을 준비해야 할지 알 수 있겠네."와 같은 말로 자녀의 행동을 칭찬합니다.

(후략)

● 여기가 포인트

프롬프트에 대상이 되는 자녀의 나이 등을 기술한 뒤, 곤란한 점의 구체적인 내용을 추가합니다. 그리고 달성할 목표 수준도 지정합니다. 여기에서는 알림장을 대상으로 했지만 교복 등 다른 것을 대상으로 질문할 수도 있습니다.

등교를 하지 않는 근본적인 원인에 관한 대응 방법에 대해 문의하기

프롬프트

Q 당신은 경험이 풍부한 학교 상담가입니다. 초등학교 4학년 자녀가 '학교에 가고 싶지 않다.'고 말하기 시작했습니다. 추측할 수 있는 원인과 적절한 대책에 관해 알려주십시오. 자녀의 건강 상태는 양호합니다.

A 초등학교 4학년 자녀가 "학교에 가고 싶지 않다."고 말하는 것은 여러 가지 원인에 의해 발생할 수 있습니다. 자녀의 건강 상태가 양호하다고 하셨으니, 다른 가능성들을 고려해 볼 필요가 있습니다. 이에 대한 몇 가지 추측 가능한 원인과 적절한 대책을 제시하겠습니다.

1. 추측할 수 있는 원인
   - 사회적 문제: 학교에서의 괴롭힘, 친구들과의 갈등, 소속감 부족 등 사회적 상호 작용에서 오는 문제가 원인일 수 있습니다.
   - 학업 스트레스: 학교 공부가 어렵다고 느끼거나 성적에 대한 압박을 받고 있을 수 있습니다.
   - 심리적 문제: 자신감 부족, 불안, 우울감 등 정서적 문제로 학교에 가기를 꺼릴 수 있습니다.
   - 학교 환경 문제: 교사와의 관계, 학교 시설의 불편함 등 학교 환경에 대한 불만이 있을 수 있습니다.

2. 적절한 대책
   - 대화하기: 자녀와의 신뢰를 바탕으로 한 열린 대화를 통해 자녀가 학교에 가기 싫어하는 구체적인 이유를 파악합니다. 비난이나 판단 없이 자녀의 이야기를 경청하세요.
   - 학교와의 협력: 자녀가 겪고 있는 문제를 해결하기 위해 학교 교사나 상담가와 협력합니다. 필요한 경우, 학교 측과 함께 개입하여 문제를 해결하는 방안을 모색하세요.
   - 사회적 기술 지원: 친구 관계나 사회적 상호 작용에서 어려움을 겪고 있다면, 사회적 기술을 향상시킬 수 있는 프로그램이나 활동에 참여하도록 독려합니다.

(후략)

● 여기가 포인트

등교를 하지 않는 것에 대해 빠르게 대응할수록 좋으므로 눈치챈 시점에 ChatGPT에게 질문합니다. 프롬프트에는 나이를 기술하고 가능한 범위에서 자녀의 상태를 설명합니다. 답변을 읽고 마음에 걸리는 항목이 있다면 그 점을 반복해서 질문합니다.

중학교 진학 직후 발생할 수 있는 문제 예측하기

프롬프트

Q 당신은 경험이 풍부한 학교 상담가입니다. 초등학교에서 중학교로 진학했을 때 자녀가 당황하기 쉬운 것들을 구체적으로 나열하고, 그에 관한 대책을 설명해 주십시오.

A 초등학교에서 중학교로 진학할 때 자녀가 당황하거나 어려움을 겪을 수 있는 여러 가지 상황과 이에 대한 대책을 구체적으로 나열해 보겠습니다.

1. 당황하기 쉬운 것들
   - 환경의 변화: 더 큰 학교, 새로운 교사와 친구들, 다양한 교실과 과목 등 환경의 변화에 적응해야 합니다.
   - 학습 부담 증가: 과목 수의 증가와 함께 학습량이 많아지고, 학업 난이도가 상승합니다.
   - 자율성과 책임감 요구: 스스로 학습 계획을 세우고, 숙제와 프로젝트를 관리해야 하는 책임감이 요구됩니다.

(후략)

여기가 포인트

문제가 발생하기 쉽다고 예상할 수 있을 때는 미리 ChatGPT를 통해 일반적인 정보를 얻고, 그 대처 방법에 관해 조사해 둡니다. 여기에서는 중학교 진학을 중요한 키워드로 해서 구체적인 예시와 대책을 요청합니다.

사춘기에 발생하기 쉬운 문제에 관해 문의하기

이 프롬프트에서의 포인트는 꼭 해결 방안을 요구하는 것은 아니라는 점입니다. 신경 쓰이는 게 사실 당연한 것인지에 관해 처음에 질문합니다. 또한 가능하다면 개선하고 자 한다는 요구를 포함합니다. ChatGPT는 이런 미묘한 심정을 반영한 프롬프트라도 그 나름의 반영을 하여 답변해 줍니다.

프롬프트

Q 당신은 유명한 심리 상담가입니다. 중학생이 된 자녀가 최근 집에 와서 거의 말을 하지 않게 됐습니다. 이것은 사춘기의 전형적인 모습입니까? 그리고 개선 방법이 있다면 알려 주십시오.

A 사춘기에 접어든 중학생이 집에 와서 거의 말을 하지 않는 것은 사춘기의 전형적인 모습 중 하나일 수 있습니다. 이 시기에는 신체적, 정서적 변화와 함께 독립성에 대한 욕구가 강해지며, 부모나 가족과의 소통 방식에도 변화가 생길 수 있습니다. 이러한 변화는 자연스러운 과정의 일부이며, 부모는 이 시기 자녀의 변화를 이해하고 적절히 지지해 주는 역할이 중요합니다. 다음은 개선 방법에 대한 몇 가지 제안입니다:

1. 개방적인 대화 환경 조성하기
   자녀가 자신의 생각과 감정을 편안하게 표현할 수 있는 분위기를 만듭니다. 비판이나 재촉 없이, 자녀가 말하고 싶을 때 말할 수 있도록 기다려 주세요.

2. 관심사 공유하기
   자녀의 관심사나 취미에 관심을 보이고, 가능하다면 함께 활동에 참여해 보세요. 공통의 관심사를 통해 대화의 기회를 만들 수 있습니다.

3. 정기적인 가족 시간 마련하기
   함께 식사하는 시간이나 주말 활동을 통해 가족 구성원 모두가 서로의 일상과 생각을 공유할 수 있는 시간을 정기적으로 가집니다.

4. 개인의 공간 존중하기
   자녀가 스스로의 시간과 공간을 갖고 싶어 할 수 있으므로, 이를 존중해 주세요. 동시에, 자녀가 언제든지 대화를 나눌 준비가 돼 있다는 것을 알려 주세요.

5. 긍정적인 피드백 주기
   자녀가 자신감을 가질 수 있도록 긍정적인 피드백을 주고, 작은 성공이나 노력도 칭찬해 주세요.

6. 전문가와의 상담 고려하기
   자녀가 심각한 정서적 어려움을 겪고 있다고 판단되면, 학교 상담사나 심리 상담 전문가의 도움을 받는 것도 고려해 볼 수 있습니다.

(후략)

유언장 서식의 문서 작성하기

유언장에 강한 법적 구속력을 가지게 하는 경우는 논외로 하고, 간단하게 유족에게
자신의 의향을 전달하고 싶을 때는 ChatGPT에게 서식을 생성하게 하는 것도 효과적
입니다. 대략적인 자산의 목록, 상속해 주고 싶은 상대 등 조건이 있다면 이를 프롬
프트에 전달합니다. 또는 다음 프롬프트에서 결과를 적절히 수정하는 것도 좋습니다.

프롬프트

Q 당신은 유산 상속 전문 변호사입니다. 유언장 서식의 문서를 작성해 주십시오.

A 유언서 작성은 법적인 효력을 갖는 중요한 문서이므로, 정확한 양식과 내용을 준비
하는 것이 중요합니다. 다만, 제가 직접적인 법률 문서를 생성하거나 특정한 양식을
제공하는 것은 제한돼 있으나, 유언서를 작성할 때 일반적으로 포함돼야 하는 기본
적인 구성 요소를 안내해 드릴 수 있습니다. 실제 유언서를 작성하시기 전에는 법률
전문가와 상담하시는 것이 좋습니다.

유언서 기본 구성 요소

1. 서문
   - 문서가 유언서임을 명시합니다.
   - 작성자(유언자)의 전체 이름과 주소를 포함합니다.
   - 자발적으로 유언서를 작성하며, 정신적으로 건강한 상태임을 선언합니다.

2. 유언 집행인 지정
   - 유언 집행인(Executor)의 이름과 주소를 기재합니다.
   - 유언 집행인의 역할과 책임에 대해 간략히 설명합니다.

3. 자산 분배
   - 자산을 구체적으로 명시하고, 해당 자산이 누구에게 어떻게 분배될지 상세하
     게 기술합니다.
   - 부동산, 은행 계좌, 주식, 개인 소유품 등 구체적인 자산에 대한 분배 방식을
     명확히 합니다.

4. 부양 의무자에 대한 지시
   - 자녀나 다른 부양 의무가 있는 가족 구성원에 대한 지시를 포함합니다.
   - 후견인 지정이 필요한 경우, 후견인의 이름과 주소를 기재합니다.

5. 특별 지시 사항
   - 장례식 방식, 유해 처리 방법 등 특별한 요구 사항이 있다면 이를 명시합니다.

6. 기타 조항
   - 유언서의 변경이나 취소에 대한 규정을 포함할 수 있습니다.

7. 결론 및 서명

- 유언서가 해당 지역의 법률에 따라 작성됐음을 명시합니다.
- 유언자와 증인의 서명, 날짜를 포함합니다(증인의 수와 자격은 해당 지역 법률에 따라 다를 수 있습니다).

8. 주의 사항
- 유언서는 국가나 지역에 따라 법적 요구 사항이 다를 수 있으므로, 작성 전 해당 지역의 법률을 확인하는 것이 중요합니다.
- 가능하면 법률 전문가의 도움을 받아 유언서를 작성하고 검토받으세요.

이러한 기본 구성 요소를 바탕으로 유언서를 작성할 때, 개인의 특정한 상황과 요구 사항을 반영하여 조정할 수 있습니다. 유언서 작성과 관련하여 법적 조언이 필요하다면, 해당 분야의 전문 변호사와 상담하는 것이 가장 좋습니다.

● 칼럼

유언서 외에도 차용증, 위임장 등과 같이 일반적으로 널리 사용되는 서식이라면 ChatGPT를 사용해 기본 서식을 생성하고, 그것을 수정해서 사용하면 편리합니다.

원만한 이혼 방법 생각하기

Q 당신은 이혼 전문 변호사입니다. 원만하게 이혼할 수 있는 효과적인 방법에 관해 알려 주십시오.

A 원만하게 이혼할 수 있는 효과적인 방법을 찾고 계신다면, 감정적인 충돌을 최소화 하고 양측이 합의에 도달할 수 있도록 하는 전략이 중요합니다. 다음은 이혼 과정 을 원만하게 진행하기 위한 몇 가지 방법입니다:

1. 소통의 유지
   • 개방적인 대화: 이혼 과정에서 가장 중요한 것은 소통입니다. 감정이 고조되기 쉬운 상황이지만, 상대방과의 개방적이고 정직한 대화를 통해 각자의 요구와 우려를 명확히 표현하는 것이 중요합니다.
2. 중재 사용하기
   • 중재자 활용: 중재자는 갈등을 중립적인 입장에서 해결할 수 있도록 돕는 전문 가입니다. 중재를 통해 양측은 자신의 입장을 효과적으로 전달하고, 합의점을 찾는 데 도움을 받을 수 있습니다.

(후략)

여기가 포인트

이 프롬프트는 일반론적 참고를 구하는 것입니다. 이혼을 원하는 이유 등의 조건을 추가하면 답변은 크게 달라집니다. 재산 분할 등 문제가 될 수 있는 항목에 관해서는 이 다음 프롬프트 에 질문하는 것도 좋습니다.

개인 정보 보호 정책 작성하기

Q 당신은 컴플라이언스 전문가입니다. 당사는 생활 잡화를 인터넷으로 판매하는 회사입니다. 당사의 온라인 판매 사이트용 개인 정보 보호 정책을 작성해 주십시오.

A 개인 정보 보호 정책은 고객의 개인 정보를 보호하고, 어떻게 정보가 수집, 사용, 공유되는지에 대한 회사의 정책을 명확하게 설명하는 중요한 문서입니다. 아래는 생활 잡화를 인터넷으로 판매하는 회사의 온라인 판매 사이트용 개인 정보 보호 정책의 예시입니다. 실제 사용하기 전에는 법률 전문가의 검토를 받으시기 바랍니다.

개인 정보 보호 정책

1. 서론
   - 본 개인 정보 보호 정책은 [회사명]이 운영하는 온라인 판매 사이트([웹사이트 주소]) 사용자의 개인 정보 보호와 관련된 우리의 약속을 설명합니다. 우리는 고객의 개인 정보 보호를 최우선으로 하며, 개인 정보의 수집, 사용 및 공유에 있어 투명성을 제공하기 위해 최선을 다하고 있습니다.

2. 수집하는 정보
   - 개인 식별 정보: 이름, 이메일 주소, 우편 주소, 전화번호와 같이 고객이 우리에게 제공하는 정보.
   - 비개인 식별 정보: 브라우저 종류, 인터넷 서비스 제공업체(ISP), 참조/종료 페이지, 운영 체제, 날짜/시간 스탬프 및 클릭 스트림 데이터와 같은 기술적 정보.

(후략)

● **여기가 포인트**

인터넷을 통한 판매 사이트의 개인 정보 보호 정책은 그 내용이 크게 다르지 않으므로 ChatGPT에게 생성하게 하면 매우 간단합니다. 여기에서는 프롬프트에 간단한 업종의 설명만 기술했지만 보다 상세한 정책을 만들고 싶다면 업무 내용을 상세하게 추가하는 것이 좋습니다.

07

최고의
프롬프트 모음

비즈니스 커뮤니케이션

주제	프롬프트
어려운 문장을 쉽게 읽을 수 있게 변경하기	당신은 최고의 기자입니다. 다음 문장을 9세 어린이도 간단하게 이해할 수 있는 쉬운 문장으로 다시 작성해 주십시오. (본문)
문장의 의미를 바꾸지 않고 문장 수 늘리기	당신은 최고의 기자입니다. 다음 문자의 의미를 바꾸지 않고, 600자로 늘려서 작성해 주십시오. (본문)
사과 메일 작성하기	당신은 사죄 전문가입니다. 다음 내용에 관해 상사에게 사과하는 메일을 작성해 주십시오. 너무 공손하지 않도록 간략하게 정리해 주십시오. (사과 내용)
감사 메일 작성하기	당신은 매너 강습 교사입니다. 다음 조건으로 감사 문장을 작성해 주십시오. (조건)
글머리 기호로 쉽게 문장 만들기	다음 내용을 기반으로 메일 제목과 본문을 작성해 주십시오. 나는 A사 영업부 담당이고, 수신 상대는 B사 총무부 담당 부장입니다. 상대에게 실례가 되지 않도록 공손한 문장으로 작성해 주십시오. (메일 내용을 글머리 기호로 작성)
문장 어조 변경하기	다음 문장을 젊은 여성이 작성한 듯한 문장으로 바꿔 주십시오. (문장)
상품에 대한 흥미에 부응하는 답변 템플릿 작성하기	당신은 최고의 고객 지원 담당자입니다. 상품에 흥미가 있는 고객의 질문에 대한 답변 메일 템플릿을 작성해 주십시오.
부하 직원을 꾸짖는 이메일 문장 작성하기	당신은 상대를 잘 꾸짖는 전문가입니다. 자주 지각하는 젊은 부하 직원을 꾸짖는 메일을 작성하십시오. 딱딱한 표현은 피하고 부드러운 어조로 작성해 주십시오.
부하 직원의 동기 강화	부하 직원의 동기 부여와 생산성 향상을 위해 급여를 어떻게 조정하는 것이 좋습니까?
상사와 사이 좋게 지내는 방법 질문하기	당신은 소통 전문가입니다. 상사와 사이 좋게 지낼 수 있는 방법 10가지를 제안해 주십시오.
술자리에서의 자리 배치 제안받기	남자 6명, 여자 7명이 술자리를 가집니다. 4인용 테이블을 사용할 때 균형 잡힌 좌석 배치를 제안해 주십시오.
휴식 시간에 가질 수 있는 기분 전환 방법 질문하기	사무실에서 10분 안에 시도할 수 있는 효과적인 기분 전환 방법을 제안해 주십시오.
송년회 진행표 작성하기	20시에 시작해서 23시에 종료하는 송년회의 진행표를 작성해 주십시오.
장례식 드레스 코드 확인하기	당신은 최고의 장례식 상담가입니다. 장례식에 아래와 같은 복장으로 참석할 예정입니다. 드레스 코드에 문제는 없을까요? (복장 설명)
꺼리는 상사로부터의 요청을 거절하는 대화 방법 알아보기	당신은 최고의 커뮤니케이션 전문가입니다. 꺼리는 상사로부터 회식에 초대받았을 때 거절하고 싶은 경우의 대화 방법에 관해 알려 주십시오.
직장에서 나눌 수 있는 잡담 알아보기	당신은 커뮤니케이션 전문가입니다. 직장 동료나 상사와 커뮤니케이션을 하기 위한 적절한 잡담거리를 5개 제안해 주십시오.
나에게 맞는 업계나 직종 제안받기	당신은 최고의 취업 상담가입니다. 나의 특징에 맞춰 최적이라고 생각되는 업계나 직장을 제안해 주십시오. (나이, 체형, 성격, 취미 등)

스탠딩 파티의 매너 확인하기	거래처에서 주최하는 스탠딩 파티에서의 적절한 행동 매너에 관해 알려 주십시오. 비즈니스 이벤트에서 좋은 인상을 남기기 위한 포인트나 주의점이 있습니까?
가벼운 농담 만들기	비즈니스 교섭이나 회의에서 가벼운 기분 전환을 위해 사용할 수 있는 농담을 몇 가지 알려 주십시오.
고객에게 받은 많은 질문을 효율적으로 처리하는 방법 확인하기	당신은 최고의 고객 지원 담당자입니다. 고객으로부터 받은 많은 질문을 효율적으로 처리하는 고유한 방법을 제안해 주십시오.
문장을 감동적으로 수정하기	당신은 최고의 작가입니다. 다음 문장이 독자를 깊이 감동시킬 수 있도록 수정해 주십시오. (문장)
틈새 상품과 서비스 고안하기	(비즈니스 분야)에서 새로운 사업을 하려고 합니다. 성공하기 위한 최적의 틈새 상품과 서비스에 관해 제안해 주십시오.
업무 독촉 메일 작성하기	나는 영업부 담당자입니다. 자재부 담당자에게 아래의 내용으로 독촉 메일을 보내고자 합니다. 메일 본문을 작성해 주십시오. (독촉 내용)
업무 일지 작성하기	아래 내용을 바탕으로 업무 일지를 작성해 주십시오. 출력 형식은 '시간: 업무 내용'의 표 형식으로 작성해 주십시오. (내용)
액션 플랜 작성하기	당신은 최고의 경영 컨설턴트입니다 자동차 판매로 매출 10억 원을 달성하기 위한 액션 플랜을 작성해 주십시오.
귀책 사유 판단하기	당신은 최고의 법률가입니다. 아래 클레임에 대해 귀사에 귀책 사유가 있는지 판단해 주십시오. (클레임 내용)
연령대별 고민 조사하기	당신은 최고의 마케터입니다. 일에 관한 불한감에 대해 연령대별(20대, 30대, 40대, 50대)로 고민을 분석하십시오.

비즈니스 아이디어

주제	프롬프트
상품의 특징이 잘 드러나는 제목 만들기	당신은 최고의 카피라이터입니다. 아래 상품의 특징을 잘 전달할 수 있는 헤드라인을 8개 작성해 주십시오. (상품 특징)
이벤트용 제목 만들기	당신은 최고의 카피라이터입니다. 아래 특징을 가진 이벤트와 관련된 12자의 제목을 8개 작성해 주십시오. (이벤트 특징)
캐릭터에 어울리는 이름 만들기	당신은 최고의 카피라이터입니다. 아래 특징을 가진 캐릭터 이름을 표현하는 이름을 5개 작성해 주십시오. (캐릭터 특징)
장르에 맞는 제목 만들기	당신은 최고의 카피라이터입니다. (장르) 이미지에 맞는 제목을 5개 작성해 주십시오.
다른 작가와의 차이점을 확인하기	당신은 최고의 편집자입니다. 나는 잡지 기자입니다. 내가 쓴 다음 글을 분석하고 다른 작가와 비교해 글쓰기 스타일의 차이점을 설명해 주십시오.
SNS 포스팅을 위한 독특한 관점 생각하기	당신은 최고의 SNS 디렉터입니다. (주제와 관련된) 트윗을 작성하고, 고유하고 참신한 관점을 제안해 주십시오.
SNS 포스팅용 게시 수정하기	당신은 큰 인기를 얻은 인플루언서입니다. SNS에 포스팅할 다음 문장이 많은 사용자에게 '좋아요'를 받을 수 있도록 수정해 주십시오. (문장)

틱톡에 최적인 해시 태그 만들기	당신은 최고의 인플루언서입니다. 틱톡에서 (주제와 관련된) 게시할 때 효과적인 해시 태그를 5개 알려 주십시오.
틱톡에서 상품의 이미지 높이기	당신은 최고의 인플루언서입니다. 틱톡에서 (상품명) 이미지 향상에 연결되는 획기적인 동영상 아이디어를 5개 제안해 주십시오.
틱톡에서 유행하고 있는 해시 태그 조사하기	당신은 최고의 인플루언서입니다. 틱톡에서 (주제와 관련된) 게시 중 유행하는 해시 태그에 관해 알려 주십시오. [Bing AI에서 사용할 수 있음]
X(구 트위터) 광고용 제목 작성하기	당신은 최고의 카피라이터입니다. 다음 내용으로 사용자를 끌어 당길 수 있는 트위터 광고용 제목을 10개 작성해 주십시오. (광고 내용과 타깃)
X(구 트위터)에서 토론을 활성화하는 게시물 작성하기	당신은 최고의 인플루언서입니다. 트위터에서 (주제와 관련된) 토론을 활성화할 수 있는 트윗을 3개 작성해 주십시오.
X(구 트위터) 광고의 시각적인 연출 생각하기	당신은 최고의 인플루언서입니다. 트위터 광고에서 시각적인 효과를 기대할 수 있는 연출 방법을 제안해 주십시오.
X(구 트위터)에서 참여율을 높이는 비장의 무기 생각하기	트위터에서 이모티콘과 해시 태그 외에 참여율을 높일 수 있는 다른 방법을 제안해 주십시오.
과거 X(구 트위터)에서 버즈에 오른 게시물 분석 요청하기	다음은 과거 트위터에서 화제가 된 트윗들입니다. 이 내용을 분석해서 버즈에 오른 이유를 설명해 주십시오.
페이스북 광고 전략 생각하기	요리 강좌를 주부층에 어필하기 위한 효과적인 페이스북 광고 전략을 설명해 주십시오.
인스타그램에서 화제가 될 만한 게시물 만들기	'라면'을 주제로 인스타그램에서 1만 명 이상의 '좋아요'를 받을 수 있는 매력적인 게시물을 만들어 주십시오.
SEO에 대응한 제목 생각하기	당신은 뛰어난 웹 디렉터입니다. (주제와 관련된) 블로그 글을 작성합니다. 이 글에 관해 효과적인 SEO를 위한 제목 3개를 작성해 주십시오.
블로그 요약 소개 이메일 작성하기	지난 일주일간 블로그의 인기 글과 콘텐츠를 간략하게 소개하는 이메일을 작성해 주십시오.
상품의 주요 기능 및 장점 설명하기	(상품명)의 장점과 주요 기능을 강조하는 5가지의 상품 설명 작성 방법을 알려 주십시오.
지정한 조건으로 캐치 카피 생각하기	다음 상품의 캐치 카피를 10개 작성해 주십시오. 30자 이상으로 역동성이 넘치고, 사고 싶은 기분이 드는 카피를 작성해 주십시오. (상품 이름, 가격, 특징 등)
특정한 상황을 제목으로 표현하기	당신은 최고의 카피라이터입니다. (상황을 표현하는) 10자 길이의 제목을 5개 작성해 주십시오.
다각적인 아이디어 도출하기	당신은 최고의 비즈니스 전략가입니다. 수평 사고로 (상품과 서비스)의 홍보/선전 전략 계획을 생각해 주십시오.
문제 해결을 위한 방법 생각하기	(상품과 서비스)의 문제에 대한 처리 방법을 TRIZ 사고 방법을 사용해 제안해 주십시오.

문자 데이터 처리

주제	프롬프트
문장 제목 생각하기	다음 문장에 붙일 매력적인 제목을 5개 작성해 주십시오. 제목은 18자 이내로 작성하십시오. 사회에 큰 임팩트를 준 인플레이션 상황에서 태어났지만 단순히 가격이 오른 것이 아니라 부가 가치를 붙인 '저가 프리미엄' 시장입니다.
문장 제목 생각하기	다음 문장에 붙일 인상적인 제목 후보를 15개 작성해 주십시오. 제목은 20자 내외로 작성해 주십시오. 제목의 분위기와 뉘앙스는 예시를 참고하십시오. (문장, 분위기 예시)
글에서 해시 태그 만들기	당신은 인기있는 인플루언서입니다. 다음 글에서 SNS에 사용할 수 있는 효과적인 해시 태그 3개를 작성해 주십시오. (문장)
문장 첨삭 받기	당신은 최고의 교정가입니다. 아래 문장을 읽고 문맥이나 표현이 잘못된 부분이 있다면 수정하고, 그 부분과 이유도 함께 알려 주십시오. (문장)
핵심 간추리기	당신은 요약 전문가입니다. 아래 문장에서 가장 중요하다고 생각되는 3가지 요점을 간단하게 요약해 주십시오. (문장)

생활

주제	프롬프트
단어의 의미에서 속담 배우기	당신은 최고의 국어학자입니다. (속담의 뜻)이라는 의미를 가진 속담을 알려 주십시오.
여행 계획 생각하기	당신은 최고의 여행 플래너입니다. 서울에서 부산까지 자동차로 여행하고 싶습니다. 설악산을 보고, 온천을 즐기는 것을 포함해 1박 2일의 여행 계획을 생각해 주십시오.
작업 순서를 표로 나타내기	당신은 태스크 관리 전문가입니다. 졸업 논문 작성에 필요한 순서를 분해하고 표 형식으로 작성해 주십시오.
작업 시간 배분하기	당신은 태스크 관리 전문가입니다. 앞으로 2시간 동안 집의 대청소를 하려고 합니다. 시간을 배분해서 일정을 작성해 주십시오.
어려운 용어를 예를 들어 알기 쉽게 설명하기	'실라버스'라는 용어에 관해 일상적인 상황을 예로 들어 설명해 주십시오.
원작이 있는 글을 다른 사람이 쓴 것처럼 다시 쓰기	당신은 최고의 편집자입니다. 다음 문장의 요지를 유지하고 단락과 순서를 바꾸고 다양한 관점을 추가해 문장 정체의 구성을 크게 바꿔서 써 주십시오. (문장)
간단한 짧은 이야기 작성하기	당신은 최고의 소설가입니다. OOOO을 범인으로 하는 미스터리 이야기를 작성해 주십시오.
수수께끼 내기	당신은 최고의 수수께끼 작가입니다. 수수께끼 문제를 내 주십시오.
역사 인물끼리 토론시키기	당신은 역사 시뮬레이터로 동작합니다. 광개토대왕과 세종대왕을 등장 인물로 하여 누가 더 훌륭한지 발언 형식으로 토론하도록 하십시오.
이모티콘으로 말을 표현하기	당신은 이모티콘 전문가입니다. '배고파'를 이모티콘으로 표현해 주십시오.

위키피디아와 비슷한 설명 글 작성하기	당신은 최고의 웹 라이터입니다. '서울 타워'에 관해 위키피디아와 비슷한 형식의 설명 글을 작성해 주십시오.
해외 여행의 소지품 목록 작성하기	당신은 해외 여행 전문가입니다. 프랑스 파리로 5박 6일 여행을 갑니다. 필요한 소지품 목록을 체크 리스트 표 형식으로 작성해 주십시오.
제목이 기억나지 않는 영화 확인하기	당신은 영화 데이터베이스입니다. 좌절한 프로 복서가 최고가 되기 위해 노력하는, 1970년대 후반에 큰 인기를 얻은 영화의 제목을 알려 주십시오.
노래 가사의 상세한 의미 조사하기	당신은 최고의 음악 평론가입니다. '교실 이데아'의 가사에 등장하는 '전국 구백만의 아이들의 머릿속에 매일 똑같은 것만 집어넣고 있어.'의 의미를 상세하게 설명해 주십시오.
상대방을 설득하는 편지 문장 작성하기	당신은 최고의 협상가입니다. 여자 친구와의 결혼을 반대하는 부모님을 설득하는 편지를 작성해 주십시오.
상대방의 행동을 읽어내는 힌트 얻기	당신은 행동심리학 전문가입니다. 다음과 같은 행동에 작용할 수 있는 심리를 분석해 주십시오. 내가 가까이 앉자 지인이 다른 자리로 옮겼다.
무서운 괴담 작성하기	당신은 괴기 현상 연구자입니다. 소름 끼치는 심령에 얽힌 괴담을 들려 주십시오.
과거의 명언, 격언을 기반으로 새로운 격언 만들기	당신은 최고의 현대 철학자입니다. 과거 위인들의 명언과 그를 바탕으로 고유한 명언을 5개 작성해 주십시오.
스토리 형식의 RPG 게임 즐기기	선택에 따라 스토리가 전개되는 모형 RPG를 제공해 주십시오.
ChatGPT가 프롬프트를 개선하게 만들기	당신은 프롬프트의 달인입니다. 아래 프롬프트를 분석하고 ChatGPT가 최상의 답변을 도출할 수 있도록 조언과 구체적인 개선 사례를 제시해 주십시오. 단, 프롬프트에 직접 답변하지 마십시오. (프롬프트 내용)
센스 없이도 뛰어난 시 창작하기	당신은 최고의 시인입니다. '은하수'라는 단어를 사용해서 10자–20자– 10자–20자로 이루어진 짧은 시를 5편 작성해 주십시오.
동일한 발언 내용을 인물별로 작성하기	'그 아름다움과 신비로운 분위기에 감동했습니다.'라는 말을 8살 초등학생, 17살 고등학생, 25살 회사원의 어투로 각각 작성해 주십시오.
역사적 명장면을 드라마로 재현하기	당신은 역사 드라마 전문 채널입니다. 역사적으로 유명한 사건인 '노량대전'을 드라마 형식으로 재현해 주십시오.
진학할 희망 학부나 학과 제안받기	당신은 최고의 교육 컨설턴트입니다. 향후 IT 분야 창업을 목표로 하고 있습니다. 대학 진학 시 어떤 학부 혹은 학과를 목표로 하는 것이 좋을지 구체적으로 제안해 주십시오.
가사 작성하기	당신은 최고의 작사가입니다. 연애를 주제로 약 4분 길이의 곡에 붙일 가사를 작성해 주십시오.
이사 절차 리스트 작성하기	당신은 이사 전문가입니다. 물건 계약을 마쳤으며, 2개월 후에 이사할 예정입니다. 이사 절차에 관해 알기 쉽게 리스트로 정리해 주십시오.
본격적인 소설의 플롯 작성하기	당신은 상상력이 풍부한 최고의 소설가입니다. '이순신'이라는 남성이 주인공인 미스터리 작품을 집필합니다. 4만 자 정도의 소설을 쓰기 위한 플롯을 힐리웃 스타일의 3막 구성 형식으로 작성해 주십시오.

금융/투자

주제	프롬프트
빚 상환 방법 제안받기	당신은 최고의 금융 플래너입니다. 도박으로 진 빚이 1,000만 원 있습니다. 매월 정기적인 수입은 250만 원입니다. 월세는 80만 원입니다. 빚을 효율적으로 상환하기 위한 방법을 제안해 주십시오.
투자 자금 분산 비율 제안받기	당신은 최고의 금융 플래너입니다. 투자 자금이 1,000만 원 있습니다. 이것을 국내 주식, 해외 주식, 국내 채권, 해외 채권으로 분산 투자하는 최적의 비율 및 그 이유에 관해 제안해 주십시오.
자산 상황에 적합한 운용 조언받기	당신은 최고의 금융 플래너입니다. 나는 40살의 독신 남성이며 저축 3,000만 원, 대출 1,000만 원을 갖고 있습니다. 어떻게 자산을 운용하면 좋을지 조언해 주십시오.
정년 은퇴 후 자금 계획 조언받기	당신은 최고의 금융 플래너입니다. 정년 퇴직까지 앞으로 5년 남았습니다. 노후 자금을 저축하기 위한 포인트를 알려 주십시오.
포트폴리오 전략 아이디어 제안받기	당신은 최고의 투자 컨설턴트입니다. 한국의 주식 투자에서 연이율 20%의 퍼포먼스(성과)를 목표로 합니다. 포트폴리오 아이디어를 제안해 주세요.
기업 정보 확인 방법 조사하기	당신은 최고의 금융 플래너입니다. 주식 투자를 하고 싶습니다. 기업의 재무제표를 읽는 방법을 상세하게 알려 주십시오.

어학 학습/번역

주제	프롬프트
어학 학습 방법 문의하기	당신은 영어 교육 전문가입니다. 점점 어학 실력이 늘어나게 할 수 있는 쉬운 방법을 소개해 주십시오.
효율적인 영어 어휘 암기 방법 문의하기	당신은 최고의 영어 교사입니다. 효율적으로 영어 어휘력을 늘리기 위해 빠르게 단어와 숙어를 암기하는 방법이나 힌트를 알려 주십시오.
악센트 위치 기억 방법 문의하기	당신은 뛰어난 영어 교사입니다. 영단어의 악센트 위치를 올바르게 기억하는 방법을 설명해 주십시오.
듣기 능력 향상 방법 문의하기	당신은 뛰어난 영어 교사입니다. 영어 듣기 능력을 효율적으로 높이는 방법을 설명해 주십시오.
어려운 발음을 익히는 방법 문의하기	당신은 뛰어난 영어 교사입니다. 한국인에게 어려운 발음, 소리 구별 방법을 설명해 주십시오.
제2외국어 추천받기	당신은 박학한 언어학자입니다. 한국인이 영어 다음으로 학습할 언어를 선택하는 경우 비교적 쉽게 익힐 수 있고, 실용성이 높은 언어 3가지를 추천해 주십시오.
언어 학습 시 어려운 점 문의하기	당신은 박학한 언어학자입니다. 한국인이 (외국어)를 학습할 때 어려워하는 점들에 관해 알려 주십시오.
각 언어에서의 이름 발음 방법 문의하기	당신은 박학한 언어학자입니다. 영어 이름 'Peter'는 다른 언어에서는 어떻게 발음합니까?
좋은 대화 연습 상대는 원어민인지 아닌지 질문하기	당신은 경험이 풍부한 영어 교수입니다. 영어 회화 연습 상대로 원어민과 영어 이외의 모국어를 사용하는 영어 학습자 중 어느 쪽이 더 낫습니까? 각 상대의 장점과 단점에 관해서도 알려 주십시오.

영어 회화 학습의 스타일 차이 문의하기	당신은 경험이 풍부한 영어 교사입니다. 영어 회화 학습을 할 때 개인 레슨과 그룹 레슨, 대면 학습과 원격 학습의 장점/단점을 나열하고 비교해 주십시오.
외국어를 한국어로 번역하기	당신은 뛰어난 번역가입니다. 다음 문장을 한국어로 번역해 주십시오. (외국어 본문)
한국어를 외국어로 번역하기	당신은 뛰어난 번역가입니다. 다음 문장을 영어로 번역해 주십시오. (한국어 본문)
고객에게 보내는 메일 작성하기	다음 내용으로 고객에게 보내는 영문 메일을 작성해 주십시오. (요점을 글머리 기호로 작성)
상대에게 좋은 인상을 주도록 첨삭 받기	상대에게 총명하다고 느끼도록 첨삭해 주십시오
미팅 연습하기	당신은 나의 상사인 John입니다. 나는 Kim입니다. 나와 영어로 역할극을 수행합니다. 당신은 John으로서의 발언만 하십시오. 그리고 한 번의 발언은 50 단어 이내로 하십시오. (회사, 업종, 서로의 소속 부서, 입장, 이야기 주제 등을 글머리 기호로 기재)
영어 학습용 예문 작성하기	당신은 뛰어난 영어 교사입니다. 다음 영단어를 모두 포함하는 3개의 문장으로 이루어진 한 단락의 영어 학습용 예문을 작성해 주십시오. (여러 영단어)
영어 발음의 규칙성 문의하기	당신은 뛰어난 영어 교사입니다. 영어의 철자와 발음 사이에 존재하는 대표적인 규칙성을 나열해 주십시오.
미국 영어와 영국 영어의 차이 문의하기	당신은 뛰어난 영어 교사입니다. 미국 영어와 영국 영어의 대표적인 차이를 몇 가지 소개해 주십시오. 그리고 그 예문도 알려 주십시오.
영어 구문 설명 듣기	당신은 뛰어난 영어 교사입니다. 영문의 대표적인 문형과 그 의미를 알려 주십시오.
운율 맞추기에 관한 설명 듣기	당신은 뛰어난 영어 교사입니다. 영어의 시 등에서 '운율을 맞춘다.'라는 말의 의미를 실례를 들어 설명해 주십시오.
영어 말하기 팁 문의하기	당신은 뛰어난 영어 교사입니다. 내가 기억하고 있는 단어만을 조합해 순간적으로 적절한 문장을 조합해서 말할 수 있게 되는 팁을 알려 주십시오.
2개 단어의 의미 차이 비교하기	(영단어)와 (영단어)의 의미의 미묘한 차이를 설명해 주십시오.
영어로 일기 작성하기	일기를 작성할 때 편리한 영어 표현 10개를 알려 주십시오.
직종별로 자주 사용되는 영어 배우기	(직종 이름 또는 업계 이름)에서 자주 사용되는 영단어 10개를 예문과 함께 소개해 주십시오.
영어로 농담하기	영어 농담을 나열해 주십시오. 그리고 해당 농담의 유머 포인트를 알려 주십시오.
영단어 기억 방법 문의하기	당신은 최고의 영어 교사입니다. 최신 이론에 기반한 영단어 기억 방법을 알려 주십시오.
영단어로 예문 작성하기	당신은 뛰어난 영어 교사입니다. '(임의의 영단어)'를 사용한 예문을 5개 작성하고, 각각의 의미를 한국어로 알려 주십시오.

PC/스마트폰 사용 방법

주제	프롬프트
엑셀의 단축키 확인하기	엑셀에서 사용할 수 있는 단축키에 관해 알려 주십시오.
엑셀 파일의 테이블에서 그래프 생성하기	이 파일의 테이블을 그래프로 만들어 주십시오. [※Advanced Data Analysis 사용. 엑셀 파일 업로드]
샘플 데이터 작성하기	다음 항목을 넣은 샘플 데이터를 표 형식으로 작성해 주십시오. (필수 항목) [예: 상품 이름, 원가, 판매가]
문장 체크와 교정 자동 수행하기	당신은 워드 전문가입니다. 다음 문장의 문법과 철자를 체크하고, 수정 전과 수정 후의 문장 및 수정 위치를 작성해 주십시오. (문장)
목적에 따른 워드 템플릿 작성하기	당신은 워드 전문가입니다. 매달 제출하는 업무 실적 보고서의 워드 템플릿을 작성하기 위한 순서, 가이드라인, 주의점을 제안해 주십시오.
워드 문서에 엑셀 데이터를 삽입해서 출력하기	작성한 워드 문서의 (회사 이름 또는 단체 이름) 부분에 첨부한 엑셀 파일의 회사 이름을 넣고, 각 회사의 워드 파일을 작성하십시오. [※ Advanced Data Analysis 사용]
워드 문서로부터 파워포인트 슬라이드 자동 생성하기	당신은 워드 전문가입니다. 워드 문서의 제목을 추출해서 파워포인트 슬라이드에 자동으로 출력하는 방법을 알려 주십시오.
파워포인트의 슬라이드를 PDF로 출력하기	업로드한 파워포인트 파일의 각 슬라이드를 각각의 PDF 파일로 출력해 주십시오. [※ Advanced Data Analysis 사용]
워드 파일의 디자인 수정하기	이 파일의 디자인을 화려한 안내장과 같이 수정한 뒤 저장해 주십시오. [※ Advanced Data Analysis 사용. 워드 파일 업로드]
스마트폰의 문제에 대한 대처 방법 확인하기	아이폰에서 갑자기 소리가 납니다. 생각할 수 있는 대처 방법을 알려 주십시오.
스마트폰의 배터리 교환 가능 매장 비교하기	아이폰 배터리를 교환할 수 있는 매장을 확인하고, 해당 매장의 평가와 리뷰, 가격을 비교해 주십시오. 장소는 서울역 주변으로 한정하십시오.
SMS나 카카오톡의 답변 생각하기	읽고 무시한다고 여겨지고 싶지 않기 때문에 답변을 먼저 보낸 상대에게 보낼 답변을 생각해 주십시오. 상대편이 보낸 메시지는 다음과 같습니다. (메시지 개요)
문장 체크와 교정 자동 수행하기	당신은 워드 전문가입니다. 다음 문장의 문법과 철자를 체크하고, 수정 전과 수정 후의 문장을 작성해 주십시오. 그리고 수정한 위치를 글머리 기호로 표기해 주십시오. (확인할 문장)
영문 메일을 번역해서 답변 내용 생각하기	당신은 영어 전문가입니다. 미국 지사에서 다음 메일을 받았습니다. 이것을 한국어로 번역해 주십시오. 그 뒤 답변 메일의 내용을 한국어와 영어로 제안해 주십시오. (영문 메일 본문)

디자인/웹 제작

주제	프롬프트
블로그 소재 작성하기	블로그에 추가할 부드럽게 흔들리는 버튼을 만들어 주십시오.
랜딩 페이지 구성 제안받기	오래된 베이커리의 EC 사이트를 구축합니다. 랜딩 페이지를 어떻게 구성하는 것이 좋을지 알려 주십시오.
지정한 페이지의 HTML과 CSS 작성하기	랜딩 페이지의 샘플을 HTML과 CSS로 기술해 주십시오.
특정 페이지를 구체적으로 지시해서 작성하기	B2C용 사이트에서 404나 403 에러 등의 에러 페이지에 표시할 요소를 제안해 주십시오. 그리고 사용자가 곤란하지 않도록 표시할 요소는 줄이고, 다른 동작을 쉽게 할 수 있도록 제안해 주십시오.
일러스트를 생성하는 프롬프트 생각하기	이미지 생성 AI용 영문 프롬프트를 작성합니다. 다음 이미지를 구성하는 내용을 표현해 주십시오. 그리고 문장은 500자 정도로 출력해서 한 문장으로 정리하고 ':' 구분자로 연결해 주십시오. (영상의 종류, 특징)
사이트 화면 이동 다이어그램 작성하기	당신은 전문 웹 디자이너입니다. 오래된 베이커리의 EC사이트를 작성합니다. 상품을 구입할 때까지의 화면 이동 다이어그램을 표시해 주십시오.
콘셉트의 캐치 카피 생각하기	당신은 전문 카피라이터입니다. 다음 상품의 캐치 카피를 10개 생각해 주십시오. (상품 이름, 특징)
사이트의 색채 제안받기	차분하게 쉬는 것을 목적으로 하는 사이트를 작성합니다. 이 사이트의 기본색 조합을 제안해 주십시오.
사이트에서 사용하는 폰트 제안받기	차분하게 쉬는 것을 목적으로 하는 사이트를 작성합니다. 이 사이트의 기본 폰트를 제안해 주십시오. 그리고 폰트 설치는 필요하지 않으며, 여러 사람의 환경에서 사용할 수 있는 폰트로 해 주십시오.
워드프레스(WordPress) 플러그인 작성하기	다음 조건을 만족하는 워드프레스 플러그인을 작성해 주십시오. (동작, 조건 등)
사이트의 개인 정보 보호 정책 작성하기	오래된 베이커리의 EC 사이트를 구축합니다. 이 사이트의 개인 정보 보호 정책을 작성해 주십시오.
사이트의 캐치 카피 생각하기	오래된 베이커리의 EC 사이트를 구축합니다. 다음 특징을 담아 사이트의 캐치 카피를 생각해 주십시오. (특징)
카피 다듬기	제안받은 카피를 젊은 층을 대상으로 스타일리시하게 만들고 싶습니다. 짧고 기억하기 쉬운 것으로 제안해 주십시오.
CSS로 애니메이션 작성하기	블로그에서 사용할 수 있는 파도가 치는 모양의 예쁜 애니메이션을 만들어 주십시오. CSS를 사용해 주십시오.
블로그에 게재할 그래프 작성하기	구글 차트(Google Charts)로 막대 그래프를 그리기 위한 html 코드를 작성해 주십시오. (그래프 제목, 가로축과 세로축 이름, 데이터)
글에 있는 링크의 품질 확인하기	다음 블로그 글에 포함돼 있는 내부 링크와 외부 링크의 품질을 평가해 주십시오. (URL이 포함된 문장)
게재할 이미지 제안받기	베이커리의 EC 사이트에서 404나 403 에러 등의 에러 페이지를 표시할 때, 페이지 안에 표시할 이미지로 적절한 것을 제안해 주십시오.
이미지 배경을 투명하게 하는 방법 확인하기	포토샵에서 이미지 배경을 투명하게 만드는 방법을 알려 주십시오.

스마트폰 카메라의 최적의 촬영 방법 확인하기	당신은 전문 사진가입니다. 아이폰으로 건물을 크게 촬영하는 방법을 알려 주십시오.
파이썬 코드 작성하기	당신은 전문 프로그래머입니다. 파이썬에서 CSV 파일을 읽는 코드를 작성해 주십시오.
코딩 제안받기	당신은 워드프레스 엔지니어입니다. 워드프레스에 커스텀 HTML을 추가해 글 안에 CTA 영역을 설치하기 위한 HTML을 제안해 주십시오.
파일에서 FAQ 작성하기	이 파일을 읽어서 FAQ를 3개 작성해 주십시오. [※ Advanced Data Analysis를 사용. 임의의 문서 파일 업로드]
코드 리팩터링하기	당신은 전문 프로그래머입니다. 다음 코드를 리팩터링해 주십시오. (코드)
HTML 파일에 기업 정보 추출하기	이 HTML 파일을 읽어서 기업 정보를 추출해 주십시오. [※ Advanced Data Analysis를 사용. HTML 파일 파일 업로드]
워드 트러블 슈팅하기	워드 문서의 들여쓰기가 어긋나 있습니다. 어떻게 하면 좋겠습니까?
일정을 정리해서 중요한 태스크 선택하기	오늘의 일정을 정리하고 중요한 태스크를 알려 주십시오. (오늘 일정)
작성한 문장에 대한 감상 받기	이 문장에 대한 감상을 알려 주십시오. [※ Advanced Data Analysis를 사용. 임의의 문서 파일 업로드]
중복된 데이터 삭제하기	이 파일에서 중복된 데이터를 삭제해 주십시오. [※ Advanced Data Analysis를 사용. CSV 또는 엑셀 파일 업로드]
녹취한 데이터의 적절한 위치에 구두점 넣기	당신은 전문 교정자입니다. 다음 문장은 음성 데이터를 녹취한 것입니다. 적절한 위치에 구두점과 줄 바꿈을 넣어 주십시오. (녹취록)
스마트폰 배터리 절약 방법 문의하기	안드로이드 스마트폰의 배터리를 절약하기 위해 효과적인 설정을 3가지 알려 주십시오.
스마트폰 애플리케이션 설정 방법 문의하기	X(구 트위터) 애플리케이션에서 중요하지 않은 알림을 끄는 방법을 알려 주십시오.
스마트폰 애플리케이션 개발 방법 문의하기	아이폰용 애플리케이션을 개발하기 위한 방법을 알려 주십시오.
SNS에 게시할 문장 확인하기	다음 문장을 SNS에 게시할 때의 위험성에 관해 알려 주십시오. (문장)

의료/미용

주제	프롬프트
증상에 맞는 일반의약품 확인하기	두통이 있습니다. 약국에서 처방전 없이 살 수 있는 효과가 좋은 일반의약품의 이름을 알려 주십시오.
증상을 설명할 수 없을 때의 조언받기	가슴이 꽉 죄는 듯한 느낌이 있는데, 의사에게 잘 설명할 수 없습니다. 어떻게 설명하는 것이 좋을지 조언해 주십시오.
약 먹는 것을 잊었을 때의 대책 확인하기	혈압 강하제를 먹는 것을 잊었습니다. 어떻게 하면 좋습니까?
의사의 말 중 이해할 수 없는 말 조사하기	의사에게 '안정가료'에 주의하라는 말을 들었습니다. 어떤 의미입니까?

다른 소견의 설명 요청하기	의사로부터 수술을 권유 받았는데, 다른 치료법이 없는지 알고 싶습니다. 다른 소견에 대해 설명해 주세요.
의료 제도에 관해 조사하기	의료비가 높아졌을 때 한국에서 받을 수 있는 제도에 관해 알려 주십시오.
신경 쓰이는 증상에 관해 조사하기	최근 피곤함을 느끼는 일이 많습니다. 생각할 수 있는 원인을 알려 주십시오.
병 예방 방법 조사하기	치매를 방지하기 위한 습관, 식사에 관해 알려 주십시오.
제안받은 건강 관리 방법이 옳은지 확인하기	사우나가 건강에 좋다고 추천을 받았는데 정말인지 궁금합니다. 효과와 주의점에 관해 알려 주십시오.
미용에 좋은 식품과 보조 식품 제안받기	변비 개선에 도움이 되는 식품과 보조 식품에 관해 알려 주십시오.
증상에 맞는 보조 식품 알아보기	무릎 통증을 줄여 주는 보조 식품에 관해 알려 주십시오.
보조 식품의 상품명을 조사해 비교하기	글루코사민을 포함한 추천 영양제의 상품명과 가격을 조사하고 여러 제품을 비교해 주십시오.
피부 타입 분석하기	나의 피부 타입 상태를 알고 싶습니다. 피부에 관한 질문을 해서 내 피부 타입을 분석해 주십시오.
제품 비교하기	'달팽이 크림'과 '진노사이드 크림'을 비교해 주십시오.
미용품, 의약품 세일 정보 찾아보기	'달팽이 크림'의 세일 정보를 알려 주십시오.
미용에 좋은 활동 제안받기	최근 배가 더부룩합니다. 50대에도 무리하지 않고 할 수 있는 활동을 알려 주십시오.
미용품과 의약품 성분 조사하기	'달팽이 크림'의 성분 리스트를 분석해 주십시오. 그리고 우려되는 성분이 없는지 알려 주십시오.
화장 도구 관리 방법 알아보기	화장 스폰지와 브러시 등의 화장 도구를 휴일에 관리할 수 있는 방법을 알려 주십시오.

정신 건강

주제	프롬프트
의욕이 나는 말 조언받기	인생의 동기를 높여 주는 격언을 몇 가지 알려 주십시오.
인생의 의미에 관해 질문하기	인간이 살아가는 의미는 무엇입니까? 가능한 긍정적인 방향에서 알려 주십시오.
하루를 건강하게 시작하기	오늘 하루를 건강하게 살아낼 수 있도록 저를 응원해 주십시오.
잠을 잘 수 없을 때의 대처 방법 조언받기	최근 잠을 제대로 잘 수 없습니다. 효과적인 대처 방법, 마음을 편안하게 하는 음악을 들을 수 있는 사이트를 알려 주십시오.
진단명으로부터 대책 제안받기	ADHD에 관한 설명, 직장과 일상에서 손쉽게 할 수 있는 대책에 관한 정보를 알려 주십시오.

스트레스 체크하기	스트레스 체크를 위한 리스트를 제시하고, 몇 항목 이상에 해당하면 위험이 높은지 알려 주십시오.
인터넷 의존에 관해 상담하기	아무것도 하지 않고 SNS나 인터넷 동영상을 보고 있습니다. 일상을 더욱 의미 있게 보내려면 어떻게 하는 것이 좋습니까?
스마트폰 의존과 연관된 용어에 관한 설명 요청하기	팬텀 진동 증후군이란 무엇입니까?
특정 심리학적 방법에 관한 설명 요청하기	ABA(응용 행동 분석)이 어떤 것인지 설명해 주십시오. 그리고 정신 건강 유지에 도움이 되는 방법을 알려 주십시오.
의존증 대응 방법 조사하기	알코올이나 니코틴 등의 의존증에 대한 대책으로 최근 회자되고 있는 인지 행동 치료란 어떤 것입니까? 구체적인 예를 들어 설명해 주십시오.
실연을 극복하는 방법 문의하기	최근 실연을 당했습니다. 극복하는 방법을 알려 주십시오.
블루라이트의 영향에 관해 문의하기	블루라이트와 정신 건강의 관계에 관해 알려 주십시오.
아로마 테라피에 관해 문의하기	구하기 쉬운 향을 사용한 릴랙스 방법을 알려 주십시오.
색상과 정신 건강의 관계에 관해 문의하기	인테리어나 소지품 등의 색상이 기분이나 정신 건강에 미치는 영향을 알려 주십시오.
가드닝과 정신 건강에 관해 문의하기	식물을 기르는 것이 정신 안정에 효과가 있다는 설명에 관해 긍정적 측면과 부정적 측면의 의견을 소개해 주십시오.

육아/교육

주제	프롬프트
육아 용어에 관한 설명 요청하기	'팔로우 업 밀크'란 무엇입니까?
아이가 즐길 만한 놀이 제안받기	2살 아이가 즐길 만한 실내 놀이를 몇 가지 제안해 주십시오.
습관 추천받기	5살 아이에게 권장할 수 있는 습관을 몇 가지 소개해 주십시오.
한글을 기억하게 하는 방법 문의하기	초등학교 취학 전의 아이에게 재미있게 한글을 기억하게 하려면 어떻게 하는 것이 좋습니까?
자리에 앉는 행동의 촉진 방법 문의하기	초등학교 1학년인 아이가 수업 중에 돌아다니지 않고 자리에 앉아 있을 수 있도록 가정에서 연습하는 방법에 관해 알려 주십시오.
효율 좋은 한글 획순 기억 방법 문의하기	한글의 올바른 획순을 효과적으로 기억하기 위해, 한글 획순의 법칙과 기억 방법의 힌트에 관해 알려 주십시오.
운동 기능 지도 방법 문의하기	매트 운동에서 뒤구르기를 부드럽게 할 수 있도록 아이에게 알려 주는 방법에 관해 알려 주십시오.
줄넘기를 계속하는 방법 문의하기	초등학생이 줄넘기를 잘 하도록 하는 방법에 관해 알려 주십시오.

빠르게 달리는 방법 문의하기	초등학생이 달리기 경기에서 빠르게 달릴 수 있게 지도하는 방법에 관해 알려 주십시오.
학교 행사에 서툰 배경과 대책 문의하기	초등학생 자녀가 운동회나 소풍 같은 학교 행사와 준비 활동에 서툽니다. 배경이 되는 심리를 예상하고 그 개선 방안을 제안해 주십시오.
아이가 미래에 꿈을 갖게 하는 방법 문의하기	초등학교 고학년 자녀에게 미래에 관한 꿈을 갖는 것의 중요성에 관해 이야기하고 싶습니다. 잘 말할 수 있도록 조언해 주십시오.
진학할 학교에 관한 조언받기	남녀공학인 학교와 남학교/여학교의 각 장점과 단점에 관해 알려 주십시오.
발달 장애 체크리스트 제안받기	발달 장애 판정 기준의 종류와 간단한 체크리스트를 소개해 주십시오

법률

주제	프롬프트
간이 계약서 작성하기	친구에게 돈을 빌려 주려고 합니다. 다음 내용으로 차용증을 작성해 주십시오. (내용을 글머리 기호로 작성)
법률 내용 간단히 조사하기	대한민국 헌법 8조의 내용을 알려 주십시오.
이웃과의 문제를 해결하는 방법 조사하기	이웃과 소음 문제가 발생한 경우 적절한 해결 방법을 제안해 주십시오.
문장의 저작권 관련 주의점 조사하기	문장의 저작권 문제를 확인하는 방법을 알려 주십시오.
문장 내용의 해러스먼트(학대) 정도 체크하기	다음 문장의 내용이 해러스먼트에 저촉되는지 체크해 주십시오. (문장)
소비자보호법 저촉 여부 체크하기	다음 문장이 한국의 소비자보호법을 위반할 위험성이 있는지 체크해 주십시오. (문장)

부록

등록 및
기본 사용 방법

PC를 사용해 ChatGPT에 등록하기

OpenAI 계정 등록하기

ChatGPT를 사용하려면 OpenAI 계정이 있어야 합니다. 이 계정을 작성하려면 메일 주소와 짧은 문자(SMS)를 수신할 수 있는 전화번호가 필요하니 미리 준비합니다. 여기에서는 PC의 구글 크롬(Chrome)을 사용한 순서를 설명합니다.

1 등록을 시작한다

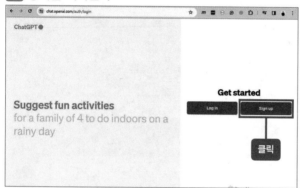

ChatGPT 페이지(https://chat.openai.com/)를 열고 'Sign up'을 클릭한다. 표시되는 화면의 디자인이 다르다면 화면의 'Sign up'을 찾아 클릭하면 된다.

2 메일 주소를 입력한다

'Create your account' 화면이 표시되면 '이메일 주소'에 메일 주소를 입력하고 '계속'을 클릭한다. 그리고 로그인에 구글 계정, 애플 계정 중 하나를 사용하고 싶을 때는 아래의 버튼을 클릭하고 화면의 지시에 따라 조작한다.

3 비밀번호를 설정한다

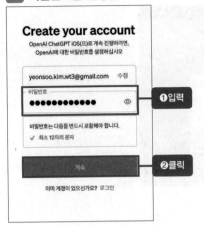

Create your account
OpenAI ChatGPT iOS(으)로 계속 진행하려면,
OpenAI에 대한 비밀번호를 설정하십시오

yeonsoo.kim.wt3@gmail.com   수정

비밀번호
●●●●●●●●●●●●   ◉   **❶입력**

비밀번호는 다음을 반드시 포함해야 합니다.
✓ 최소 12자리 문자

계속   **❷클릭**

이미 계정이 있으신가요? 로그인

비밀번호 입력 필드가 표시되면 ChatGPT에
로그인할 때 사용할 비밀번호를 정해서
'비밀번호'에 입력한다. '계속'을 클릭한다.

4 메일이 전송된다

⑤

Verify your email
We sent an email to
mait28756943@gmail.com.
Click the link inside to get started.

M Open Gmail   **클릭**

Resend email

OpenAI로부터 인증용 메일이 전송되므로
일반적으로 사용하는 메일 애플리케이션 등을
사용해 메일을 확인한다. 메일 주소의 종류에
따라서는 이 화면에서 메일 화면을 표시할 수
있다. 예를 들어 Gmail의 경우 'Open Gmail'
을 클릭하면 Gmail을 열 수 있다.

5 메일 주소를 인증한다

openai.com>   17:34

⑤ **OpenAI**

Verify your email address

To continue setting up your OpenAI account, please verify that this is
your email address.

Verify email address   **클릭**

This link will expire in 5 days. If you did not make this request, please disregard this email.
For help, contact us through our Help center.

OpenAI로부터 도착한 메일을 열고 'Verify
email address'를 클릭한다. 만약 메일이 오지
않았다면 이전 화면에서 'Resend email'을
클릭해서 메일을 다시 전송한다.

6 이름과 생년월일을 입력한다

Tell us about you

Full name   **❶이름 입력**

Birthday   **❷생년월일 입력**

By clicking "Agree", you agree to our Terms and have
read our Privacy Policy and its Korea addendum.

Agree

❸클릭

'Tell us about you' 화면이 표시된다. 이름
(성, 이름)과 생년월일을 입력하고 'Agree'를
클릭한다.

7 안내를 확인한다

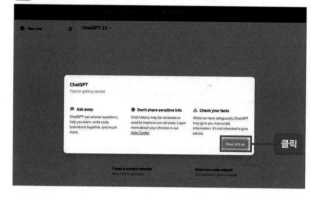

이것으로 OpenAI 계정을 생성했다. ChatGPT 안내가 표시되면 'Okay, let's go'를 클릭한다.

클릭

8 챗 화면이 표시된다

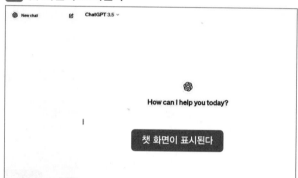

ChatGPT의 첫 화면이 표시된다. 이제 ChatGPT 를 사용할 수 있다.

COLUMN

로그아웃 후 다시 로그인 하기

ChatGPT는 일정 시간이 경과하면 자동으로 로그아웃될 때가 있습니다. 이때는 다시 로그인을 해야 하므로 ChatGPT 첫 화면에서 'Log in'을 클릭하고, 계정 작성 시 입력한 메일 주소와 비밀번호를 입력해서 다시 로그인합니다. 만약 비밀번호를 잊어버렸다면 이 화면에서 비밀번호를 다시 설정할 수 있습니다.

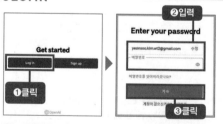

ChatGPT를 열고 'Log in'을 클릭한다. 인증 정보 입력 화면이 표시되면 OpenAI 계정의 메일 주소와 비밀번호를 입력하고 '계속'을 클릭한다. 만약 비밀번호를 잊었을 때는 '비밀번호를 잊어버리셨나요?'를 클릭하고 화면의 지시에 따라 비밀번호를 다시 생성한다.

스마트폰을 사용해 ChatGPT에 등록하기

애플리케이션을 사용해 계정 생성하기

스마트폰을 사용해 OpenAI 계정을 작성할 때는 ChatGPT 공식 애플리케이션을 사용하는 편이 간단합니다. 애플리케이션을 사용할 때도 메일 주소와 SMS 수신 가능한 전화번호가 필요하므로 미리 준비합니다. 그리고 유료로 판매되고 있는 비공식 애플리케이션에 주의합니다.

1 가입을 시작한다

ChatGPT 애플리케이션을 열고 'Sign up with email'을 탭한다.

--- COLUMN ---

기존 계정을 사용할 때

OpenAI 계정 작성은 애플 아이디나 구글 계정과 연동할 수 있습니다. 연동하면 해당 계정의 정보로 로그인할 수 있어 매우 편리합니다. 그리고 연동하는 경우라도 (6) 이후의 조작은 필요합니다.

2 메일 주소를 입력한다

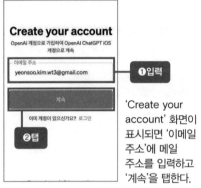

'Create your account' 화면이 표시되면 '이메일 주소'에 메일 주소를 입력하고 '계속'을 탭한다.

3 비밀번호를 설정한다

비밀번호 입력 화면이 표시된다. 로그인 시 사용할 비밀번호를 정해 '비밀번호'에 입력하고 '계속'을 탭한다.

---

* (옮긴이)_이번 절의 화면은 iOS용 ChatGPT 애플리케이션 화면을 기준으로 작성했습니다. 안드로이드 애플리케이션의 경우 화면이 다소 다를 수 있습니다.

4 메일이 전송된 것을 확인한다

OpenAI에서 인증용 메일이 전송되면 'Verify your email'이 표시된다. 'Open Mail App'을 탭하면 메일 애플리케이션이 작동한다. 메일 애플리케이션을 사용하지 않을 경우에는 웹 브라우저를 사용해서 메일을 확인해도 된다.

5 수신한 메일로 인증한다

메일 애플리케이션을 열고 OpenAI에서 전송된 메일에 있는 'Verify email address'를 탭한다.

6 성, 이름, 생년월일을 입력한다

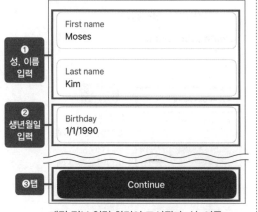

계정 정보 입력 화면이 표시된다. 성, 이름, 생년월일을 입력한 뒤 'Continue'를 탭한다.

7 챗 화면이 표시된다

ChatGPT의 챗 화면이 표시된다. 이제 ChatGPT를 사용할 수 있다.

로그인과 로그아웃 방법

다른 스마트폰에서 사용할 경우, 새로운 스마트폰에서 애플리케이션을 다운로드해서 로그인하면 계속해서 ChatGPT를 사용할 수 있습니다.

로그인 하기

1 'Log in'을 탭한다

애플리케이션을 열고 'Log in'을 탭한다. 계정 연동을 통해 등록했다면 해당 계정의 버튼을 탭한다.

2 메일 주소와 비밀번호를 입력한다

메일 주소를 입력하고 '계속'을 클릭한다. 다음으로 비밀번호를 입력한 뒤 '계속'을 탭하면 로그인된다.

로그아웃 하기

1 설정 화면을 표시한다

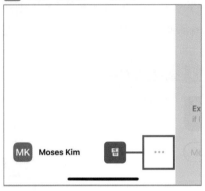

화면 왼쪽 메뉴 패널 아래쪽의 '…'을 탭한다. 설정 화면으로 이동한다.

2 로그아웃 한다

설정 화면이 표시되면 가장 아래의 'Sign out'을 탭한다.

PC에서의 기본적인 사용 방법

ChatGPT에 질문해서 챗 시작하기

ChatGPT의 기본적인 사용 방법은 일반적인 챗과 마찬가지입니다. 먼저 질문을 입력해서 ChatGPT에 전송합니다. 그러면 해당 질문에 대해 ChatGPT가 답변을 반환합니다. 이렇게 질문과 답변을 대화처럼 반복하는 것이 기본적인 사용 방법입니다. ChatGPT에서는 입력된 질문을 '프롬프트'라고 부릅니다. 이 프롬프트에 상세한 조건을 포함시켜서 ChatGPT가 정확한 답변을 하게 됩니다.

1 질문을 입력한다

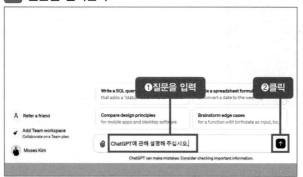

ChatGPT(https://chat.openai.com)를 열고 화면 아래의 입력 필드에 질문(프롬프트)을 입력하고 화살표 아이콘을 클릭한다.

2 답변이 표시된다

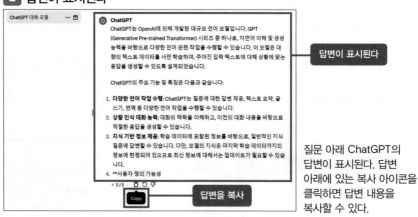

질문 아래 ChatGPT의 답변이 표시된다. 답변 아래에 있는 복사 아이콘을 클릭하면 답변 내용을 복사할 수 있다.

입력한 질문 수정하기

입력한 프롬프트를 수정해서 다시 질문하고 새로운 답변을 얻을 수 있습니다. 잘못된 정보를 정정하거나 불명확한 프롬프트를 수정하는 경우 사용할 수 있습니다. 그리고 수정 전의 프롬프트와 답변은 덮어 쓰지 않고 다른 버전으로 저장되므로 언제든 참조할 수 있습니다.

1 프롬프트 수정을 시작한다

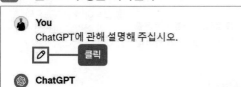

수정할 질문에 마우스 커서를 올리면 표시되는 수정(연필) 아이콘을 클릭한다.

2 새로운 프롬프트를 전송한다

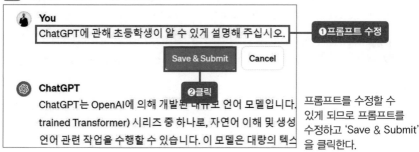

프롬프트를 수정할 수 있게 되므로 프롬프트를 수정하고 'Save & Submit'을 클릭한다.

3 새로운 답변이 표시된다

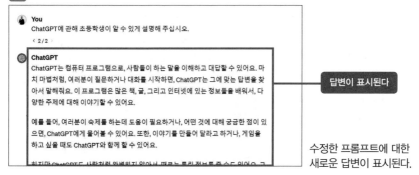

수정한 프롬프트에 대한 새로운 답변이 표시된다.

4 수정 전/후의 질문과 답변을 표시할 수 있다

수정 전의 프롬프트와 그 답변은 모두 이력으로 저장된다. 수정한 프롬프트 아래에 표시돼 있는 '⟨', '⟩'를 클릭하면 프롬프트와 답변의 이력을 바꿔서 표시할 수 있다.

5 질문을 바꾸지 않고 답변을 재생성한다

ChatGPT에서 기대한 답변이 반환되지 않았을 때는 'Regenerate'를 클릭한다. 같은 프롬프트에 대한 답변이 재생성된다.

6 재생성한 답변을 전환한다

으면, ChatGPT에게 물어
하고 싶을 때도 ChatGPT

하지만 ChatGPT도 사람
래서 중요한 정보나 숙제

Chat 클릭 는 항상 배우고
이 ChatGPT와 이야기를

⟨ 1/3 ⟩

애 필다거나, 우박 순세를

하지만 ChatGPT도 모든
지만, 가끔은 틀리거나 초
다면, 다른 곳에서도 확인

ChatGPT는 마법처럼 보
클릭 그램이에요. 그래서
에요. 그저 우리가 이해

⟨ 3/3 ⟩

답변을 재생성했을 때도 과거 답변은 이력으로 저장된다. 답변 아래쪽에 표시돼 있는 '⟨', '⟩'를 클릭하면 답변의 이력을 바꿔서 표시할 수 있다.

다른 화제로 챗 시작하기

ChatGPT는 같은 챗에서의 질문과 답변을 기억하기 때문에 대화를 계속하게 되면 보다 깊은 답변을 반환합니다. 그렇기 때문에 갑자기 다른 주제에 관해 질문하면 기대한 답변을 얻지 못할 가능성이 있습니다. 만약 다른 화제로 대화를 하고 싶을 때는 새로운 챗을 작성합니다.

1 새로운 챗을 시작한다

새로운 챗을 시작하려면 화면 왼쪽 사이드바 위쪽에 있는 'ChatGPT'를 클릭한다. 새로운 챗 화면이 표시되며, 이후에는 앞에서와 마찬가지로 프롬프트를 입력해 챗을 시작하면 된다.

2 이전 챗을 연다

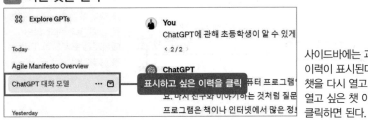

사이드바에는 과거의 챗 이력이 표시된다. 과거의 챗을 다시 열고 싶을 때는 열고 싶은 챗 이름을 클릭하면 된다.

COLUMN

사이드바 표시하기/숨기기

PC 화면이 그다지 넓지 않은 경우 사이드바가 표시되면 방해가 되기도 합니다. 이 때는 사이드바를 숨기는 것을 권장합니다. 사이드바 표시와 숨김을 전환할 때는 사이드바와 메인 화면 사이에 있는 'Close sidebar'/ 'Open sidebar' 아이콘을 클릭합니다.

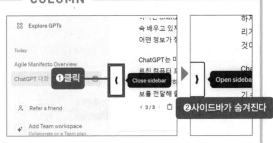

'Close sidebar' 아이콘을 클릭하면 사이드바가 숨겨진다. 다시 표시하고 싶을 때는 'Open sidebar' 아이콘을 클릭한다.

챗 이력 관리하기

챗 이력의 이름은 자동으로 붙여집니다. 경우에 따라서는 이름을 알아보기 어려울 때가 있습니다. 시간이 지난 뒤 쉽게 찾을 수 있게끔 중요한 챗 이력은 알아보기 쉬운 이름으로 바꿔 두는 것을 권장합니다. 그리고 챗 이력은 그대로 두면 점점 늘어나므로 필요하지 않은 이력은 적절히 삭제하는 것이 좋습니다.

1 챗 이력의 이름을 변경한다

이름을 변경할 챗 이력을 클릭한다. 오른쪽의 More 아이콘(…)을 클릭하고 'Rename'을 클릭한 뒤, 이름을 변경하고 Enter 키를 누른다.

2 챗 이력을 삭제한다

삭제할 챗 이력을 클릭한다. 오른쪽의 More 아이콘(…)을 클릭하고 'Delete chat'을 클릭한다. 삭제 확인 메시지가 표시되면 'Delete'를 클릭한다.

COLUMN

챗 이력 공유하기

ChatGPT에서는 일련의 챗 이력을 열람할 수 있는 URL을 생성하는 공유 기능을 제공합니다. 챗의 정보를 다른 사람과 공유하고 싶을 때 사용하면 매우 편리합니다. 단, 해당 챗의 대화 내용이 모두 공유되므로 보이고 싶지 않은 내용이 포함돼 있을 때는 공유하지 않도록 주의합니다.

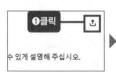 

공유할 챗의 이력을 열고 화면 오른쪽 위에 있는 공유 아이콘을 클릭한다. 'Share Link to Chat' 화면이 표시되면 'Copy Link'를 클릭한다. 공유 링크가 복사되므로 이 링크를 메일이나 메시지 등으로 공유할 수 있다.

스마트폰에서의 기본적인 사용 방법

애플리케이션에서 챗 시작하기

ChatGPT 애플리케이션의 기본적인 사용 방법도 PC와 다르지 않습니다. 질문(프롬프트)을 입력하고 전송하면 그에 대해 ChatGPT가 답변을 합니다. 이후 답변에 따라 질문하면서 대화를 계속합니다.

1 질문을 입력한다

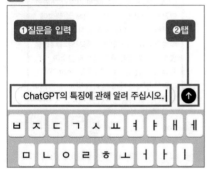

ChatGPT 애플리케이션을 열고 화면 아래의
입력 필드에 질문(프롬프트)을 입력하고
'화살표' 아이콘을 탭한다.

2 답변이 표시된다

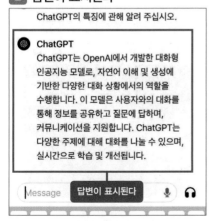

질문 아래 ChatGPT의 답변이 표시된다.

3 다음 질문을 입력한다

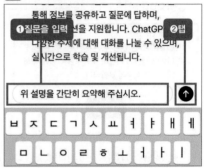

추가 질문을 할 때도 마찬가지로 화면 아래의
입력 필드에 프롬프트를 입력하고 '화살표'
아이콘을 탭한다.

4 다음 답변이 표시된다

다음 질문에 대한 답변이 표시된다. 이와 같이
대화를 계속하면서 더 상세한 답변을 얻는다.

답변 재생성하기

ChatGPT는 프롬프트가 같다고 해서 같은 답변을 반환한다고 단정할 수 없습니다. 그렇기 때문에 같은 프롬프트를 사용해 다른 답변을 얻고 싶을 때는 답변을 재생성합니다. 그리고 PC에서는 가장 최근의 답변만 재생성할 수 있지만, 애플리케이션에서는 과거의 답변도 재생성할 수 있습니다. 단, 애플리케이션에서는 입력을 마친 질문을 수정할 수는 없습니다.

1 답변을 길게 탭한다

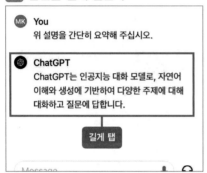

재생성하고 싶은 답변을 길게 탭한다.

2 답변을 재생성한다

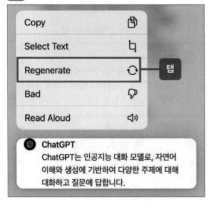

메뉴가 표시되면 'Regenerate'를 탭한다.

3 새로운 답변이 표시된다

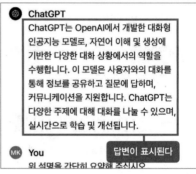

답변이 재생성되며 새로운 답변이 표시된다.

COLUMN

질문을 음성으로 입력하는 방법

스마트폰용 ChatGPT 애플리케이션에서는 음성으로 질문을 입력할 수도 있습니다. 스마트폰에서만 제공하는 기능이므로 꼭 활용하기 바랍니다.

음성 입력을 사용하면 말로 질문을 입력할 수 있다.

새로운 챗 작성/챗 이력 열람하기

ChatGPT 애플리케이션에서는 새로운 챗 작성, 과거의 챗 이력 열람 기능을 메뉴에서 간단하게 조작할 수 있습니다. 이 조작은 자주 사용하므로 꼭 마스터하기 바랍니다.

새로운 챗 작성하기

1 새로운 챗을 작성한다

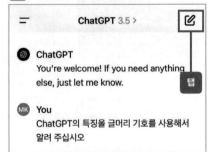

새로운 챗을 작성할 때는 화면 오른쪽 위의 연필 아이콘을 탭한다(안드로이드 버전에서도 동일).

2 새로운 챗이 시작된다

새로운 챗 화면이 표시된다. 이후 질문을 입력하고 챗을 시작하면 된다.

챗 이력 열람하기

1 챗 이력을 표시한다

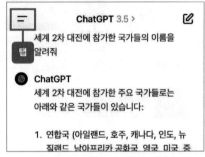

챗 이력을 열 때는 화면 왼쪽 위의 '≡' 아이콘을 탭한다(안드로이드 버전에서도 동일).

2 챗 이력을 선택한다

챗 이력이 표시되면 열고 싶은 챗 이름을 탭한다.

이 책의 프롬프트를 간단히 PC에서 읽기

이 책에서 제공하는 프롬프트를 PC에서 읽고 싶을 때는 스마트폰을 사용해서 편리하게 읽을 수 있습니다. 프롬프트를 읽을 때는 '구글(Google)' 애플리케이션을 사용합니다. 아이폰/아이패드는 앱 스토어(App Store)에서 설치합니다. 안드로이드 스마트폰에는 기본 설치돼 있습니다.

1 '구글' 애플리케이션을 실행한다

'구글' 애플리케이션을 실행하고 PC와 같은 구글 계정을 사용해서 로그인한다.
카메라 아이콘을 탭한다.

2 프롬프트를 촬영한다

아래 메뉴에서 '검색'을 탭한 뒤, 복사하고자 하는 프롬프트를 모두 화면에 넣고 셔터 아이콘을 탭한다.

3 텍스트를 복사한다 ❶클릭+드래그

프롬프트 부분을 클릭하면 파란 핀이 표시된다. 클릭한 상태로 드래그해서 프롬프트 전체에 블록을 씌우고, 화면 아래의 '컴퓨터로 복사'를 탭한다.

4 PC에 텍스트를 전송한다

아래에서 원하는 PC를 선택하고 탭하면 해당 PC의 클립보드로 내용이 복사된다. 이후 ChatGPT의 입력 필드에 붙여 넣는다.

이 책에서 소개한 스마트폰 애플리케이션을 설치하고 싶을 때는 오른쪽 QR 코드를 읽어서 사용하기 바랍니다.

제작사: OpenAI
가격: 무료(인앱 결제)